人力资源管理
必备制度与表格范例

尹晓峰 著

图书在版编目（CIP）数据

人力资源管理必备制度与表格范例 / 尹晓峰著 . --
北京：北京联合出版公司，2015. 8（2020. 8重印）

ISBN 978 - 7 - 5502 - 5883 - 9

Ⅰ. ①人… Ⅱ. ①尹… Ⅲ. ①人力资源管理 Ⅳ. ① F241

中国版本图书馆 CIP 数据核字（2015）第 191632 号

人力资源管理必备制度与表格范例

项目策划 斯坦威图书 

作　　者 尹晓峰

责任编辑 宋延涛

特约编辑 李　雯

封面设计 杜　帅

北京联合出版公司出版

（北京市西城区德外大街 83 号楼 9 层　100088）

天津中印联印刷有限公司　新华书店经销

430 千字　710 毫米 ×1000 毫米　1/16　20.75 印张

2015 年 10 月第 1 版　2020 年 8 月第 11 次印刷

ISBN 978 — 7 — 5502 — 5883 — 9

定价：45.00 元

前言 PREFACE

人力资源是指在一定范围内的，能够推动整个社会经济和社会发展的人所具有的劳动能力的总和。而人力资源管理是指根据企业发展战略的要求，有计划地对人力资源进行合理配置，通过对企业中员工的招聘、培训、使用、考核、激励、调整等一系列过程，调动员工积极性，发挥员工潜能，为企业创造价值，给企业带来效益，确保企业战略目标实现的一系列人力资源政策以及相应的管理活动。

由此可见，人力资源管理涉及企业管理的方方面面，也正因为如此，人们逐渐认识到人力资源管理对企业发展的重要性。20世纪以来，国内外均从不同角度对人力资源管理的概念进行诸多阐释，而无论哪种阐释，唯一可以肯定的是，人力资源管理是庞大而复杂的存在，想要利用一本书将其讲全、讲透几乎是不可能的事情。

所以，《人力资源管理必备制度与表格范例》一书没有再泛泛地讲解人力资源管理的整个体系，而是选取了人力资源管理中最实用、最核心的部分，即以人力资源管理常见的六大模块——规划、招聘与配置、培训与开发、薪酬与福利、劳动关系管理为主线，以制度、表格为内容，在实用性上下功夫，所有的制度、表格都是“稍微修改一下便能用”，让你在没有“吃”透人力资源管理的情况下，也能轻松掌握这六大基础模块的实操方法。

为了更加方便大家阅读、使用，《人力资源管理必备制度与表格范例》一书在内容上更具特色：

1.融入微信扫一扫

《人力资源管理必备制度与表格范例》融入了微信扫一扫，打破了传统书籍受页数限制不能呈现太多内容的弊端，将书中所涉及到的所有的制度与表格制成电子表格存放在云空间中，通过微信扫一扫便能轻松下载，可直接使用或稍微修改一下使用，非常方便，能大大提升工作效率。

2.管理制度与表格更加标准

《人力资源管理必备制度与表格范例》中，对人力资源管理中经常出现的制度、表格进行了标准化设计，更加规范、统一，方便大家理解、使用；同时将与每种制度紧密相关的表格放在相应的制度之后，增强了制度的针对性和可执行性，更加科学、标准，大大提升了实际执行的效果。

3.内容设计思路清晰

《人力资源管理必备制度与表格范例》专门对规划、招聘与配置、培训与开发、薪酬与福利、劳动关系管理这六大模块的内容进行设计，以制度与图表的方式交互呈现，并采用双色排版，简洁明了。

总而言之，《人力资源管理必备制度与表格范例》力求将人力资源管理的实用、全面、新颖融为一体，做到更好、更方便，希望能够成为人力资源管理不可缺少的工具书，为大家提供全方位的人力资源管理工作指导与参考依据。

由于时间原因，《人力资源管理必备制度与表格范例》一书可能存在一些不足之处，欢迎大家批评指正，以便我们以后能够做得更好。

作 者

2015 年 9 月

目录 CONTENTS

Chapter 1 人力资源规划　HR 工作的有力航标

Chapter 2

招聘与配置　选人用人的有效结合

- 笔试成绩汇总表
- 笔试管理制度
- 标准的面试结果评价表
- 部门用人需求申请表
- 电话访谈计划表
- 工程人力资源配置表
- 公司招聘预算表
- 猎头招聘管理制度
- 猎头招聘协议书
- 录用管理制度
- 录用员工报到通知书
- 媒体招聘管理制度
- 面试管理制度
- 面试评估表
- 面谈构成表
- 面谈记录表
- 某知名合资企业面试测评表
- 内部竞聘管理制度
- 内部竞聘评分表
- 内部竞聘申请表
- 年度人力资源配置计划表
- 年度招聘计划报批表
- 聘约人员任用核定表
- 企业招聘管理制度
- 企业招聘渠道对比表
- 企业招聘渠道管理制度
- 求职者基本情况登记表
- 人才招聘会统计单
- 人力资源配置结果记录表
- 人力资源配置申请表
- 人员推荐表
- 人员需求申请表
- 试用保证书
- 试用期员工考核表
- 现场招聘管理制度
- 校园招聘管理制度
- 校园招聘职位申请表
- 新员工入职登记表
- 新员工试用申请核定表
- 新员工甄试表
- 新员工甄选比较表
- 新员工转正管理制度
- 应聘人员复试表
- 应聘人员申请表
- 员工到职单
- 员工录用通知书
- 员工应聘登记表
- 员工转正申请表
- 增补人员申请单
- 招聘人员登记表

Chapter 3 培训与开发 孕育人才的经典主题

- 安全教育培训需求调查表
- 安全培训制度
- 部门培训申请表
- 单次培训项目的费用预算表
- 个人培训申请表
- 各级管理人员培训制度
- 内部培训帅管理办法
- 年度培训计划汇总
- 年度培训需求表
- 培训费用申请表
- 培训管理工作制度
- 培训计划和预算汇总表
- 培训课程汇总表
- 培训课程计划表
- 培训课前准备检查表
- 培训项目计划书
- 培训项目评估办法
- 培训项目评估表
- 培训项目中可能产生的必要费用项目
- 培训效果调查问卷
- 培训效果评价表
- 培训协议书
- 培训需求申请表
- 培训预算控制办法
- 提高能力方法表
- 外部培训师评价表
- 销售人员培训考核表
- 销售人员培训内容设置一览表
- 销售人员培训制度
- 新进员工培训成果检测表
- 新进职员教育
- 新员工部门岗位培训
- 新员工岗位培训反馈表
- 新员工培训评估表
- 新员工培训制度
- 新员工试用期内表现评估表
- 训练成效调查表
- 员工培训档案卡
- 员工培训协议书
- 员工培训需求调查表
- 员工外派培训协议
- 员工外派培训制度
- 在职培训实施结果表
- 在职人员培训制度

Chapter 4

绩效管理　人力资源管理最大核心

·部门季度奖金核算表
·财务人员绩效考核制度
·出差旅费清单
·定期考绩汇总表
·高级管理人员绩效考核表
·管理才能考核表
·绩效改进、提升办法
·绩效改进计划表
·绩效管理工作制度
·绩效奖金管理办法
·绩效奖金考核表
·绩效考核分类制度
·绩效考核管理制度
·绩效考核申诉表
·绩效考核实施细则
·绩效考评样本
·绩效面谈记录表
·绩效面谈实施细则
·绩效评议
·技术人员能力考核表
·间接员工考绩表
·考核表范例
·考核面谈表
·客服部专员绩效考核表
·客服人员绩效考核制度
·年度绩效考核表
·普通员工考核制度
·试用期员工绩效考核制度
·试用期员工转正申请审批表
·下级对上级综合能力考核表
·销售人员绩效考核表
·销售人员绩效考核制度
·业务人员考核表
·员工出勤记录表
·员工考核表
·员工请假单
·员工通用项目考核表
·员工月度绩效考核表
·员工自我鉴定表
·中高层人员绩效考核管理制度
·重要任务考评表
·综合能力考核表

Chapter 5 薪酬与福利　激励员工的有效手段之一

- 变更工资申请表
- 操作员奖金分配表
- 出差旅费报销清单
- 出差申请表
- 工资登记表
- 工资调整表
- 工资分析表
- 工资扣缴表
- 工资统计表
- 公司奖惩种类一览表
- 计件工资计算表
- 计件员工薪酬计算方法
- 加班费申请单
- 兼职员工工作合约
- 兼职员工薪酬管理制度
- 奖惩登记表
- 津贴申请单
- 生产计件月工资表
- 生产奖金核定表
- 销售人员工资提成计算
- 新员工工资核定表
- 新员工录用工资确认表
- 新员工薪酬管理制度
- 薪酬管理制度
- 薪酬激励管理制度
- 薪资变动申请表
- 一周出差预定报告表
- 预支工资申请书
- 员工保险管理制度
- 员工保险记录表
- 员工出差管理制度
- 员工调薪单
- 员工福利管理制度
- 员工福利申请表
- 员工抚恤金申请表
- 员工工资单
- 员工工资汇总表
- 员工工资明细表
- 员工工资职级核定表
- 员工考勤记录表
- 员工签到卡
- 员工请假公出单
- 员工请假申请单
- 员工日常行为规范制度
- 员工提薪管理制度
- 员工休假管理制度
- 员工休假申请表

Chapter 6

劳动关系管理　企业员工双赢的有效循环

·安全卫生检查表
·部门工作分类表
·辞职申请表
·从业人员登记表
·合同顺延登记表
·纪律处分通知书
·技术保密合同书
·解除劳动合同申请表
·借调合同范本
·劳动安全卫生管理制度
·劳动关系管理制度
·劳动合同变更表
·劳动合同管理制度
·劳动合同签订意向调查表
·劳动争议处理管理制度
·劳动争议调解申请书
·劳动争议仲裁申请书
·离职通知书
·临时促销员登记表
·聘请外籍工作人员合同
·人事变更报告单
·人事档案管理制度
·人事登记表
·人事流动月报表
·人员调职申请书
·文件借阅登记表
·新进员工担保书
·新员工入职手续清单
·员工处分记录表
·员工档案
·员工到职单
·员工调动申请单
·员工岗位变动通知书
·员工离职单
·员工离职结算单
·员工离职移交手续清单
·员工满意度调查表
·员工满意度管理制度
·员工人事资料卡
·员工任免通知单
·员工推荐公告信样本
·争议情况调查表
·职务分配表
·转递人事档案材料通知单存根
·转正评估审批表

——致缔造着

未来梦想家和行动家的你们

Plan

人力资源规划

HR 工作的有力航标

ning

人力资源规划是将企业经营战略和目标转化成人力资源需求，从企业整体的超前和量化的角度分析和制定人力资源管理的一些具体目标，以为企业经营战略和目标的实现提供人力资源。做好人力资源规划，是 HR 工作的有力航标。

1.1 人力资源管理制度与图表设计

1.1.1 人力资源管理制度

制度名称	人力资源管理制度	受控状态	
		编　　号	

第 1 章　总则

第 1 条　目的

为规范公司的人力资源管理，使人力资源管理工作能符合公司发展的需要，特制定本制度。

第 2 条　适用范围

本制度适用于公司所有人力资源管理工作。

第 3 条　制定原则

1. 以人为本，实事求是，从企业实际出发配置人力资源。
2. 发扬民主，接受监督，各项制度制定均需符合国家和地方相关法律法规标准。
3. 以市场为导向，优化结构，注重系统性和高效性。
4. 坚持效率优先，同时兼顾公平，各项制度制定均需保持合理性和前瞻性。

第 4 条　工作内容

1. 招聘与配置。
2. 培训与开发。
3. 绩效管理。
4. 薪酬与福利。
5. 劳动关系管理。

第 2 章　招聘与配置

第 5 条　招聘条件

在因员工离职、组织机构调整、业务发展需要以及其他原因造成的岗位空缺或为公司的未来发展储备人才的情况下，需要进行招聘。

第 6 条　员工招聘基本原则

1. 实行公开招聘，着重考察个人素质、潜能、经验及发展，择优录用。
2. 应聘者的基本素质要符合所需岗位的任职要求。

第 7 条　员工招聘程序

1. 制订招聘计划，根据实际需求选择内部或外部招聘。

续表

2. 发布招聘信息。
3. 获取应聘人员的信息资料。
4. 资格审查及初步甄选。
5. 初试。
6. 复试。
7. 录用。

第8条　员工配置程序

1. 岗前进行入职培训，合格者录取试用，不合格者给予一定时间重新培训，培训时间最长不超过3个月，仍不合格者予以辞退。

2. 被录用的人员，在规定期限内向公司提交身份证、学历及学位证明、职称证书等个人有效证件复印件，同时提供原件以供验证。

3. 填写《员工基本情况表》。

4. 提交个人近期免冠彩照2张。

5. 以上资料经公司确认有效后，予以办理入职手续。新员工办理完入职手续后到用人部门报到，并从当日起成为公司试用员工。

6. 新入职员工试用期，劳动合同期限三个月以上不满一年的，试用期不会超过一个月；劳动合同期限一年以上不满三年的，试用期不会超过两个月；三年以上固定期限和无固定期限的劳动合同，试用期不会超过六个月。同时，公司与同一劳动者只会约定一次试用期。以完成一定工作任务为期限的劳动合同或者劳动合同期限不满三个月的，公司不会约定试用期。

7. 试用期满经考核合格后转为正式员工，试用期内表现优秀者可获得提前转正；品行和能力欠佳不适合岗位工作者公司可随时停止试用，试用人员在试用期内也可以随时通知用人单位解除试用劳动关系。

8. 公司根据需要，可对仍需一段时间考察的试用员工延长试用期，延长时间不超过1个月。

9. 员工转正程序按照员工个人提出转正申请，用人部门出具试用期考核意见，报总经理审批，办理员工转正手续的步骤进行。

10. 员工转正后，公司统一安排转正员工签订《劳动合同》。

11. 劳动合同到期之前一个月，公司根据员工工作能力、工作态度等各项综合因素决定是否续签合同。

第3章　培训与开发

第9条　员工培训开发的目的

1. 为每一位员工提供公平的培训机会和发展空间，做到公司发展愿景与员工职业规划紧密结合。

续表

2. 进一步开发人力资源，提高员工整体素质，培养为实现公司的共同目标而全力以赴的员工和团队。

3. 培养具有卓越领导能力的管理者和优秀的专业人才。

第 10 条　培训开发方式

1. 入职培训，是对新进人员实施的岗位培训，内容包括公司简介、组织架构、核心价值观、经营理念、规章制度、工作流程、岗位职责等。

2. 专业培训，公司根据工作需要，编制培训内容，定期或不定期的组织安排员工学习业务知识，内容包括职务、岗位应具备的专业知识、工作技能、管理技能及团队建设技巧等。

3. 管理培训，内容包括现代领导者需掌握的规划、组织、领导、控制等管理知识以及行业发展的方向、趋势等。

第 11 条　培训开发方法

1. 培训开发以内部组织为主，公司鼓励员工自我学习，自我提升，鼓励员工之间进行学习和交流。

2. 公司对员工的培训按计划、分批分阶段、分不同的岗位需要进行，为保证培训的质量和效果，公司为每个员工建立培训学习档案，将内部培训的课程考试成绩记入个人培训档案，为晋职、调薪、年度考核提供依据。

第 12 条　员工在培训中的责任

1. 积极参加公司组织的各类培训。

2. 努力提升自己的能力，有效地将所学知识应用在业务工作中。

第 4 章　薪酬与福利

第 13 条　目的

建立规范的薪酬管理体系，提升薪酬体系的内部公平性和激励性，从而充分调动员工的工作积极性，促进公司发展，实现公司与员工双赢。

第 14 条　制定原则

遵循“按劳分配、效率优先、兼顾公平及可持续发展”的分配原则，采取“以岗位定薪、以技能定级、以绩效定奖”的分配形式，建立“对内具有公平性，对外具有竞争力”的薪酬体系，以实现“职、权、责、利”相结合的岗位竞争及人力资源动态调整。

第 15 条　分配原则

依据岗位重要性、业绩贡献、工作能力、工作态度和合作精神等原则进行分配。

第 16 条　薪酬结构

员工薪酬由工资、综合福利补贴、奖金及业务提成三部分构成。其中，工资为员工固定劳动所得，由基本工资和岗位工资两部分组成。具体内容如下：

1. 基本工资，基本工资为员工基础保证工资，各岗位标准相同。

续表

2. 岗位工资，岗位工资是根据员工在公司内所处岗位以及职务的不同而制定的差异化工资标准。

3. 综合补贴，综合补贴是公司对员工的一种福利性保障，包含通信补贴、交通补贴和餐费补贴。

4. 奖金及业务提成，奖金是指公司根据阶段经营业绩达成，根据各岗位员工的贡献程度加发的鼓励性项目。业务提成是指公司根据市场类人员业绩指标定额达成，按照一定比例计发的附加薪酬项目。

第 17 条　薪酬标准

薪酬标准表					
职　　位	职位等级	基本工资	岗位工资	综合补贴	合　　计
总经理					
副总经理					
部门经理					
部门副经理					
主　　管					
经理助理					
助理工程师					
专　　员					
助　　理					
实习生					

第 18 条　薪酬支付

1. 工资支付，支付办法采取月薪制。日工资计算办法以自然月天数为基准。

（1）员工上月薪金在次月 10 日前以货币形式全额支付给本人。为了简化工资发放的手续，员工应按照公司要求提供银行账户资料。员工银行个人账户的进账记录将视同员工领取工资的凭证及领取确认。

（2）员工自入职之日起按当月实际出勤工作日计算工资，辞职和被解聘者则按辞职和被解聘之日止以当月实际出勤工作日计算工资。

（3）转正定级、薪酬调整以发令之日为界，按调整变动后的工资标准计发。

2. 综合补贴支付，综合补贴自员工转正之日起计发；转正时出勤不满 1 个月的按照实际出勤日计发；辞职和被解聘者则按辞职和被解聘之日止以当月实际出勤工作日计发。

续表

3. 奖金及业务提成支付，具体见《奖金及业务提成管理办法》。

4. 工资支付时遇到个人所得税、社会保险基金、公司代缴的各类培训费用、差旅预付金、借款及贷款偿还金等情况，公司可以优先在员工工资中扣除。

5. 特殊情形下支付的工资指公司依据国家法律、法规，对员工因病、工伤、产假、婚丧假期间支付的工资依照员工基本工资标准计发。

第 19 条　试用期与转正

1. 试用期待遇按以下原则执行：

（1）试用期工资按《劳动合同法》执行，以工资不低于本单位同岗位最低档工资或者劳动合同约定工资的百分之八十为准，并且保证试用期工资不会低于公司所在地的最低工资标准。

（2）员工试用期间工资结构包括基本工资和综合福利补贴。

2. 转正，试用期结束时由用人部门根据新员工试用期表现确定工资档级，经总经理批准后报财务备案执行。

第 20 条　薪资定级与调整

1. 员工薪资定级由总经理核准，员工所在部门负责人有建议权。

2. 薪资调整包括以下两种情形：

（1）员工在本部门内的职级晋升或调整依据部门职级标准、岗位标准、对应个人销售定额的增减，由部门提出晋升或调整申请，并按规定报批。

（2）岗位、职务或部门调整依据“岗变薪变”的原则，并按规定报批执行。

第 21 条　社会保险

1. 所有与公司签订正式劳动合同的员工，不限户籍，统一由公司申报办理养老、生育、工伤、失业、医疗等社会保险。

2. 员工自与公司签订正式合同当月起，由公司负责办理社会保险，公司与员工解除劳动合同当月起即办理停保。对于按公司规定办妥工作移交及相关离职手续者，可按员工要求办理社会保险的转调手续。

3. 根据国家有关规定，社会保险费用由公司统一筹办，公司和个人共同承担，属个人承担部分由公司按月从个人工资中代扣代缴。

4. 社会保险基金按照不同险种的统筹范围分别建立基本养老保险基金、基本工伤养老基金、基本生育保险基金、基本失业保险基金、基本医疗保险基金。各项社会保险基金的缴纳标准见下表。

续表

保险项目	公司承担部分	个人承担部分
基本养老保险	20%	8%
基本工伤保险	0.5%	-
基本生育保险	0.8%	-
基本失业保险	2%	1%
基本医疗保险	8%	2%

5. 对参保人员核发的《职业养老保险手册》由公司统一保管，员工离职时办妥工作移交手续和离职手续后交还本人。

6. 在办理有关参保工作时，需要员工向公司提供准确、真实的人事资料，并提交个人身份证复印件、个人免冠1寸照片。

第22条　商业保险

为保障员工人身安全，自入职之日起，公司为员工办理意外伤害医疗保险，保费由公司承担。如员工在试用期离职的，工资结算时公司将扣除此项保费。

第5章　绩效考核

第23条　绩效考核目的

1. 衡量员工的绩效、技能和工作态度。

2. 为确定工资、奖金及员工的岗位异动、培训和教育、职业规划评估和其他人力资源工作提供决策依据和参考信息。

3. 促进员工之间以及员工与公司的沟通。

第24条　制定原则

1. 公开原则，考核内容、考核标准、考核程序以及考核结果均向员工公开。

2. 公平原则，考核应客观、准确地体现出员工的工作绩效、工作能力和工作态度。

3. 职、责、权、利统一原则，员工的考核结果与考核收益同员工的岗位责任、权利相统一，并以工作业绩为中心进行岗位考核。

4. 岗位考核以工作业绩为中心。

第25条　绩效考核时间段

考核年度为每年1月1日至12月31日。每年的1月、7月对全员上半年度绩效进行考核。

第26条　方案推进阶段及重点环节

1. 准备阶段，明确被考评者为各岗位员工，考评者为总经理、各部门主管。

（1）采用目标考核为主，行为导向为辅的考核方法。用品质性效标（沟通能力、忠诚度、领导技巧等）、行为性效标（工作方式、工作行为等）、结果效标（工作目标、工

续表

作计划）和日常工作职责四项效标界定每个岗位的考核范围，然后再确定每个岗位的考核指标和标准。

（2）使各考评参加人清楚考核的目的、方法、流程以及工具的使用，明确参加考评者的责、权、利，保证考核的顺利进行。

2. 实施阶段，学会收集信息，了解《人事岗位职责说明书》及各岗位人员的实际工作情况。

（1）学会沟通与管理，确保每位绩效考核参与者明确考核的真正目的。

（2）工作推进要有计划性。

（3）人力资源部负责人要负起监督的职责。

（4）各部门主管应该积极主动地指导部属认真完成绩效考核的各项指标，考核和完成后就员工的绩效结果进行面谈，在如何改进绩效方面达成共识。

3. 考评阶段，做好考评至关重要。

（1）实施过程中应注意考评的公正性和客观性。

（2）学会考评表格的制作。

（3）建立考核申诉委员会受理员工申诉。

（4）建立考核稽核小组监督各部门绩效考核的推行，确保绩效考核方案顺利有序高效的推行。

4. 考评总结阶段，在每次考评结束之后必须举办考核总结会，总结经验教训，使员工绩效得到持续改进。

第 27 条　员工考核评定等级

员工考核评定分为优秀、良好、尚可和一般四个等级。公司可以依据考核的结果评定等级，然后制定相应的政策。比如，对工作表现优异者，予以适当鼓励或奖励；对于工作表现平庸者，予以规劝，帮助员工尽快改善。

第 6 章　劳动关系

第 28 条　目的

为了更好地管理员工的工作岗位或职责变动，包括员工的晋升、降职、迁调、辞退、辞职等。

第 29 条　员工晋升范围

1. 工作职务的晋升，即职位级别的上升。

2. 职位等级的晋升，即被聘为更高一级职位，等级上升。

3. 职务称谓未变，但工作范围扩大，员工被赋予更大的责任。

第 30 条　员工晋升对象

员工的晋升必须有利于公司的发展方向，有利于员工的成长，晋升对象主要包括：

1. 在工作目标完成方面具有优异表现的员工。

2. 在工作创新方面具有杰出贡献的员工。

续表

3. 在管理、市场等领域表现出较高的才能或潜力的员工。 4. 人才稀缺度较大且对企业影响较大的员工。 5. 为公司储备的骨干人员等。 第 31 条　员工降职范围 1. 工作职务的降低，即职位级别上的降低。 2. 职位等级的降低，即被降低为更低一级职位，等级降低。 3. 职务称谓未变，但工作范围缩小。 第 32 条　员工降职对象 1. 对本职工作缺乏责任心和进取心，缺少敬业精神者。 2. 技术业务不熟练，不能独立完成工作任务者。 3. 存在对抗领导，不服从命令或缺少团队精神，因闹不团结而影响工作行为者。 4. 蓄意诋毁公司声誉，有侵占公司利益意图者。 5. 由于个人过错给公司造成经济损失或安全责任事故，受公司监委行政记过以上处分者。 第 33 条　员工迁调 员工迁调是指公司基于工作上的需要，对员工的职务或服务地点进行变动，奉调人员离开原职时应在规定的时间内办妥移交手续，赴新职岗位报到。 第 34 条　员工辞退对象 辞退是指公司终止与员工的劳动关系，辞退对象主要包括： 1. 触犯国家法律，严重违反公司制度及规定，给公司造成直接或间接经济损失者。 2. 参加非法组织，并经有关当局查明属实者。 3. 聚众闹事，严重干扰正常工作秩序者。 4. 不服从上司合理工作安排或正常调动，经教育仍不服从者。 5. 工作期间擅离职守或工作不负责任而造成公司重大损失者。 6. 伪造公司的任何记录或报告，有意诋毁公司声誉，给公司造成不良影响者。 7. 任职期间有贪污、盗窃、营私舞弊、窥查或泄露公司机密、故意破坏公物等行为之一者。 8. 员工在公司服务期间，从事与公司经营利益相关的第二职业，或为第三者从事经营中介服务者。 9. 月累计旷工超过 3 天或年累计旷工超过 7 天者。 10. 不能胜任岗位工作，经过培训或调整工作岗位仍不能胜任者。 11. 连续两次考核结果列于本岗位排名末位者。 12. 患非职业病或非因工伤，医疗期满后仍不从事原工作者。 13. 两次以上书面警告仍未能改善者。 14. 有其他同类性质的严重违纪行为者。

续表

第35条　辞退、辞职或解聘等相关问题 1. 被辞退的员工，公司按其实际出勤计发当月应得工资，经济补偿金与年度奖金不予发放。 2. 除在劳动合同中限制辞职的情况出现，员工有权提出辞职，辞职员工按实际出勤计发当月应得岗位工资。 3. 解聘、辞退员工或给予员工行政处罚时，由提请处理的部门提出处理依据、事实证据和处理方案。在做出处理决定前，公司应对提请部门所提供的证据进行调查核实，在正式公布处理决定前，应由公司专人与被处理人当面沟通，把处理结果告知当事人，允许当事人申诉。 4. 对于被公司解聘、辞退或辞职的员工，未按公司要求完成离职手续而擅自离职者，公司保留在用人网站或其他媒体上予以公告的权利。 5. 公司辞退员工应以书面形式提前30天通知员工本人；员工辞职应以书面形式提前30天通知公司，未经公司批准以前15天内不得离职，若员工向公司递交辞职申请书15天后公司仍未答复，可视为公司同意辞职。 第36条　员工离职 离职人员包括因岗位变动、辞职、解除劳动合同、解雇等原因离开原岗位或解除原岗位职责者。离职人员应按以下要求办理离职交接手续： 1. 公司根据离职员工岗位情况安排7—30天的交接期，以保证工作的连续性，公司规定的工作交接期内工资按离职前执行的工资标准发放。 2. 离职员工要做好工作交接，主要范围包括： （1）财务账务结算。 （2）从事岗位工作的职责事务交接。 （3）所经管财物的交接，包括文件、技术资料、设备、电脑及磁盘等。 （4）岗位业务、客户等资料移交。 （5）未办或未了事项的交接。 3. 离职人员办理工作交接时应由直接领导指定接替人接收。移交人、接收人、监收人均需要在工作移交单上签名确认。 4. 离职员工所列工作移交清单应由直接领导进行审核。接收人应对所移交工作的完整性负责，如因接收人工作疏忽造成接收失误，则追究接收人的责任。 第37条　员工解除劳动合同的经济补偿 1. 因公司原因辞退的员工，公司根据员工在司工作年限，给予每满1年发给相当于1个月的经济补偿金，发放补偿金的月工资标准以员工岗位基本工资标准发放，最多不超过12个月；工作不满1年的按1年的标准发给补偿金。 2. 经济补偿金有支付范围，主要包括： （1）经劳动合同当事人协商一致，由公司解除劳动合同的。

续表

(2) 员工患非职业病或非因公负伤，医疗期满后仍不能从事原工作，也不能从事公司另行安排的工作，由公司解除劳动合同的。 (3) 不能胜任工作，经过培训或调整工作岗位仍不能胜任，由公司解除劳动合同的。 (4) 劳动合同订立时所依据的客观情况发生重大变化，致使原劳动合同无法履行，经当事人协商不能变更劳动合同达成协议，由公司解除劳动合同的。 (5) 由于公司机构合并，人员优化组合，公司内部无法安置，由公司解除劳动合同的。 3. 被公司开除的员工，一律不支付经济补偿金。 4. 员工的补偿金在办理完离职手续后由公司一次性发放。 **第 7 章　附则** 第 38 条　本制度自发布之日起开始执行。 第 39 条　本制度的编写、修改及解释权归人力资源部所有。					
执行部门		监督部门		编修部门	
编制日期		审核日期		批准日期	

1.1.2　人力资源管理制度设计

人力资源管理制度设计是现代企业制度的核心，是指公司为了完成某一目标或任务而制定的要求全公司员工共同遵守的办事规程或行动准则，如员工管理制度、薪酬管理制度等。具体内容如下表所示。

表格名称	人力资源管理制度设计内容参照表
一、人力资源管理制度设计要素 1. 战略是组织形成与发展的指引和方向。 2. 组织是实施战略的载体，组织的产生是为了解决效率问题。 3. 人力资源是支持组织达成战略目标的条件和资源保障。 4. 制度设计解决了组织发展过程中的管理提升问题。 5. 文化整合是组织管理的最高层次。 **二、人力资源管理制度设计特性** 要想使人力资源管理制度起到应有的规范作用，体现其价值，就要符合以下四个特性： 1. 人力资源管理制度必须由公司掌权部门制定或者经由其审查批准。 2. 人力资源管理制度必须符合相关法律、法规，并按照公司内部规定的程序制作。 3. 人力资源管理制度的设定是对有关权利义务的规定。 4. 人力资源管理制度必须以有效的方式向员工公布。 **三、人力资源管理制度设计分类** 人力资源管理制度设计分类根据不同的行业领域、不同的部门以及不同的针对事项	

续表

等，称谓、所起作用、使用范围也各不相同，不过具体来说，分类并没有太过严格，目前常见的主要分类如下表所示。

分类	具体作用
制度	制度是公司、部门制定的要求所属员工共同遵守的准则，可以针对某项具体工作、具体事项制定行为规范。
章程	章程是组织、社团经特定的程序制定的关于组织规程和办事规则的法规文书，对于公司来说，它是一种根本性的规章制度。
规则	规则是公司为维护劳动纪律和公共利益而制定的要求全公司人员遵守的关于工作原则、方法和手续的条规。
细则	细则一般由原法令、条例、规定的制定机构或其下属职能部门制定，与原法令、条例、规定配套使用，其目的是堵住原条文中的漏洞，使原条文发挥出具体入微的工作效应。
规定	规定是生产单位为了保证质量，使工作、试验、生产程序进行而制定的一些具体要求。
办法	办法是有关机关或部门根据党和国家的方针、政策及有关法规、规定，就某一方面的工作或问题提出具体做法和要求。
其他	按照管理制度层级性分类，主要有企业级、管理级、部门级、业务级、员工级制度等。

四、人力资源管理制度设计原则

人力资源管理制度设计要遵循一定的原则，如此才能确保管理制度的完整、详实、行之有效。具体来说，原则如下：

1. 符合国家法律、法规，符合公司各项程序，下级单位制度服从上级单位制度。

2. 经过有效公示，符合公司整体发展战略方向。

3. 制度规定中的权利和义务必须保持一致，同时内容要在稳定的基础上保持与时俱进。

4. 明确制度的执行、解释部门和效力范围。

5. 保持制度标题、总则、主体内容、附件、相关制度、资料等框架的统一；保证制度书写所用的字体、字号、目录排列、页边距、页眉、页脚等格式的统一，同时制度的编写要有逻辑、有条理且通俗易懂。

6. 制度要根据公司的实际情况随时进行调整，保证其随时有效且适用。

五、人力资源管理制度设计的方法、步骤

1. 设计方法

人力资源管理制度设计方法可以对某一个专题、内容进行专门讨论，可以对某一个

续表

问题、工作进行解释，可以对已有制度进行细分，可以对管理、业务等问题进行分析，可以对管理制度进行图片设计。

2. 设计步骤

人力资源管理制度设计步骤比较复杂，既要遵循相应的步骤，又要根据公司的实际情况随时调整，做到与时俱进。具体步骤如下：

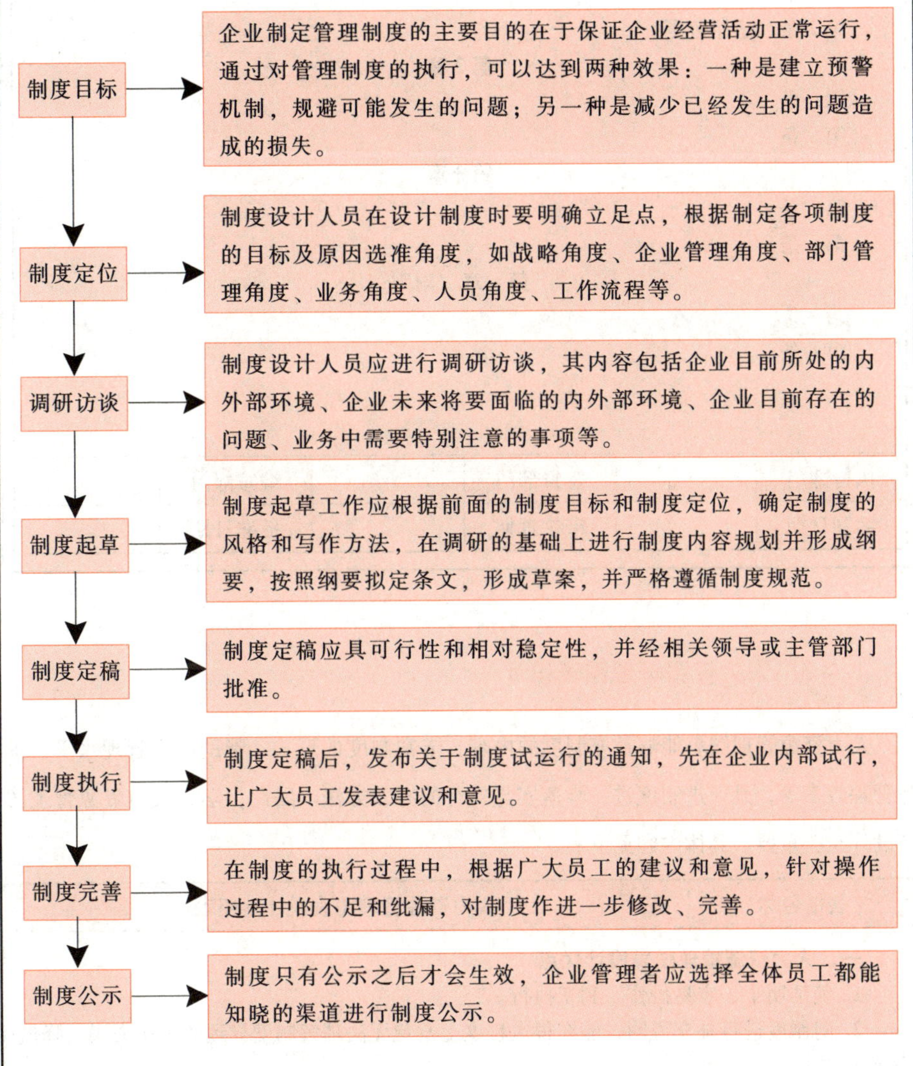

续表

<table>
<tr><td colspan="6">六、管理制度常用模板</td></tr>
<tr><td rowspan="2">制度名称</td><td rowspan="2" colspan="3"></td><td>受控状态</td><td></td></tr>
<tr><td>编　　号</td><td></td></tr>
<tr><td colspan="6">第 1 章　总则
第 1 条　目的
第 2 条　适用范围
第 2 章
第　条
第　条
第 3 章
第　条
第　条
第　章　附则
第　条
第　条</td></tr>
<tr><td>执行部门</td><td></td><td>监督部门</td><td></td><td>编修部门</td><td></td></tr>
<tr><td>编制日期</td><td></td><td>审核日期</td><td></td><td>批准日期</td><td></td></tr>
</table>

1.1.3　人力资源管理图表设计

人力资源管理图表能够补充制度的内容，丰富制度的形式，帮助提升管理水平、提高管理效率等，是促进制度进一步落实与执行的有效方法。因此，学会人力资源管理图表设计至关重要。具体内容见下表。

<table>
<tr><td>表格名称</td><td>人力资源管理图表设计参照表</td></tr>
<tr><td colspan="2">一、人力资源管理图表设计优点
1. 简洁明了、容易操作、利于执行。
2. 对制度进行补充说明，能在很大程度上避免无法理解制度导致的工作失误，降低执行成本。</td></tr>
</table>

续表

二、人力资源管理图表分类

人力资源管理图表的分类主要有两种：一种是根据公司各部门所负责的业务进行划分的分类，如财物管理图表、行政管理图表、生产管理图表等；另一种是根据各类图表所包含内容的相近性进行划分的分类，如记录图表、统计图表等。

三、人力资源管理图表设计规范

人力资源管理图表的设计规范主要针对图表的制作和内容而言，具体要求如下：

1. 图表的布局要干净简洁，少用标点符号。
2. 图表的边框、底纹、颜色要美观大方。
3. 图表的内容要简明扼要，表达要精准、到位。
4. 图表的制作要根据相关法律、法规、行业发展状态随时进行修改，确保实用性。

四、人力资源管理图表设计步骤

人力资源管理图表的绘制工具最常用的为 Word 和 Excel，以 Word 为例，具体设计步骤如下：

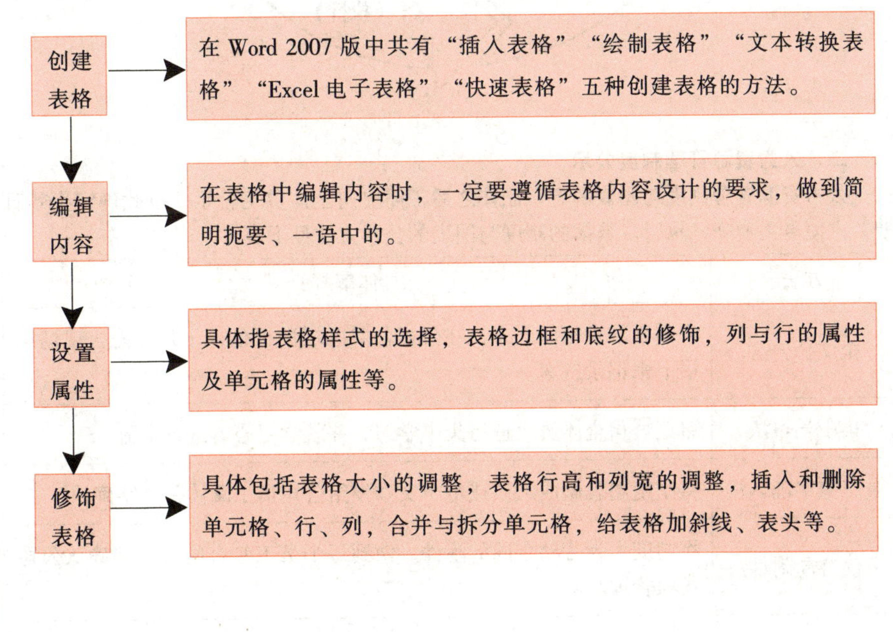

1.1.4 人力资源制度执行

表格名称	人力资源管理制度执行参照表

一、人力资源管理制度执行过程

人力资源管理制度与图表执行的过程即 PDCA 循环的过程。PDCA 循环又称质量环，是管理学中的一个通用模型，运用于持续改善产品质量的过程。具体过程如下图所示：

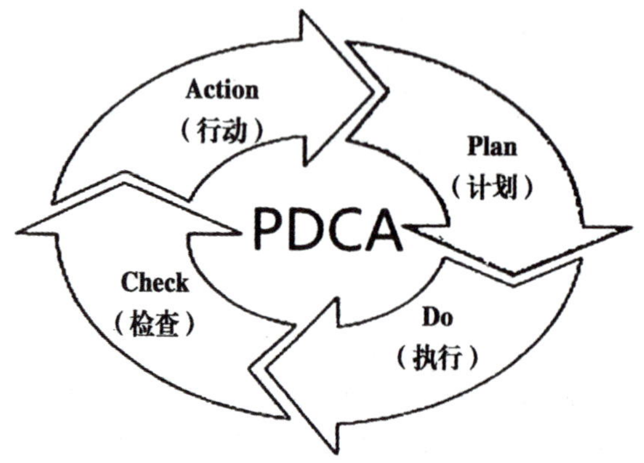

二、人力资源管理制度公示

人力资源管理制度与图表制定、制作之后，需要向全体员工公示，以此确定生效日期，方便员工遵守、执行。具体的制度与图表的公示方法见下表。

方法	具体解释
全文公告法	将制度图表打印出来，在公司公共区域进行公告，并将公告现场拍摄下来记录备案。
集中学习法	召集公司全体员工进行集中学习，并就学习心得进行交流。
员工签字确认法	将制度图表做成纸质或电子文本发给公司员工阅读并签字确认。
劳动合同附件法	将制度作为劳动合同的附件，做到每个员工签合同时一并确认公司各项管理制度。

三、人力资源管理制度执行

人力资源管理制度公示之后，最重要的还是要贯彻执行。为了确保执行顺利，可以通过以下方式进行辅助。

续表

1. 对人力资源管理制度的执行情况进行监督检查，为制度的实施奠定有效基础，确保执行顺利进行。

2. 对人力资源管理制度的执行进行考核，这样能对制度执行起到一定的监督作用，确保其可以顺利执行。

3. 对人力资源管理制度的执行不力进行追究，如违反制度者，视情节严重程度进行相应的惩罚。

如果经过以上方式人力资源管理制度还是不能有效实施，那么就需要积极寻找相应的原因，找到解决方法，具体如下表。

原因	解决方法
前期没有调研或调研有偏差，导致制度不符合公司实际情况	明确公司目标，让制度与公司实际情况紧密结合，并随时根据公司具体情况调整制度。
执行者存在惰性思想	执行者在制定制度时要同时完善监督考核机制，设定奖惩措施，帮助制度有效执行。
公司员工对制度有抵触情绪，并且这种情绪没有得到妥善处理	制度执行时在一定程度上听取员工的意见，同时加大宣传力度，提高员工对工作制度的认同度。
公司没有形成良好的制度执行氛围	采取适当方法开展警示教育，营造自觉遵守制度的良好氛围。

四、人力资源管理制度完善

公司的人力资源管理制度并不是一成不变的，它会因为各种突发情况、新兴形势等出现一系列的执行问题。因此，对人力资源管理制度进行完善是非常必要的。

1. 制度完善原则

（1）贴近企业新的机构运行与管理方面要求的原则。

（2）发挥各项制度管理部门主动性和制度执行部门能动性的原则。

（3）强化各项工作管理责任要求以及各职能部门管理服务工作的原则。

（4）不断规范制度汇编格式，为制度的再修订和今后的统稿工作划定标准的原则。

2. 制度完善步骤

（1）对企业原有制度进行分类、论证和修正。

（2）对企业新制度进行设计、草拟和论证。

（3）对企业新制度按照法律、法规进行公示或让所有员工阅读并签字确认。

1.1.5 人力资源管理制度流程图

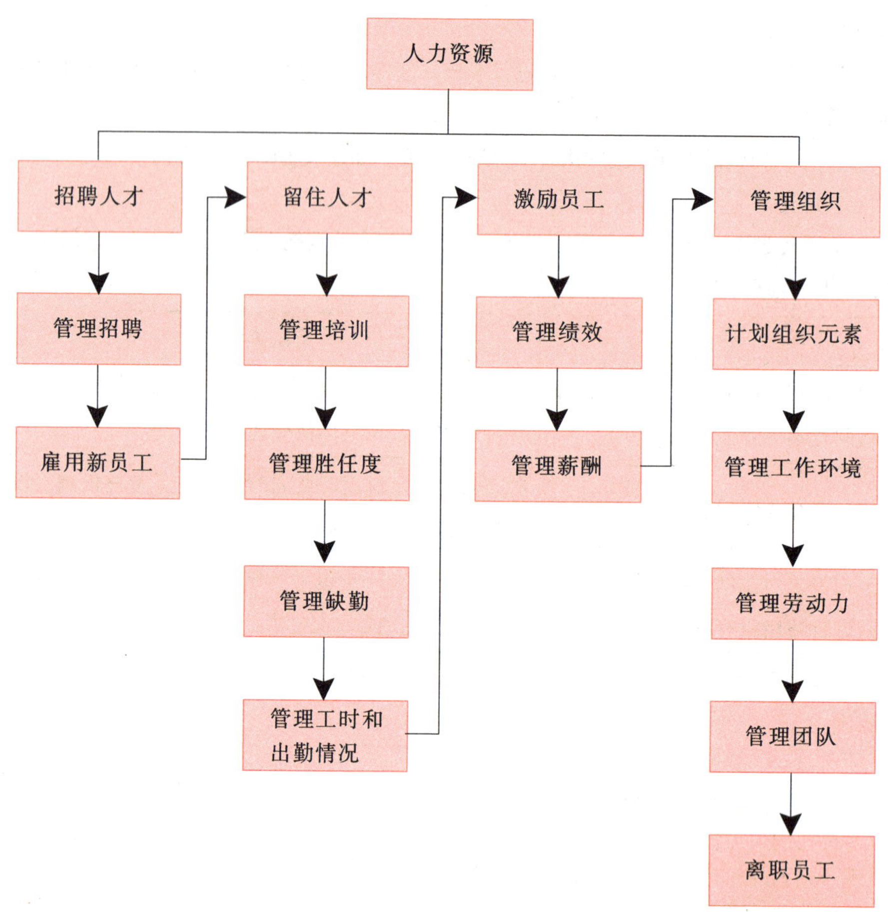

1.2 工作分析、组织设计管理制度与图表

1.2.1 工作分析管理制度与图表

1. 工作分析管理制度

<table>
<tr><td rowspan="2">制度名称</td><td rowspan="2">工作分析管理制度</td><td>受控状态</td><td></td></tr>
<tr><td>编　　号</td><td></td></tr>
<tr><td colspan="4">

第 1 章　总则

第 1 条　目的

为确保工作分析的全面性、高效性，为公司人力资源管理工作提供基础和依据，理清工作关系，明确工作流程，使公司结构更加合理化、规范化，特制定本制度。

第 2 条　适用范围

本制度适用于公司人力资源工作分析实施中的计划、设计、实施、运用和指导等各项工作。

第 2 章　工作分析职责分配

第 3 条　人力资源部工作职责

1. 负责建立、健全公司前期的宣传与沟通渠道。

2. 负责制定公司用工制度、人力资源管理制度、劳动工资制度、人事档案管理制度、员工手册、培训大纲等规章制度、实施细则和人力资源部工作程序，经批准后组织实施，并根据公司的实际情况、发展战略和经营计划制订公司的人力资源计划。

3. 制订和实施人力资源部年度工作目标和工作计划，按月做出预算及工作计划。每年度根据公司的经营目标及公司的人员需求计划审核公司的人员编制，对公司人员的档案进行统一的管理。

4. 利用信息调研工具，定期收集公司内外人力资源资讯，建立公司人才库，保证人才储备。

5. 依据公司的人力资源需求计划组织各种形式的招聘工作，收集招聘信息，进行人员的招聘、选拔、聘用及配置。如果员工不合格则进行解聘。

6. 分发、收集调查问卷。

第 4 条　公司高层领导工作职责

公司高层领导包括董事长、总经理、副总经理以及各部门主管等，工作职责主要包括：

1. 从宏观上掌控工作分析的进程。

2. 动员各部门配合人力资源部工作，为人力资源部开展工作分析提供有力的帮助和支持。

</td></tr>
</table>

续表

3. 验收工作分析的结果，并以此为依据帮助公司调整出更好的发展方向和方法。

第 3 章　工作分析内容及方法

第 5 条　工作分析的内容

工作分析的内容包括对工作名称、工作规范、工作环境、工作条件进行分析。

1. 对工作名称进行分析，需要人力资源部积极收集资料，根据工作环节的性质特征进行分析和概括，以此选择和确定工作名称。

2. 对工作规范进行分析，主要包括对工作任务、工作职责、工作关系和工作强度等方面进行的分析。

3. 对工作环境进行分析，主要包括对工作的安全环境、社会环境和物理环境等方面进行的分析。

4. 对工作条件进行分析，主要包括对工作必备学历、知识、经验、技能、心理素质等方面进行的分析。

第 6 条　工作分析的方法

工作分析的方法主要有问卷调查法、关键事件法、工作日志法、观察法、访谈法等。如果公司员工较多，为了更高效率地完成工作分析，可以使用问卷调查法、观察法和工作日志法。

第 4 章　工作分析的组织实施

第 7 条　工作分析的实施时间

工作分析的实施由于需要耗费较大的人力、物力和财力，所以一般一年实施一次，最佳时间一般在每年 3 月中旬到 4 月底。

第 8 条　工作分析的实施阶段

1. 准备阶段，最好在每年 3 月 15 日前后进行。主要工作内容包括：

（1）明确工作分析的目的和任务。

（2）做好前期宣传和沟通。

（3）确定工作小组的人员。

（4）选择收集信息的内容和方法。

（5）准备工作分析过程中必要的工具。

（6）调研公司所有的现有材料。

2. 实施阶段，最好在每年 3 月 23 日前后进行。主要工作内容包括：

（1）分发工作分析调查问卷和工作日志表，并要求员工在两天内填写完毕交到所属部门负责人手中。

（2）人力资源部回收调查问卷和工作日志表，同时与相关人员实施访谈或者直接去工作现场观察。

3. 整合阶段，最好在每年 4 月 25 日前后进行。主要工作内容包括：

（1）人力资源部工作人员与各部门负责人、岗位任职者进行沟通，对收集到的信息进行整理、筛选、审核、确认，保证信息的真实性。

续表

<table>
<tr><td colspan="6">

（2）制定初步的岗位说明书，然后综合、汇总各方面的信息对其进行修正，修正之后交由领导审批，通过后公示于全公司。

第 5 章　编制岗位职责说明书

第 9 条　岗位职责说明书内容

岗位职责说明书内容包括岗位标识、工作沟通关系、职责概要、岗位职责、关键绩效指标、任职资格、工作时间、工作环境、签字确认等。

第 10 条　编写岗位标识

岗位标识包括岗位名称、岗位编码、所属部门、直接上级、直接下级、核定人数、岗位级别、编制日期等。

第 11 条　编写工作沟通关系

工作沟通关系包括内部沟通和外部沟通，主要编写对象为经常联系的部门或岗位，偶尔联系的不包括在内。

其中内部沟通主要指公司内部各部门及部门之间的沟通；外部沟通主要指因为业务需要跟公司外部机构、业务管理部门、重要客户及其他公司、单位等的沟通。

第 12 条　编写岗位职责

编写岗位职责，主要包括对岗位的职责范围、工作内容及工作目的等宏观层面的概括表述，每一个岗位职责的表述都不能超过六项，即人力资源当中的“六六”原则。

第 13 条　编写关键绩效指标

在确定岗位职责后，根据战略目标的分解和岗位的主要职责对关键绩效指标进行确定。

第 14 条　编写任职资格

编写任职资格主要从资历、资格证书、知识要求、能力要求、素质要求以及政治面貌等方面进行。

第 15 条　编写工作时间

工作时间分为定时和不定时两种，编写时做好区分。

第 16 条　编写工作环境

根据具体工作环境确定，好的工作环境一般具备安全、舒适且固定的特点。

第 17 条　签字确认

岗位说明书编制好之后，必须由岗位任职者、直接上级、人力资源部负责人签字确认之后方可实施。

第 6 章　附则

第 18 条　本制度自发布之日起开始执行。

第 19 条　本制度的编写、修改及解释权归人力资源部所有。

</td></tr>
<tr><td>执行部门</td><td></td><td>监督部门</td><td></td><td>编修部门</td><td></td></tr>
<tr><td>编制日期</td><td></td><td>审核日期</td><td></td><td>批准日期</td><td></td></tr>
</table>

2. 工作日志汇总表

<table>
<tr><td colspan="2">观测编号</td><td colspan="11"></td></tr>
<tr><td colspan="2">工人数量</td><td colspan="11"></td></tr>
<tr><td colspan="2">实际观测时间（分）</td><td colspan="11"></td></tr>
<tr><td rowspan="2">序号</td><td rowspan="2">时间划分</td><td colspan="2">时间消耗</td><td colspan="2">时间消耗</td><td colspan="2">时间消耗</td><td colspan="2">时间消耗</td><td colspan="2">时间消耗</td><td rowspan="2">加权平均</td></tr>
<tr><td>分</td><td>%</td><td>分</td><td>%</td><td>分</td><td>%</td><td>分</td><td>%</td><td>分</td><td>%</td></tr>
<tr><td>1</td><td>定额时间</td><td></td><td></td><td></td><td></td><td></td><td></td><td></td><td></td><td></td><td></td><td></td></tr>
<tr><td>(1)</td><td>工作准备时间</td><td></td><td></td><td></td><td></td><td></td><td></td><td></td><td></td><td></td><td></td><td></td></tr>
<tr><td>(2)</td><td>基本工作时间</td><td></td><td></td><td></td><td></td><td></td><td></td><td></td><td></td><td></td><td></td><td></td></tr>
<tr><td>(3)</td><td>辅助工作时间</td><td></td><td></td><td></td><td></td><td></td><td></td><td></td><td></td><td></td><td></td><td></td></tr>
<tr><td>(4)</td><td>合理中断时间</td><td></td><td></td><td></td><td></td><td></td><td></td><td></td><td></td><td></td><td></td><td></td></tr>
<tr><td>(5)</td><td>休息时间</td><td></td><td></td><td></td><td></td><td></td><td></td><td></td><td></td><td></td><td></td><td></td></tr>
<tr><td>(6)</td><td>线束整理时间</td><td></td><td></td><td></td><td></td><td></td><td></td><td></td><td></td><td></td><td></td><td></td></tr>
<tr><td>2</td><td>非定额时间</td><td></td><td></td><td></td><td></td><td></td><td></td><td></td><td></td><td></td><td></td><td></td></tr>
<tr><td>(1)</td><td>施工本身造成的停工时间</td><td></td><td></td><td></td><td></td><td></td><td></td><td></td><td></td><td></td><td></td><td></td></tr>
<tr><td>(2)</td><td>非施工本身造成的停工时间</td><td></td><td></td><td></td><td></td><td></td><td></td><td></td><td></td><td></td><td></td><td></td></tr>
<tr><td>(3)</td><td>返工时间</td><td></td><td></td><td></td><td></td><td></td><td></td><td></td><td></td><td></td><td></td><td></td></tr>
<tr><td>(4)</td><td>其他浪费时间</td><td></td><td></td><td></td><td></td><td></td><td></td><td></td><td></td><td></td><td></td><td></td></tr>
<tr><td>3</td><td>完成产量</td><td colspan="2"></td><td colspan="2"></td><td colspan="2"></td><td colspan="2"></td><td colspan="2"></td><td></td></tr>
<tr><td>4</td><td>每工日产量</td><td colspan="2"></td><td colspan="2"></td><td colspan="2"></td><td colspan="2"></td><td colspan="2"></td><td></td></tr>
<tr><td colspan="2">备　注</td><td colspan="11"></td></tr>
</table>

3. 现场观察记录表

<table>
<tr><td>被观察者姓名</td><td></td><td>被观察者岗位名称</td><td></td><td>所属部门</td><td></td></tr>
<tr><td>观察者姓名</td><td></td><td>观察者岗位名称</td><td></td><td>所属部门</td><td></td></tr>
<tr><td>工作地点</td><td></td><td>观察日期</td><td></td><td>观察时间</td><td></td></tr>
<tr><td>准备内容</td><td colspan="5"></td></tr>
<tr><td rowspan="4">工作主要内容及时间安排</td><td>工作主要内容</td><td colspan="2">时间</td><td colspan="2">观察结果</td></tr>
<tr><td></td><td colspan="2"></td><td colspan="2"></td></tr>
<tr><td></td><td colspan="2"></td><td colspan="2"></td></tr>
<tr><td></td><td colspan="2"></td><td colspan="2"></td></tr>
</table>

1.2.2 组织设计管理制度

制度名称	组织设计管理制度	受控状态	
		编　号	

第 1 章　总则

第 1 条　目的

通过明确规定公司组织机构、业务分工以及职务权限与责任，谋求企业组织的规范化和高效率。

第 2 条　适用范围

本制度适用于公司组织结构的设立和调整。

第 3 条　制定原则

1. 支持公司整体、长远发展战略的原则。
2. 遵循相对稳定且紧凑、高效的原则。
3. 机构职能要遵循清晰、精简、责任明确的原则。
4. 部门、业务之间要遵循高效沟通与合作的原则。

第 2 章　组织结构的设立和调整

第 4 条　组织架构及形式

一般来说，公司会设立开发部、采购部、销售部、运营部、行政部、财务部、人力资源部七个部门，实行董事会领导下的总经理负责制。

第 5 条　组织结构设立

组织结构应根据整体战略、市场状况和组织架构的设置，经董事会研究、通过后实施。

第 6 条　组织结构调整

组织结构调整应由部门经理审批通过后，由人力资源部呈交给董事会审批，董事会审批通过后方可实施。

第 7 条　执行流程

1. 指示与命令全部按照指挥系统，自上而下，逐级下达。确保顺利地完成各项业务。

2. 涉及跨部门的业务，相关部门必须积极主动联系，有效地协调解决；不要出现任何妨碍业务工作顺利完成的言行。

3. 执行情况与结果必须及时、准确且全面地逐级上报。

第 3 章　组织机构的职能划分

第 8 条　董事会职能

1. 制定公司的战略规划、经营目标、重大方针和管理原则。

续表

2. 挑选、聘任和监督经理人员，并掌握经理人员的报酬与奖惩。
3. 协调公司与股东、管理部门与股东之间的关系。
4. 提出盈利分配方案供股东大会审议。
5. 决定设立分支机构和投资开发新项目。
6. 其他因为各公司不同情况而需要由董事会负责的各大事宜。

第 9 条　开发部职能

1. 在开发部经理的指导下，做好各项产品的开发工作。
2. 制定、修改产品的配方。
3. 根据市场的需求进行各种新产品的开发工作。
4. 对所有产品进行跟踪检查，发现问题现场解决。
5. 根据客人的要求修改产品的配方。
6. 对工艺流程进行跟踪。
7. 设计新产品的使用说明书。

第 10 条　采购部职能

1. 负责物流管理制度的制定、执行和修改。
2. 按部门专责制订商品分类计划，并为部门内所有商品制定适当的零售价。
3. 检查部门的销售情况、毛利情况、即购商品情况、降价情况等。
4. 发展和管理采购计划，保证各项原辅材料及办公用品的采购和供应到位。
5. 负责供应商的选择、评审和合同管理，经常与供应商联系，保持良好的关系。
6. 管理和控制运行过程，保证所有商品在任何时间都有足量合理的库存。
7. 做好物资入库验收，发现异常及时处理。

第 11 条　销售部职能

1. 从公司销售部门的角度向公司提供整体发展建议，拟订市场开发计划、营销方案、广告策划方案等。
2. 配合公司整体发展制订相应的部门发展和各阶段计划，并组织、管理销售工作。
3. 负责签订订单和销售合同，负责联系客户、考察评审、建立关系与管理。
4. 负责产品交付、售后服务和货款回收工作等。
5. 受理客户投诉，处理退货和纠纷。
6. 开发新客户，维护老客户。
7. 协调与各相关部门、发展商、外协单位的工作。

第 12 条　运营部职能

1. 制定规范的营业管理工作制度，指导运营主管贯彻执行公司有关营业政策。
2. 向公司领导反馈商城经营管理情况。
3. 根据市场变化及时提出相应的经营对策。
4. 协调运营部与各职能部门的工作关系，以促进商品销售。

续表

<table>
<tr><td colspan="6">

5. 定期对营业管理人员进行业务知识培训，提高管理人员的业务素质。

第 13 条　行政部职能

1. 负责贯彻公司领导的指示，做好上下级的联络沟通工作。
2. 负责公司日常行政事务管理，如来宾、来访的接待工作，公共环境卫生、消防管理以及信函收发、文书档案资料管理等。
3. 根据领导意图和公司发展战略起草年度工作计划、年度工作总结和其他重要文稿，协助公司做好规划研究。
4. 组织安排公司办公会议或与之有关的重要活动，并做好会议记录等。
5. 负责公司办公用品的采购、发放、使用登记、保管、维护等。
6. 办理总经理交办的对外联络事务。

第 14 条　财务部职能

1. 根据国家有关政策、经济、税收的法律法规及公司有关规定，制定公司的财物管理制度。
2. 负责制定公司年度财物预算，开展成本、财物分析活动，进行成本控制。
3. 负责公司财物管理、会计核算以及编制财物、税务报表等工作。
4. 负责做好会计基础工作，如工资和奖金的发放、现金支付、银行结算、纳税及计交各类保险基金的预算和统计工作。
5. 负责日常出纳事务，严格审核现金收付凭证，并做好现金、支票和财物印鉴管理。

第 15 条　人力资源部职能

1. 负责人力资源规划的制定，拟定企业人员编制，编制人力资源支出预算，进行成本控制等。
2. 拟定、修订、废止、发放、解释人力资源管理制度，进行各部门职责权限划分。
3. 解决人事问题，协调人事关系，包括负责员工招聘、录用、调配、培训、考核、奖惩等事项。
4. 负责人事档案的汇集整理、存档报关、统计分析和劳动合同的签订等。
5. 负责员工考勤、请销假、工资审核发放等事项。
6. 负责员工劳动合同管理和劳保事务，受理劳动纠纷等。

第 4 章　附则

第 16 条　本制度自发布之日起开始执行。

第 17 条　本制度的编写、修改及解释权归人力资源部所有。

</td></tr>
<tr><td>执行部门</td><td></td><td>监督部门</td><td></td><td>编修部门</td><td></td></tr>
<tr><td>编制日期</td><td></td><td>审核日期</td><td></td><td>批准日期</td><td></td></tr>
</table>

1.2.3 职务权限设计制度与图表

1. 职务权限设计制度

制度名称	职务权限设计制度	受控状态	
		编　　号	

第1章　总则

第1条　目的

为保证本公司经营组织高效率的运转，使管理层职务、责任和权限明确化，保证各职务权力和责任的有效结合，完善工作说明书的内容，特制定本制度。

第2条　适用范围

本制度适用于公司所有职务权限的设计和调整。

第3条　用语释义

1. 职务权限，即我们平常所说的职权，是指经由一定的正式程序所赋予某个职位的权力。这种权力不是个人权力，而是某个职位的权力。

2. 职务设计，是将职务任务组合起来构成一项完整职务的过程，是对现有职务的认定、修改或产生新的职务。

第2章　职务权限设计方法

第4条　职务专业化

职务专业化是通过分析工人的手、臂和身体其他部位的动作，工具、身体和原材料之间的物理机械关系，寻找工人的身体活动、工具和任务之间的最佳组合，实现工作的简单化和标准化，使所有工人都能够达到预定的生产水平。

第5条　职务轮换

职务轮换是通过让员工工作多样化，从而避免产生工作厌倦的一种方法。职务轮换有纵向和横向两种类型。纵向轮换指的是升职或降职，横向轮换指的是有计划的培训手段。

第6条　职务扩大化

职务扩大化是避免职务专业化缺陷的另一种努力，即通过增加某职务所完成的不同任务的数量实现工作多样化。

第7条　职务丰富化

职务丰富化指赋予员工更多的责任、自主权和控制权，以此激励员工的责任感、成就感和个人成长。

第8条　建立工作团队

工作团队是围绕小组进行的一种设计方法，在工作团队中，每位员工都具有多方面的技能，是一个成熟、综合的工作团队。

第3章　确定职务权限设计方法

第9条　授权

授权要明确权责范围，绝对不能越级授权。

续表

第 10 条　监督控制

监督控制包括上级领导对下属以及同一职务上的员工、基层员工相互之间行驶的监督控制。

第 4 章　职务权限设计流程

第 11 条　职务权限的设计原则

1. 适当授权原则，以此提高管理效率、控制成本。
2. 避免两极分化原则，明确各职务权限，避免两极分化、失误成本等。

第 12 条　职务权限设计流程图

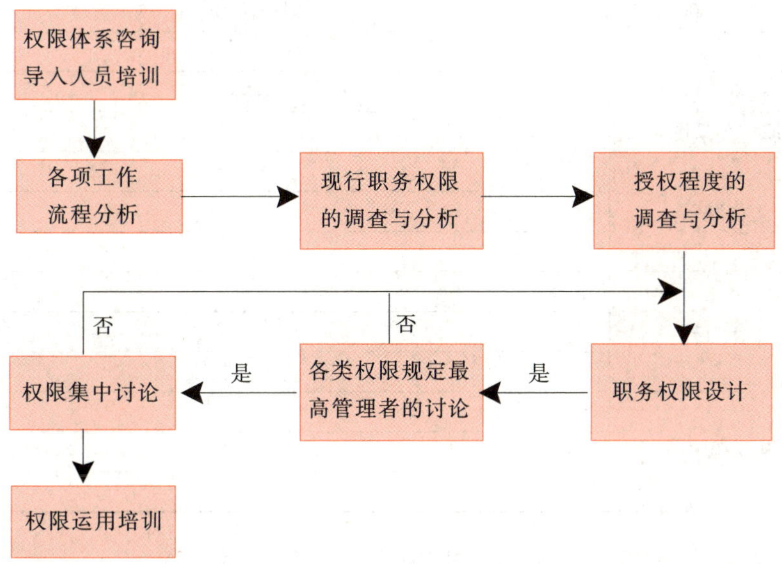

第 5 章　职务权限设计评估

第 13 条　职务权限设计评估标准

1. 真实客观反映职位之间的相对级差。
2. 客观定位职务的权力和责任。
3. 整个设计流程根据职务权限及时进行调整。
4. 掌握职务的本质特征，即使是不熟悉的职务，也要一边了解一边掌握。

第 14 条　职务权限设计评估方法

评估方法主要采用问卷法和座谈法。

第 15 条　评估结果

评估结果出来之后，要与职务权限设计参与人员、公司管理层、被评估职务的工作人员及时进行沟通，并撰写评估报告。

续表

<table>
<tr><td colspan="6">第 6 章　附则
第 16 条　本制度自发布之日起开始执行。
第 17 条　本制度的编写、修改及解释权归人力资源部所有。</td></tr>
<tr><td>执行部门</td><td></td><td>监督部门</td><td></td><td>编修部门</td><td></td></tr>
<tr><td>编制日期</td><td></td><td>审核日期</td><td></td><td>批准日期</td><td></td></tr>
</table>

2. 职务权限设计表

<table>
<tr><td colspan="4">职务权限设计表</td></tr>
<tr><td>职位名称</td><td></td><td>职位编号</td><td></td></tr>
<tr><td>所属部门</td><td></td><td>部门审核人</td><td></td></tr>
<tr><td>职责属性</td><td></td><td>批准人</td><td></td></tr>
<tr><td>职位关系图</td><td colspan="3"></td></tr>
<tr><td rowspan="3">工作联系</td><td colspan="3"></td></tr>
<tr><td colspan="3"></td></tr>
<tr><td colspan="3"></td></tr>
<tr><td rowspan="3">工作目标</td><td colspan="3"></td></tr>
<tr><td colspan="3"></td></tr>
<tr><td colspan="3"></td></tr>
<tr><td rowspan="3">职责权限</td><td colspan="3"></td></tr>
<tr><td colspan="3"></td></tr>
<tr><td colspan="3"></td></tr>
</table>

1.2.4　岗位职级管理制度与图表

1. 岗位职级管理制度

<table>
<tr><td rowspan="2">制度名称</td><td rowspan="2">岗位职级管理制度</td><td>受控状态</td><td></td></tr>
<tr><td>编　　号</td><td></td></tr>
<tr><td colspan="4">第 1 章　总则
第 1 条　目的
为规范公司的岗位设置，建立适应公司业务发展需要的组织结构，控制人工成本；规范公司的职系职级管理，为员工拓展职业生涯发展空间，建立有序的晋升体系；规范公司的岗位管理权限和程序，建立有效的内控机制，特制定本制度。</td></tr>
</table>

续表

第 2 条　适用范围

本制度适用于公司及各部门的所有岗位的职责评定。

第 2 章　岗位职级管理

第 3 条　岗位职责划分

一般来说，公司员工职务分为总监、经理、副经理、主管、高级专员、专员、助理、文员；职级划分为总监级、经理级、主任级、主管级、高级专员级、专员级、助理级、文员级、初级文员级；每一级划分为一档、二档、三档、四档、五档五个档次。

第 4 条　岗位职级管理原则

坚持严控制编制、公平、良性竞争、专业化原则。

第 5 条　岗位职级调整标准

岗位职级调整标准包括升级和降级两种调整标准。其中升级调整标准包括认同公司文化，严格遵守公司各项规章制度者；按要求完成本岗位工作，并得到领导和部门同事的赞成者；个人能力能够胜任更高级别的岗位者。降级调整标准包括严格违反公司规章制度者；不能按期完成本岗位工作，影响其他同事工作进度者；个人能力明显不能达到岗位说明书要求者。

第 6 条　岗位职级调整审批权限

岗位职级调整审批权限具体如下表所示。

职　　务	职　　级	申　　请	审批权限
总　　监	总监级	公司管理层	董事会
经　　理	经理级		
副经理	主任级		
主　　管	主管级		
高级专员	高级专员级	本岗位人员	公司管理层
专　　业	专员级		
助　　理	助理级		
文　　员	文员级初级人员级		

第 7 条　岗位职级调整流程

岗位职级调整流程中，岗位降级调整流程比较简单，一般由需要降职的员工的直接领导提出，然后交由人力资源部审批，最后由管理层审批。总监级别以上的职级，要经过董事会审批，审批通过后实施。

续表

岗位升级调整流程则比较复杂，具体流程图如下：

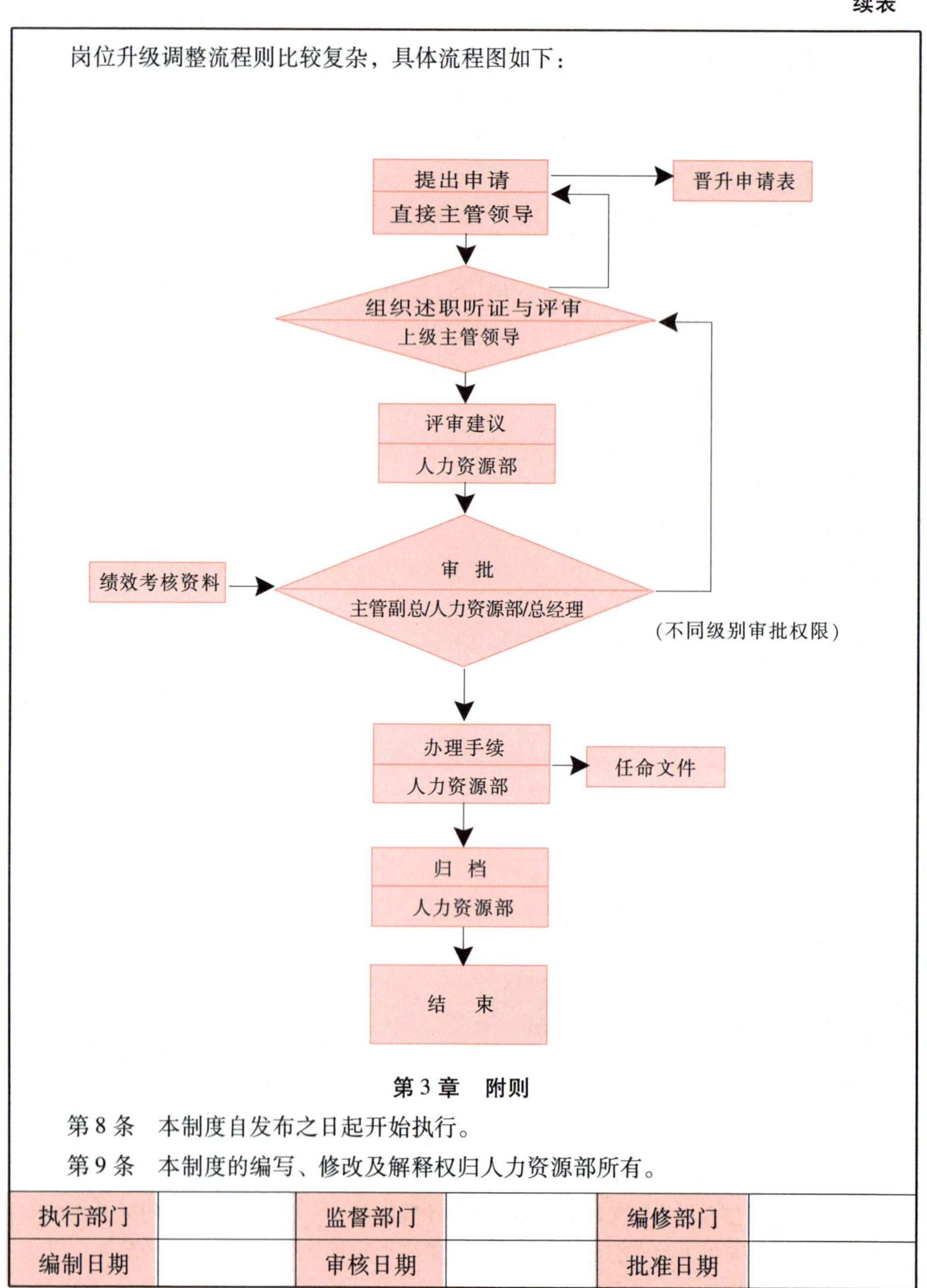

第 3 章　附则

第 8 条　本制度自发布之日起开始执行。

第 9 条　本制度的编写、修改及解释权归人力资源部所有。

执行部门		监督部门		编修部门	
编制日期		审核日期		批准日期	

2. 岗位职级变动通知单

岗位职级变动通知单
________先生/女士： 自_____年____月____日起，您将由原来的____________岗位/职级变动至____________岗位/职级。 希望您继续努力，与公司共创美好未来。 特此通知！ 总经理：____________ 日期：_____年___月___日

1.2.5 任免管理制度与图表

1. 公司岗位任免管理制度

制度名称	公司岗位任免管理制度	受控状态	
		编　　号	

第 1 章　总则

第 1 条　目的

为规范公司人力资源管理，提高人力资源管理工作效率，科学、合理地配置公司人力资源和加强员工队伍建设，依据相关法律法规，结合本公司实际情况，特制定本制度。

第 2 条　适用范围

本制度适用于公司各岗位人员的人事任免。

第 3 条　人事任免原则

公司实行能者上，平者让，庸者下的用人原则，重视每个员工的价值，在人事任免方面坚持公开、公平、公正的原则。

第 4 条　人事任免权限

1. 公司人事任免的内容包括升职、升级、降职、降级、免职、撤职等人事行为。

2. 公司总经理助理以上人员的人事任免由集团公司负责，不在本制度之内；总经理助理以下人员的人事任免，则按本制度执行。

续表

3. 凡涉及工资调整的人事任免，均须公司总经理审批。

4. 总监以上人员，由总经理提名，董事长任命。

5. 部门经理及以下人员由部门总监提名，由董事长任命。

6. 公司所有人员档案由人力资源部统一备案。

第5条　人事任免程序

1. 部门内人事任免，由部门主管（经理）填写《人事任免申请书》，按任免权限逐级审批，报办公室备案。

2. 公司领导层人事任免（部门经理助理级以上人事任免），由公司总经理通知办公室拟文上报集团主管领导，审批后以公司红头文件下发人事任免通知。

第2章　人事任免条件

第6条　升职、升级

1. 必须在部门编制出现空缺的情况下才能进行，未经公司总经理同意，不得随意升职、升级，不得随意增设岗位、职务。

2. 所有人员的升职、升级必须在公司服务满半年以上，且管理水平及能力达到公司任职资格方可升职、升级，且必须报公司领导审核及办公室备案，否则公司不予认可，所产生的一系列问题由部门经理承担。

第7条　降职、降级、免职、撤职

公司员工有以下情况的，公司有权对其作出降职、降级、免职或撤职的决定。

1. 因工作失职、渎职或工作严重失误，导致重大事故、业主投诉以及管理水平及能力未达到所任职位的要求，不能胜任工作者。

2. 触犯治安管理处罚条例以及刑律者。

3. 工作不力，多次未能完成上级领导交办的工作任务者。

4. 多次违反公司劳动纪律，工作态度不端正，且顶撞上司屡教不改者。

5. 各部门间工作扯皮推诿，故意在部门间设置工作障碍，阻挠公司协调工作者。

第3章　人事变动

员工人事变动可分为辞职、辞退、劝退、开除、自动离职等。

第8条　辞职

辞职是指员工因自身原因，经申请并征得公司同意而离开原工作单位或是原岗位。

1. 试用期内员工辞职须提前三天知会部门经理。经部门经理同意后填写《离职申请表》，按《离职申请表》上的内容逐级审批。

2. 试用期满后员工辞职须提前15天向所在部门提出书面申请，经部门经理同意后，填写《离职申请表》，并按《离职申请表》上的内容逐级审批。

续表

3. 经公司总经理批准辞职的员工，在预定离职日期满后，到办公室领取《离职清单》办理离职手续。《离职清单》经总经理签字审批后即产生效力，表明员工自总经理签字之日起与公司解除劳动关系，不再享受公司任何福利及待遇。 4. 所有辞职人员必须在两日内办完离职手续，未办完手续而离岗者，做自动离职处理。当月工资及工作押金概不退还。 5. 离职员工的工资结算日期以员工离岗日期为准。 第 9 条　辞退 辞退是指公司因某个正当理由，终止对某个员工的录用，并解除与辞退员工的劳动关系。公司辞退员工必须提前 15 天通知员工。而且根据员工问题的不同，主要分为以下两种情形。 1. 公司可以辞退员工并且不发放经济补偿金的情形，多是因为员工有以下问题： （1）工作懒散，上班经常迟到、早退，经三次书面警告仍不改正。 （2）工作绩效差，连续 3 个月完不成工作任务而无正当理由。 （3）对公司的形象及声誉造成极大负面影响。 （4）员工间相互斗欧、打架。 （5）酒后闹事，妨碍他人工作和生活，多次劝解无效。 （6）侵占、损坏公司或他人的财物并造成一定损失。 （7）拒不执行上司的指派任务，延误工作，造成不良后果。 （8）对待业主粗暴无礼，导致公司形象受损。 （9）违反公司管理制度，经三次书面警告或经济处罚仍不改正。 （10）试用期内不符合公司录用条件或经过试用不合格。 2. 公司可以辞退员工，但是要按照规定发放补偿金的情形，多是因为员工有以下情形： （1）员工因患非职业病或非因公负伤，医疗期满后仍不能从事原工作的。 （2）经劳动合同当事人协商一致，由用人单位解除劳动合同的。 （3）劳动者不胜任工作，经过培训或调整工作岗位仍不能胜任工作，由用人单位解除劳动合同的。 （4）劳动合同订立时所依据的客观情况发生重大变化，致使原劳动合同无法履行，经当事人协商不能就变更劳动合同达成协议，由公司解除劳动合同的。 第 10 条　劝退 劝退是指员工不符合公司的用人要求，或是在试用期内发现不符合公司要求但未造成重大事故，公司根据正当理由终止与某个员工的劳动关系。被劝退的员工公司发放当月工资并退还工作押金。被劝退员工的工资结算日期以总经理批准的日期为准。

续表

第 11 条　开除

开除是公司给予犯错员工最严厉的一种行政处分，是公司根据《劳动法》或《劳动合同》做出的强行终止与某个员工的劳动关系的行政处分。

1. 一般有以下情形之一者，公司有权作出开除处理。

（1）由于工作失职、渎职，造成重大事故或重大投诉，导致公司财物、形象、声誉严重受损者。

（2）占他人或公司财物，情节严重者。

（3）公司范围内私藏武器、弹药等违禁物品者。

（4）煽动、教唆他人怠工闹事者。

（5）制造、传播、诽谤他人，造成恶劣影响者。

（6）利用职务之便谋取私利，致使公司利益受损者。

（7）在公司工作同时受雇于其他单位或个人者。

（8）故意欺骗公司造成损失者。

（9）触犯国家法律者及治安管理条例者。

2. 开除程序。

（1）公司开除员工须先调查核实犯错事实，详细写明开除员工的理由，报公司总经理审批。

（2）公司领导的批复意见之前，申请部门须加强对开除人员的管理，直到手续办完为止。

（3）被开除处理的员工，公司概不退还工作保证金及不做任何补偿，但发放当月工资。当月工资结算日期以总经理审批签字生效之日止。

（4）被开除处理的员工，自公司总经理签字之日起一日内办理完离职手续，未在规定日期内办理完手续者，公司不计发当月工资。

3. 一般有以下情形之一者，一律就地免职，不再办理免职手续，由所在部门报人力资源部备案。

（1）在公司内滋事、妨害秩序者。

（2）向外泄露公司业务机密者。

（3）对上级主管不满，不通过正当渠道陈述己见，或提供建议，而任意谩骂者。

（4）对本身职务不能胜任者。

（5）一月内无故旷工累计达 6 日者。

（6）胁迫上级主管，或蓄意违抗合理指挥，或打骂侮辱主管行为情节重大者。

（7）利用公司名义，在外招摇撞骗者。

（8）利用职权营私舞弊者。

（9）未按照规定指示，擅自改变工作方法，致使发生错误，使公司蒙受损失者。

（10）故意损坏公司财物者。

（11）散播有损公司之谣言，而妨害工作秩序者。

续表

(12) 因故意或过失行为，而造成公司经济损失达10000元以上者。 (13) 有煽动怠工或罢工之具体事实者。 (14) 触犯国家法律法规，被司法机关予以处罚者。 **第4章　附则** 第12条　本制度自发布之日起开始执行。 第13条　本制度的编写、修改及解释权归人力资源部所有。					
执行部门		监督部门		编修部门	
编制日期		审核日期		批准日期	

2. 岗位任职通知单

岗位任职通知单

__________先生/女士：

经过公司对您长期、全面考核，认为您在个人能力、团结协作和遵章守纪等方面表现突出，为此公司决定聘任您为：__________部，担任__________职务；其工资为__________档：基本工资______元，岗位工资______元。

当前公司正处于一个新的发展阶段，需要您这样卓越的管理者做出应有的贡献，因此希望您能做到以下三点：

1. 忠于公司，认同公司企业文化，遵守各大项规章制度。
2. 不断提高自己的管理水平和技能水平，为公司发展提出自己的真知灼见。
3. 关心下属，倾听员工的心声。

希望您继续努力，与公司共创美好未来。

特此通知！

总经理：____________　　　　员工：____________

日　期：____年__月__日　　　　日期：____年__月__日

3. 岗位免职通知单

姓　　名		职　　位		部　　门	
免职原因					
部门主管意见					
人力资源部意见					
总经理意见					

1.3 人力资源规划与计划管理制度与图表

1.3.1 人力资源规划管理制度与图表

1. 人力资源规划管理制度

<table>
<tr><td rowspan="2">制度名称</td><td rowspan="2">人力资源规划管理制度</td><td>受控状态</td><td></td></tr>
<tr><td>编　　号</td><td></td></tr>
<tr><td colspan="4">

第1章　总则

第1条　目的

为了规范和指导公司人力资源规划工作，为公司的生存和发展提供相宜的人力资源，特制定本制度。

第2条　适用范围

本制度适用于公司人力资源管理工作。

第3条　规划原则

遵循前瞻性、可行性、一致性原则。

第4条　作用

1. 确保公司在经营发展过程中对人力资源的需求，获得并储备一定数量具备特定知识、技能的人员。

2. 能够有效地调整人员的分布状况，把人工成本控制在合理的支付范围内。

3. 有助于调动员工积极性，建设训练有素、运作灵活的员工队伍，增强公司对未知环境的适应能力。

4. 能够有效预测公司潜在人员过剩或人力不足的问题，以便及时采取应对措施。

5. 减少公司关键岗位、关键技术和关键环节对外招聘的依赖性。

第2章　人力资源规划工作的内容

第5条　人力资源总体规划的内容

1. 根据公司的经营目标与发展战略，通过人力资源管理子系统，做好供求平衡和员工发展。

2. 计划期内公司对人力资源管理的总方针、目标、总政策、实施步骤和总预算的安排。

第6条　人力资源规划各项业务计划

1. 人力资源规划各项业务计划如下表所示。

</td></tr>
</table>

续表

业务内容	主要内容
配备计划	1. 允许公司内部人员有计划地定期流动，熟悉各岗位技能、业务流程等，使之成为复合型人才。当公司内部某岗位需要人员时，就可安排复合型人才到岗满足临时业务需要。 2. 通过岗位再设计，对各岗位的工作内容、工作量等进行再次设计，从而达到人岗最佳配备。
晋升计划	1. 把有能力的人尽量安排在能充分发挥其能力的岗位上。 2. 实现最大效用地激励员工。
补充计划	1. 优化人力资源结构，满足公司对人力资源的数量和质量要求，改善人员素质结构及绩效。 2. 合理填补公司在一定时期内可能出现的岗位空缺，避免因某岗位空缺而出现断层。 3. 促进员工成长与能力提升，为公司发展做准备。 4. 需补充人员的岗位、数量及对应职位对人员的需求。
使用调整计划	1. 帮助员工多方向发展，激发其潜能，提高人力资源使用效率，做到适人适岗。 2. 有计划地进行人员内部流动，合理调配岗位，形成良性人员循环系统，使公司充满活力。
职业发展计划	1. 选拔后备人才，形成人才梯队，规划职业生涯。 2. 事先准备具有一定资质的人员，进行系列培训，确保未来用人需求。 3. 调动员工积极性，将公司发展和个人前途联系起来。
员工关系计划	1. 协调、改善劳资关系，降低非期望离职率，增进员工沟通，减少投诉和不满。 2. 完善公司文化，增进员工满意度。
培训开发计划	1. 拟定培训项目、组织开展培训活动。 2. 评估培训效果，提高员工素质、技能。
绩效薪酬福利计划	1. 结合薪酬调查设计科学合理的薪酬结构、薪酬标准。 2. 制定具有行业挑战性的福利计划。 3. 构建科学合理的绩效管理体系，增强绩效、公司凝聚力。
劳动安全计划	1. 加强员工劳动安全教育，实施劳动保护措施。 2. 制订员工安全生产操作规范。
退休、解聘计划	1. 做好员工退休、解聘工作，使离岗正常化、规范化。 2. 降低劳动成本，提高工作效率。

续表

2. 人力资源规划各项业务计划执行文件及预算内容如下表所示。

业务内容	执行文件	预算内容
配备计划	轮岗制、岗位说明书编制、完善。	由人员总体规模变化引起的费用变化、岗位轮换培训造成的损耗。
晋升计划	晋升标准、晋升制度。	由岗位调整引起的薪酬变动。
补充计划	补充标准、招聘面试与录用规定、试用期与转正管理制度、岗前培训规定。	招募、选拔费用。
使用调整计划	岗位轮换制度、岗位说明书修改、完善。	由岗位变化引起的薪酬福利等支出的变化。
职业发展计划	岗位选拔制度、标准，晋升制度、标准、员工职业生涯规划。	由岗位变动引起的薪酬变动。
员工关系计划	员工参与管理制度、合理化建议制度、员工沟通机制。	诉讼费及可能的赔偿。
培训开发计划	培训制度、培训实施办法、培训效果评估。	由培训费脱产人员工资及脱产引起的损失。
绩效薪酬福利计划	薪酬管理制度、绩效管理制度、福利计划。	薪酬福利的变动额。
劳动安全计划	安全生产管理制度、安全生产操作规范。	由安全事故引发的各种费用。
退休解聘计划	退休、解聘相关制度和程序。	安置费、人员重置费。

第 3 章　人力资源规划的制定和评估

第 7 条　人力资源规划制定程序

1. 公司经营发展目标、战略规划、经营环境分析。公司人力资源部正是制定人力资源规划前，必须向各职能部门索要各类数据，人力资源部负责从以上数据中提炼出所有与人力资源规划有关的数据信息，并且整理编报，为有效地规划人力资源提供基本数据。具体如下表所示：

续表

数据来源	数据类型
需要向各部门收集的数据资料	1. 公司整体战略规划数据。
	2. 公司组织结构数据。
	3. 财务规划数据。
	4. 市场营销规划数据。
	5. 生产及新项目规划数据。
	6. 各部门年度规划数据信息。
本部门相关资料整理	1. 人力资源政策、文化特征数据。
	2. 公司行为模型特征数据。
	3. 薪酬福利水平数据。
	4. 培训开发水平数据。
	5. 绩效考核数据。
	6. 公司人力资源人事信息数据。
	7. 公司人力资源部职能开发数据。

人力资源部组织讨论以上数据，编制标准并分解衍生出具体的人力资源活动计划。

人力资源部制订年度人力资源规划工作进度计划，报请各级领导审批后，告知公司全体人员并根据公司战略规划和经营发展目标下发《各部门工作评价表》及《各部门人力资源需求申报表》，在限定工作日内收回。

人力资源部在收集完毕所有数据后，对以上数据进行描述统计分析，制作年度人力资源规划环境分析报告，由公司人力资源环境分析审核小组完成环境分析的审核工作。审核小组成员构成为公司各部门负责人、人力资源部环境分析专员和人力资源部负责人。

人力资源部将审核无误的年度人力资源规划环境分析报告报请公司总经理层审核批准后方可使用。在人力资源环境分析期间，各职能部门应该根据部门的业务需要的实际情况，在人力资源规划活动中及时全面地向人力资源部提出相关的信息数据。人力资源环境分析工作人员应该认真收取各职能部门传递的环境信息。

2. 人力资源部根据公司或部门实际情况确定其人员规划期限，通过公司人力资源信息库全面了解公司现有人力资源情况，为预测工作准备翔实的资料，确定公司经营目标，并明确实现此目标公司需要配备的人员数量、人才素质和实现目标所需的时间要求。

续表

3. 分析人力资源需求和供给，采用定性和定量相结合的方法对人力资源进行需求和供给预测。

（1）人力资源需求预测内容包括人员数量、质量、层次结构。人力资源需求预测常用的方法包括定员定额法、趋势分析法、回归分析法、德尔菲法、现状规划法、经验预测法、管理人员判断法等。

（2）人力资源内部供给分析需要利用公司人力资源信息库，人力资源供给预测项目如下表所示。

预测项目	详细说明
内部供给	晋升、调动、培训等
外部供给	人口政策及现状、劳动力市场发育程度、就业偏好、户籍制度

4. 制订人力资源供求协调平衡的总计划和各项业务计划，并分别提出供求不平衡时的调整措施。

结合人力资源需求分析结果与人力资源供给分析结果，编制人力资源规划，并进行供求综合平衡，编制各分项业务具体的执行、调整计划，以期达到人力资源供求协调平衡。

5. 人力资源规划的组织实施与评价、修正。对编制好的人力资源规划实施监控，并根据经营环境、社会环境的变化进行及时调整，使其更适合公司的发展。

第 8 条　人力资源规划评估

人力资源部通过定期与非定期的人力资源规划工作评估，使有关政策和措施得以改进和落实。此举有利于调动员工工作积极性，提高人力资源管理工作的效益。评估可以从以下三个方面进行。

1. 管理层是否可以在人力资源费用变得难以控制或过度花费之前，采取措施来防止各种失调，并因此使公司人工成本得以降低。

2. 公司是否有充裕的时间来发现人才。因为好的人力资源规划可以使公司在实际雇佣员工前，已经预计或确定了各种人员的需求。

3. 管理层的培训工作是否可以得到更好地规划。

第 4 章　附则

第 9 条　本制度自发布之日起开始执行。

第 10 条　本制度的编写、修改及解释权归人力资源部所有。

执行部门		监督部门		编修部门	
编制日期		审核日期		批准日期	

2. 人力资源规划管理表

人力资源规划管理表															
人员类型	级别	工种	时间及补充数量												合计
			2015 年				2016 年				2017 年				
			硕士	本科	大专	其他	硕士	本科	大专	其他	硕士	本科	大专	其他	
管理人员	高层管理	财务													
		营销													
		生产													
		其他													
	中层管理	财务													
		营销													
		生产													
		其他													
	基层管理	财务													
		营销													
		生产													
		其他													
	小计														
技术人员	高工														
	助工														
	技术员														
	小计														
基层员工	机工														
	电工														
	维修工														
	小计														

1.3.2 人力资源计划管理制度与图表

1. 人力资源计划管理制度

<table>
<tr><td rowspan="2">制度名称</td><td rowspan="2">人力资源计划管理制度</td><td>受控状态</td><td></td></tr>
<tr><td>编　　号</td><td></td></tr>
<tr><td colspan="4">
第 1 章　总则
第 1 条　目的
为规范公司年度人力资源计划，保证人力资源工作的计划性及人力资源管理目标的顺利实现，特制定本制度。
第 2 条　适用范围
本制度适用于公司人力资源计划的制订、执行等相关工作。
第 3 条　职责分配
人力资源部是人力资源计划制订、实施的主要执行部门，各相关职能部门积极配合人力资源部开展各项工作，及时提交各类表单、资料。
第 2 章　人力资源计划实施流程
第 4 条　现阶段人力资源状况分析
1. 人力资源部每年 11 月中旬设计发放《人力资源管理员工调查问卷》，对公司人力资源现状进行调查。
2. 人力资源部汇总分析调查结果，结合自身工作，找出各项工作存在的问题以及需要改进的地方。
第 5 条　人力资源计划制订
1. 人力资源部将各项工作改进方案和对问题的预防措施汇总成文。
2. 人力资源部根据公司发展现状、发展需要及完善的工作改进方案，编制公司下一年度人力资源工作计划。
3. 人力资源年度工作计划的内容包括职务编制计划、人员配置计划、培训计划和招聘计划等。
4. 成文后，经过部门内部修正，然后上报总经理、董事会，审批后组织实施。
5. 人力资源部必须在每年 12 月 15 日前将人力资源部年度工作计划上报公司总经理审批。
第 6 条　制订人力资源工作改进方案
1. 通过对问题的汇总，根据公司发展的需要，人力资源部提出各项工作的改进方案及对问题的预防措施。
2. 人力资源部将各项工作的改进方案汇总成文，通过部门内外讨论后修正。
3. 人力资源部针对各类可能出现的问题，制定相应的预防措施，经过总经理审批后定案。
第 3 章　人力资源计划实施执行、评估与修正
第 7 条　结果反馈
人力资源计划确定实施后，各部门要根据具体情况对其进行修正、评估，并将评估
</td></tr>
</table>

续表

<table>
<tr><td colspan="6">结果反馈到人力资源部。
第 8 条　评估
人力资源部要进行定期与不定期的评估，通过发现问题来指导今后人力资源计划活动，应注意评估以下三点内容：
1. 是否按照人力资源计划的要求执行人力资源管理工作。
2. 人力资源计划本身是否合理，是否有效地指导工作。
3. 人力资源计划内容是否全面，是否涵盖了实际工作中发生的各种事情。
第 9 条　修正
人力资源部应根据计划执行的进度反馈与评估分析，及时修正人力资源计划，保证计划的有效性，更好地促进企业实现目标。
第 4 章　附则
第 10 条　本制度自发布之日起开始执行。
第 11 条　本制度的编写、修改及解释权归人力资源部所有。</td></tr>
<tr><td>执行部门</td><td></td><td>监督部门</td><td></td><td>编修部门</td><td></td></tr>
<tr><td>编制日期</td><td></td><td>审核日期</td><td></td><td>批准日期</td><td></td></tr>
</table>

2. 人员增补申请表

<table>
<tr><td colspan="6">人员增补申请表</td></tr>
<tr><td>申请日期</td><td></td><td>编　　号</td><td></td><td>版　　号</td><td></td></tr>
<tr><td>申请部门</td><td></td><td>增补职位</td><td></td><td>增补名额</td><td></td></tr>
<tr><td>岗位编制人数</td><td>人</td><td>岗位现有人数</td><td>人</td><td>希望报到日期</td><td></td></tr>
<tr><td>增补类别</td><td colspan="5">□扩大编制　□储备人力　□辞职补充　□异动补充　□临时用工　□其他</td></tr>
<tr><td>增补原因</td><td colspan="5"></td></tr>
<tr><td>任职资格条件</td><td colspan="2">性别：　□男　□女　□不限
婚姻：　□已婚　□未婚　□不限
学历：　□高中或以下　□大专　□本科　□硕士
年龄：
专业：
知识技能：
工作经验：
户籍地址：
行业经验：
其他要求：</td><td>岗位工作职责</td><td colspan="2"></td></tr>
</table>

续表

<table>
<tr><td rowspan="4">审批意见</td><td>申请部门意见：

签　　字：
______年___月___日</td></tr>
<tr><td>行管部意见：

签　　字：
______年___月___日</td></tr>
<tr><td>分管副总意见：

签　　字：
______年___月___日</td></tr>
<tr><td>总经理意见：

签　　字：
______年___月___日</td></tr>
</table>

3. 人力资源年度招聘计划表

编　　号：　　　　　　　　　　　　　　　　　　　　________年____月____日

<table>
<tr><td rowspan="2">部门有关情况</td><td rowspan="2">录用部门</td><td colspan="4">录用职位情况</td><td colspan="3">考试相关信息</td><td rowspan="2">备　　注</td></tr>
<tr><td>职位</td><td>人数</td><td>专业</td><td>资格</td><td>考试方法</td><td>考试范围</td><td>招聘对象</td></tr>
<tr><td rowspan="5">公司核定编制数</td><td></td><td></td><td></td><td></td><td></td><td></td><td></td><td></td><td></td></tr>
<tr><td></td><td></td><td></td><td></td><td></td><td></td><td></td><td></td><td></td></tr>
<tr><td></td><td></td><td></td><td></td><td></td><td></td><td></td><td></td><td></td></tr>
<tr><td></td><td></td><td></td><td></td><td></td><td></td><td></td><td></td><td></td></tr>
<tr><td></td><td></td><td></td><td></td><td></td><td></td><td></td><td></td><td></td></tr>
<tr><td rowspan="5">本年度缺编人数</td><td></td><td></td><td></td><td></td><td></td><td></td><td></td><td></td><td></td></tr>
<tr><td></td><td></td><td></td><td></td><td></td><td></td><td></td><td></td><td></td></tr>
<tr><td></td><td></td><td></td><td></td><td></td><td></td><td></td><td></td><td></td></tr>
<tr><td></td><td></td><td></td><td></td><td></td><td></td><td></td><td></td><td></td></tr>
<tr><td></td><td></td><td></td><td></td><td></td><td></td><td></td><td></td><td></td></tr>
</table>

续表

部门有关情况	录用部门	录用职位情况				考试相关信息			备　注
		职位	人数	专业	资格	考试方法	考试范围	招聘对象	
本年度计划减员数									
本年度拟录用人数									
备　注									

1.3.3　人力资源供需预测制度与图表

1. 人办资源供需预测制度

制度名称	人力资源供需预测制度	受控状态	
		编　　号	

第 1 章　总则

第 1 条　目的

为明确规定人力资源供需预测工作的要求、步骤和方法，确保人力资源供需预测的科学性和合理性，制订切实可行的人力资源工作计划，满足企业战略发展需要，特制定本制度。

第 2 条　适用范围

本制度适用于公司内部各岗位人力资源供需预测工作。

第 3 条　职责分配

1. 人力资源部负责各阶段人力资源供给与需求的预测。
2. 各部门积极配合人力资源部组织的供给和需求状况预测。
3. 总经理负责对人力资源供需情况预测报告进行审核。

第 2 章　人力资源需求预测

第 4 条　人力资源需求预测内容

人力资源需求预测内容包括公司现在人力资源需求、公司未来人力资源需求、公司未来人力资源流失、公司总体人力资源需求预测等。

续表

第5条　人力资源需求预测步骤

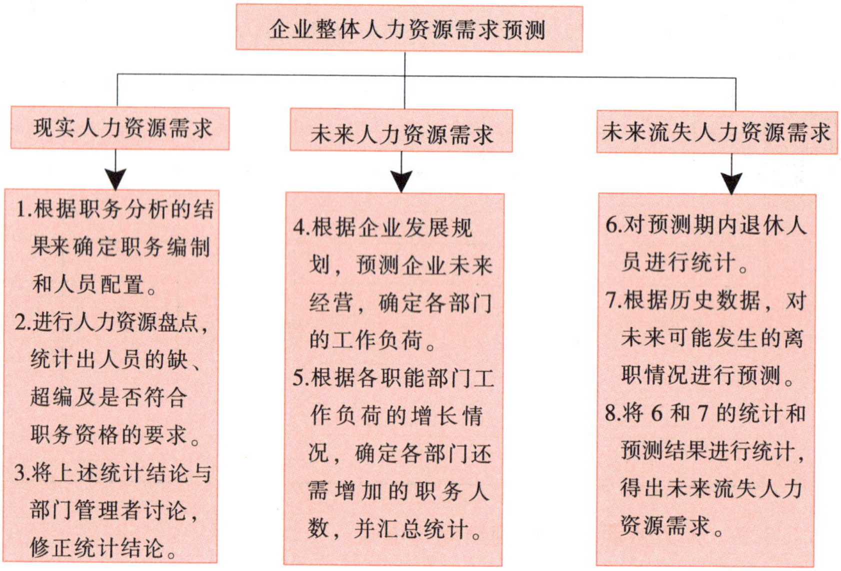

企业整体人力资源需求预测

现实人力资源需求

1.根据职务分析的结果来确定职务编制和人员配置。
2.进行人力资源盘点，统计出人员的缺、超编及是否符合职务资格的要求。
3.将上述统计结论与部门管理者讨论，修正统计结论。

未来人力资源需求

4.根据企业发展规划，预测企业未来经营，确定各部门的工作负荷。
5.根据各职能部门工作负荷的增长情况，确定各部门还需增加的职务人数，并汇总统计。

未来流失人力资源需求

6.对预测期内退休人员进行统计。
7.根据历史数据，对未来可能发生的离职情况进行预测。
8.将6和7的统计和预测结果进行统计，得出未来流失人力资源需求。

第6条　人力资源需求预测常用方法

方法分类	方法名称	使用说明	适用范围
定量预测法	微观集成法	微观集成法是组织的各个部门根据自己的单位、部门的需要预测将来某时期内对各种人员的需求量，人力资源管理的计划人员可以把各部门的预测综合起来，形成总体预测方案。	它适用于短期预测并且组织的生产和服务比较稳定的情况。
	零基预测法	零基预测法是以组织现有员工数量为基础来预测未来对员工的需求。	这种分析法的关键是要对人力资源需求进行详尽的分析。
	统计预测法	统计预测法是指根据过去的情况和资料建立数学模型，并由此对未来的趋势作出预测的一种定量的预测方法。	统计预测法适用于各种预测，如经济预测、人口预测、市场预测等。

续表

定量预测法	工作负荷预测法	它是指按照历史数据、工作分析的结果，先计算出某一特定工作每单位时间（如每一天）的每人的工作负荷（如产量），然后再根据未来的生产量目标（或者劳务目标）计算出所需要完成的总工作量，然后依据前一标准折算出所需要的人力资源数量。	适用于工作内容分析、统计等。
	劳动定额预测法	劳动定额法又称比率分析法。劳动定额是对劳动者在单位时间内应该完成的工作量的规定。	适用于核定工作量。
定性预测法	管理评价法	管理评价法是预测企业人力资源需求最常用的一种主观预测法。它是由高层管理者、部门经理和人力资源部专员等人员一起预测和判断企业在某段时间对人力资源的需求。管理评价法可分为自上而下估计法和自上而下估计法两种。	通常用于中短期预测，并且在预测中将下级估计法和上级估计法结合起来运用。
	现状预测法	现状预测法是一种适用于短期预测的最简便的预测方法。这种方法假定企业保持原有的生产和生产技术不变，则企业的人力资源处于相对稳定的状态，即企业目前各种人员的配备比例和人员总数是适应规划期内的人力资源需求。	适用于中短期人力资源预测。
	经验预测法	经验预测法是一种利用现有的情报和资料，结合以往的经验，结合本企业的实际特点，来预测企业未来人员的需求。	适用于短期、公司总体调整化或业务发展稳定时期。
	情景描述法	情景描述法是企业的人力资源部门对组织未来的战略目标和相关因素进行假设性描述、分析和综合，并作出多种人力资源需求的备选方案，以适应和应付环境和因素的变化。	通常用于环境变化或者组织变革时的人力资源需求预测分析。

续表

定性预测法	工作研究预测法	工作研究预测法是企业根据具体岗位的工作内容和职责范围，在假设岗位工作人员完全适岗的前提下，确定其工作量，最后得出需要的人数。	当企业的结构比较简单、职责清晰的时候，工作研究分析预测比较容易实施。
	驱动因素预测法	该方法的原理是某些与企业的本质特征有关的因素主导着企业的活动或工作量，并进而决定人员的配置需求。	适用于人力资源需求预测。
	专家讨论法	相关领域的技术专家由于把握技术发展的趋势，所以能更加容易对该领域的技术人员状况作出预测。	专家讨论法适合于技术型企业的长期人力资源预测。
	德尔菲法	德尔菲法又称为专家意见法，是指邀请在某领域的一些专家或有经验的管理人员采用问卷调查或小组面谈的形式对企业未来人力资源需求量进行分析、评估和预测并最终达成一致意见的方法。	适用于长期人力资源预测。
	趋势预测法	趋势预测法是利用企业的历史资料，根据某些因素的变化趋势，预测相应的某段时期人力资源的需求。	其他一切因素都保持不变或变化幅度保持一致。
	趋势外推法	趋势外推法又称时间序列预测法。它是按已知时间序列，用一定方法向外延伸，以得到现象未来的发展趋势。	实用性比较强，但是过于简单，只能预测人力资源需求的大概走势，未能提供有关人力资源质量的数据。

第3章　人力资源供给预测

第7条　人力资源供给预测内容

在预测未来的人力资源供给时，要明确的是企业内部人员的特征：年龄、级别、素质、资历、经历和技能。必须收集和储存有关人员发展潜力、可晋升性、职业目标以及采用的培训项目等方面的信息。技能档案是预测人员供给的有效工具，它含有每个人员技能、能力、知识和经验方面的信息，这些信息的来源是工作分析、绩效评估、教育和培训记录等。技能档案不仅可以用于人力资源规划，而且也可以用来确定人员的调动、提升和解雇。

续表

第 8 条　人力资源供给预测流程

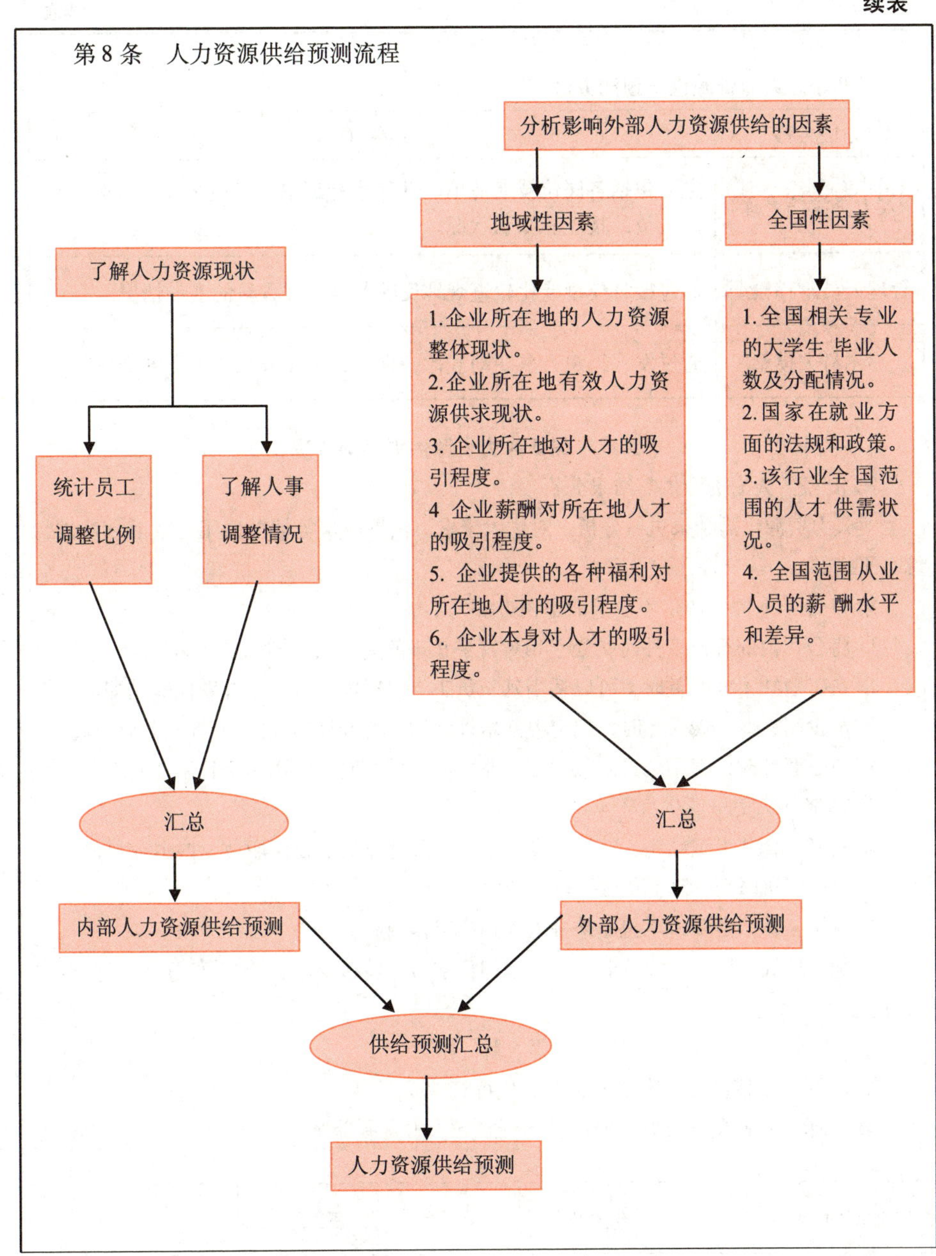

续表

第 9 条　人力资源供给预测方法

方法名称	主要内容
人力资源信息库	主要包括各岗位技能清单、管理才能清单，以便全面了解公司内部人员的技能和知识状况。
管理人员阶梯模型	通过接替模型能比较直观地反映各类管理人员的变动情况。
马尔科夫模型	通过发现组织人事变动规律，推测组织在未来的人员供给情况。

第 4 章　保证人力资源供需平衡方法

第 10 条　人力资源供需结果分析

对人力资源供需结果进行分析，对供大于求、供不应求等情况采用有效的方法进行综合平衡。

第 11 条　人力资源供不应求的平衡方法

1. 将公司内部符合条件而又处于相对富裕状态的岗位人员调往空缺岗位。
2. 员工短缺不太严重时，可以适当延长员工上班时间，以一定补助作奖励即可。
3. 缺少高、专、尖人才时，拟定内部培训计划、晋升计划或内外部的招聘计划。
4. 业务繁忙时，聘用全日制临时工，业务不太繁忙时，聘用非全日制临时工。

第 12 条　人力资源供大于求的平衡方法

1. 精简、合并组织结构，辞退不良员工，鼓励部分员工自谋职业、内退或早退。
2. 缩短上班时间，降低员工平均工资水平。
3. 分解工作，由多人承担原来一人承担的工作内容。
4. 加强培训，提高人员技能、生产率和竞争力，转移资产、开办第三产业、分解人力等。

第 5 章　附则

第 13 条　本制度自发布之日起开始执行。

第 14 条　本制度的编写、修改及解释权归人力资源部所有。

执行部门		监督部门		编修部门	
编制日期		审核日期		批准日期	

2. 年度人员需求预测表

年度人员需求预测表 单位：人				
人员状况		第一年	第二年	第三年
年初需求状况	年初人员需求数			
	预测年度内需求之增加（减少）			
预计年度内人员变动情况	由于调动和晋升而得到的人员补充			
	由于调离和晋升而造成的人员缺失			
	由于资源浪费而造成的人员缺失			
	由于退（离）休而造成的人员缺失			
	由于辞职而造成的人员损耗			
预计年度人员需求	预计年度内人员不足或多余数			
	预计年度内人员损耗总数			
填表人		核表人		

3. 人力资源需求分析表

部门	岗位设置情况		在岗人员情况				人力资源需求分析		
	岗位	编制	现有人数	在岗人数	在岗人员评价		需补充的人数	需求到位时间	需求人员特殊要求
					评价结果	综合评价			

4. 人力资源供给预测表

<table>
<tr><th rowspan="2">预测范围</th><th rowspan="2" colspan="2">预测情况</th><th colspan="3">人员类别</th></tr>
<tr><th>经营管理人员</th><th>专业技术人员</th><th>专门技能人员</th></tr>
<tr><td rowspan="6">内部供给</td><td colspan="2">现有人员数量</td><td></td><td></td><td></td></tr>
<tr><td colspan="2">未来人员变动量</td><td></td><td></td><td></td></tr>
<tr><td rowspan="4">规划期内人员拥有量</td><td>第 1 季度</td><td></td><td></td><td></td></tr>
<tr><td>第 2 季度</td><td></td><td></td><td></td></tr>
<tr><td>第 3 季度</td><td></td><td></td><td></td></tr>
<tr><td>第 4 季度</td><td></td><td></td><td></td></tr>
<tr><td colspan="3">合计</td><td></td><td></td><td></td></tr>
<tr><td rowspan="4">外部供给</td><td rowspan="4">规划期内人员拥有量</td><td>第 1 季度</td><td></td><td></td><td></td></tr>
<tr><td>第 2 季度</td><td></td><td></td><td></td></tr>
<tr><td>第 3 季度</td><td></td><td></td><td></td></tr>
<tr><td>第 4 季度</td><td></td><td></td><td></td></tr>
<tr><td colspan="3">合计</td><td></td><td></td><td></td></tr>
</table>

1.3.4 人力资源预算管理制度与图表

1. 人力资源预算管理制度

<table>
<tr><td rowspan="2">制度名称</td><td rowspan="2">人力资源预算管理制度</td><td>受控状态</td><td></td></tr>
<tr><td>编　　号</td><td></td></tr>
</table>

第 1 章　总则

第 1 条　目的

为合理安排人力资源管理活动资金，规范人力资源管理活动的费用使用，在遵循公司战略目标和人力资源战略规划目标的前提下，综合部除应编制年度人力资源管理预算外，还应逐月编制费用预计表，以便充分发挥资金的运用效果。

第 2 条　适用范围

本制度适用于公司内部人力资源预算的编制、执行与调整。

第 2 章　人力资源预算编制

第 3 条　预算编制的原则

遵循可行性、客观性、科学性和经济性的原则。

续表

第 4 条　预算编制的时间

人力资源部于每年 12 月 25 日前编制下年度全年人力资源费用预算，每月 5 日前预计当月的费用情况，报各级领导审批后，存档并送财务部备案、汇编。

第 5 条　预算编制的依据

1. 公司确定的经营发展规划及人力资源战略规划。

2. 过去年度人力资源管理活动的实际费用情况，及本年度预计的内外部变化因素。

第 6 条　预算编制的职责

1. 综合部职责，综合部是人力资源管理预算的主要执行部门，其他各职能部门具体负责本部门的人力资源规划工作并提供相关数据，公司预算委员会负责审查、核准等。

（1）根据公司人力资源战略规划及公司年度经营计划，编制年度人力资源管理预算，报预算委员会审批。

（2）负责公司人力资源管理预算所需数据的收集和确认。

（3）按时进行各项费用的月度预算，编制费用预算表。

（4）及时预测变化的情况，对预算提出修改意见。

2. 各职能部门职责，需向综合部提供真实详细的历史和预测数据，配合综合部完成本部门需求的申报工作。

第 7 条　预算编制的内容

人力资源预算编制内容，具体见下表：

预算项目	详细说明
人力资源薪酬福利费用	基本工资、绩效工资、加班工资、核心员工工资、临时工工资以及保险、公积金、津贴、补助等。
招聘培训费用	包括公司实施的各种内外部招聘费用，采取各种培训方式涉及到的培训费用。
员工劳动保护费用	包括员工日常生产作业中用到的各种服装、道具等保护设备、设施。
员工日常活动费用	各种性质的员工文娱活动、公益活动及各种调研活动费用。
法律涉及费用	劳动纠纷、赔偿、补偿金、诉讼费等。

第 8 条　人力资源预算审批

续表

人力资源部做好年度预算后，编制年度预算书，在5个工作日内呈报预算委员会进行核准、审批。

第3章　预算的实施与控制

第9条　人力资源预算实施与控制

1. 人力资源预算实施。

（1）人力资源部在收到预算委员会批复的年度预算后，按照预算计划实施。

（2）人力资源部应建立全面预算管理簿，按时填写预算执行表，按预算项目详细记录预算额、实际发生额、差异额、累计计算额、累计实际发生额、累计差异额。

2. 人力资源预算控制。

（1）预算控制方法原则上依据金额进行管理，同时辅助使用项目管理、数量管理的方法。主要包括金额管理、项目管理和数量管理。

（2）在预算管理过程中，对预算内的项目由人力资源部经历、总经理进行控制，预算委员会、财务部进行监督，预算外支出由主管财务的副总经理和总经理直接控制。

（3）下达的预算目标是与业绩考核挂钩的硬性指标，一般情况下不得突破。年终根据预算的执行情况对负责人进行奖惩。

（4）费用预算如遇特殊情况确需突破时，必须提出申请，说明原因，经主管财务的副总经理审批纳入预算外支出。如支出金额超过预备费，必须由预算委员会审批核准。

（5）预算剩余可以跨月转入使用，但不能跨年度使用。

（6）预算执行中由于市场变化或其他特殊原因（如已制定的预算缺乏科学性或欠准确、国家政策变化等）阻碍预算发挥作用时，应及时进行修正。

第10条　预算修正权限与程序

预算的修正权属于预算委员会和公司董事会。当遇到特殊情况需要修正预算时，人力资源部必须提出预算修正分析报告，详细说明修正原因以及对今后发展趋势的预测。报告提交预算委员会审核并报董事会批准，然后执行。

第11条　预算的执行反馈与差异分析

1. 预算执行情况反馈。在预算执行过程中，人力资源部要及时检查、追踪预算的执行情况，并形成分析报告。

2. 预算差异分析报告应包含的内容包括：预算额、本期实际发生额、本期差异额、累计计算额、累计实际发生额、累计差异额，对差异额进行的分析，产生不利差异的原因、责任归属、改进措施以及形成有利差异的原因和今后巩固、推广的建议。

续表

<table>
<tr><td colspan="6">

第 4 章　预算实施的评估

第 12 条　预算考核评估原则

1. 目标原则：以预算目标为基准，按预算完成情况评价预算执行者的业绩。

2. 激励原则：预算目标是对预算执行者的业绩进行评价的主要依据，对于既能实现业绩目标、实际费用又不超出预算目标者，公司应给予一定的奖励。

3. 时效原则：预算考核评估是动态的，每期预算执行完毕应立即进行考核评估。

4. 例外原则：对阻碍预算执行的重大因素，如市场变化等，考核时作特殊处理。

5. 分级原则：预算考核评估要根据部门结构层次或预算目标的分解层次进行。

第 13 条　预算实施考核评估报告

预算实施考核评估后，人力资源部应结合全年度预算编制实施情况及时汇编人力资源预算编制实施情况分析报告，以便及时总结预算编制、实施过程中的经验和教训，并报各级领导审核审批后存档。

第 5 章　附则

第 14 条　本制度自发布之日起开始执行。

第 15 条　本制度的编写、修改及解释权归人力资源部所有。

</td></tr>
<tr><td>执行部门</td><td></td><td>监督部门</td><td></td><td>编修部门</td><td></td></tr>
<tr><td>编制日期</td><td></td><td>审核日期</td><td></td><td>批准日期</td><td></td></tr>
</table>

2. 人力资源预算编制实施情况分析报告

<table>
<tr><td rowspan="2">文件名称</td><td rowspan="2">人力资源预算编制实施情况分析报告</td><td>执行部门</td><td></td></tr>
<tr><td>监督部门</td><td></td></tr>
<tr><td colspan="4">

一、人力资源预算实施情况分析背景

2015 年度公司人力资源相关费用预算比实际支出超出很多，导致公司资金安排不合理，影响公司主营业务资金使用。

为合理控制 2016 年人力资源各项费用支出，有效控制人力资源相关费用，便于公司人力资源战略规划及年度工作计划中费用使用的监控，并对变化及时做好准备，促进公司各类资源的有效配置，提高资源利用效率，特进行本次人力资源预算实施情况分析。

二、预算实施情况分析的具体内容

为了全面了解预算实施过程中哪些项目偏离了实际情况，在下年度预算编制时进行重点调整，因此需要事先明确预算实施情况分析报告的主要分析内容。

</td></tr>
</table>

续表

1. 此次人力资源费用预算分析的时间范围是2015年1月1日至2015年12月31日。
2. 人力资源相关费用的预算金额及实际支出金额。
3. 人力资源所有的预算项目与实际发生项目。
4. 以上项目的预算内容与实际发生情况进行逐项比对，找出差距或差额。

人力资源费用构成项目主要包括两大项，如下表所示。

项目名称	具体内容
人力资源薪酬福利费用	工资、社会保险、住房公积金、取暖费、过节费等。
人力资源管理费用	招聘费用、培训费用、员工活动费用、劳动保护费用、劳动法律涉及费用。

薪酬福利成本是人力资源使用过程中发生的直接成本，是人力资源费用的主体。人力资源薪酬福利成本随着公司聘用优秀人才的增加、社会生活水平的逐步提高及国家相关法律、法规的变化而不断变化。

人力资源管理费用是因公司业务增减变动，对人力资源进行相应增减而产生的费用，因此人力资源管理费用受公司主营业务的变化而变化。详见下表——2015年度公司人力资源各项费用预算额与实际发生额比对表。

费用项目		具体项目	预算金额	实际支出金额	预算比实际差异额	备　　注
薪资福利费用	工资费用	核心人员				
		临时工				
		基本工资				
		绩效工资				
		加班工资				
	福利工资	津贴补助				
		社会保险				
		公积金				
培训费用		内部培训				
		外派培训				
招聘费用		网络招聘				
		现场招聘				
劳动保护费用						
员工活动费用						
劳动法律费用						
累计（元）						

续表

人力资源各项费用的变化需结合人力资源异动状况进行分析，详见下表——2015 年人力资源异动表。

月　份	人员数量（人）	比上月增减数量	变动原因简述	备　注
1 月（基准月）	50			
2 月	56	+6	生产重要人员增加	
3 月	55	－1	试用不合格流失	
4 月	55			
5 月	55			
6 月	55			
7 月	55			
8 月	55			
……				

三、对预算数据及实际发生数据进行比对分析

将各项目预算数据与实际发生数据分别填入表格，结合各月份人员异动表对相关数据按如下步骤进行分析。

1. 核算出各项目实际发生额与预算额的差异额。
2. 将各项差异额绝对值从大到小进行排序。
3. 找出差异额绝对值较大的几个项目。
4. 结合人力资源规划分析差异额较大的项目，分析问题发生的原因及产生的月份。
5. 查阅相关记录，确认超预算项目具体原因，有没有相关领导的审批。
6. 分析是预算编制过程、人力资源规划考虑欠周密而导致的差异。
7. 对人力资源规划项目或预算项目进行调整，并作为下一年度规划和预算编制的重点注意项目。
8. 对差异项目及时总结分析、记录，形成分析报告，报各级领导审批。

四、预算执行情况分析报告的存档

人力资源部将预算执行情况分析报告编制成文，报各级领导审批后，逐级传达至各部门领导，以明确预算与实际发生数据产生差异的原因，避免此现象再次发生。人力资源部将审批后的报告存档。

3. 人力资源预算执行表

<table>
<tr><th rowspan="2">项　目</th><th colspan="2">月度累计</th><th colspan="2">季度累计</th><th colspan="2">年度累计</th></tr>
<tr><th>预　算</th><th>实　际</th><th>预　算</th><th>实　际</th><th>预　算</th><th>实　际</th></tr>
<tr><td>费用分摊额</td><td></td><td></td><td></td><td></td><td></td><td></td></tr>
<tr><td>培训费用</td><td></td><td></td><td></td><td></td><td></td><td></td></tr>
<tr><td>外派学习</td><td></td><td></td><td></td><td></td><td></td><td></td></tr>
<tr><td>入职培训</td><td></td><td></td><td></td><td></td><td></td><td></td></tr>
<tr><td>业务培训</td><td></td><td></td><td></td><td></td><td></td><td></td></tr>
<tr><td>……</td><td></td><td></td><td></td><td></td><td></td><td></td></tr>
<tr><td>小　计</td><td></td><td></td><td></td><td></td><td></td><td></td></tr>
<tr><td>薪金费用</td><td></td><td></td><td></td><td></td><td></td><td></td></tr>
<tr><td>员工工资</td><td></td><td></td><td></td><td></td><td></td><td></td></tr>
<tr><td>保险总额</td><td></td><td></td><td></td><td></td><td></td><td></td></tr>
<tr><td>福利费用</td><td></td><td></td><td></td><td></td><td></td><td></td></tr>
<tr><td>……</td><td></td><td></td><td></td><td></td><td></td><td></td></tr>
<tr><td>小　计</td><td></td><td></td><td></td><td></td><td></td><td></td></tr>
<tr><td>办公费用</td><td></td><td></td><td></td><td></td><td></td><td></td></tr>
<tr><td>差旅费</td><td></td><td></td><td></td><td></td><td></td><td></td></tr>
<tr><td>……</td><td></td><td></td><td></td><td></td><td></td><td></td></tr>
<tr><td>小　计</td><td></td><td></td><td></td><td></td><td></td><td></td></tr>
<tr><td>总　计</td><td></td><td></td><td></td><td></td><td></td><td></td></tr>
</table>

填报单位		填报人		填报时间	

1.3.5 人力资源规划人员的岗位职责

人力资源规划人员对企业的发展有着至关重要的作用。无论是主管还是专员，都在人力资源规划的岗位上奋斗着。

1. 人力资源规划主管的岗位职责

人力资源规划主管的岗位职责是在人力资源部经理的领导下，根据本企业整体发展战略，科学预测、分析企业在环境变化中的人力资源供给和需求情况，制定必要的政策与措施，确保企业在需要的时间和需要的岗位上获得需要的人才，从而保证企业战略发展目标的如期实现。其具体的岗位职责如下图所示：

1 — 根据企业的发展战略，协助人力资源部经理制定企业人力资源总体战略规划

2 — 根据企业整体发展战略编制“人力资源规划书”并组织实施

3 — 整合、分析、统计和评估现有人力资源，提交人力资源分析报告

4 — 制订“人力资源部年度工作计划”及“人力资源部月度工作计划与预算”

5 — 规划各类岗位人员的离职、补充、配备、使用计划

6 — 规划企业人力资源的培训、绩效与薪酬、劳动关系计划

7 — 人力资源管理费用与人工成本总额测算、控制及员工总量调整规划

2. 人力资源规划专员的岗位职责

人力资源规划专员的岗位职责是，即在人力资源规划主管的领导下，协助完成企业人力资源的规划、开发等各项具体工作，其具体的岗位职责如下图所示：

1 — 定期进行企业人力资源需求调查并进行需求分析与预测

2 — 提交企业人力资源需求分析与预测报告

3 — 了解企业人力资源使用状况，收集整理相关数据，上报人力资源规划主管

4 — 负责起草各部门年度人员编制计划，制订公司年度人员储备计划

5 — 协助人力资源规划主管进行人力资源的补充、培训、晋升、配备等的规划

6 — 负责公司岗位体系框架设计

7 — 负责人力资源发展、规划、管理等相关资料的收集、整理及归档

·按职位类别划分的需求预测表
·部门工作考核表
·岗位免职通知单
·岗位任职通知单
·岗位增补申请表
·岗位职级变动通知单
·岗位职级管理制度
·岗位职责说明书范本
·工作分析管理制度
·工作日志汇总表
·公司岗位任免管理制度
·管理人才储备登记表
·劳动合同范本
·年度公司人力资源各项费用预算与实际发生额对比表
·年度人力资源异动表

·年度人员需求预测表
·人力资源供给预测表
·人力资源供需预测制度
·人力资源管理图表设计参照表
·人力资源管理制度
·人力资源管理制度设计内容参照表
·人力资源管理制度执行参照表
·人力资源规划管理表
·人力资源规划管理制度
·人力资源计划管理制度
·人力资源年度规划表 1
·人力资源年度规划表 2
·人力资源年度招聘计划表
·人力资源需求分析表
·人力资源预算编制实施情况分析报告

·人力资源预算管理制度
·人力资源预算执行表
·人事任命申请书
·人员编制调整表
·人员岗位变动申请表
·人员增补申请表
·现场观察记录表
·薪酬标准表
·员工基本情况表
·月度人员需求预测表
·职务权限设计表
·职务权限设计制度
·专业人才储备登记表
·组织设计管理制度

Hir

招聘与配置

选人用人的有效结合

ing

招聘与配置，指的是组织为了发展的需要，根据人力资源规划和工作分析的要求，寻找、吸引那些有能力又有兴趣到本组织任职，并从中选出适宜人员予以录用的过程。这一过程，是发现、网罗人才的源头。

2.1 企业招聘管理制度与图表

2.1.1 企业招聘管理制度

制度名称	招聘管理制度	受控状态	
		编　　号	

第1章　总则

第1条　目的

为明确公司招聘人员的原则和标准，规范招聘管理工作，健全公司人才选拔机制，特制定本制度。

第2条　适用范围

本制度适用于公司招聘工作的管理。

第3条　招聘原则

公司招聘工作要遵循经济效益、因岗配人、量才录用、全面考核、公平公开、良性竞争、程序化及规范化原则。

第2章　人员需求管理

第4条　人力资源规划制定

人力资源部根据公司具体情况，制定未来一年的人力资源需求规划，并根据此规划制订出年度招聘计划。

第5条　员工需求申请

人力资源部有计划同公司各部门管理者对业务发展、工作需要、人员使用情况进行讨论，若有任何人员需求，请公司各部门管理者向人力资源部提出用人需求，并填写《人员需求申请表》，报人力资源部审批。

第6条　员工招聘预算

根据制订的员工招聘计划，制定出相应预算，报总经理审批，审批通过后按计划执行。

第3章　内部人员调配

第7条　调配沟通

人力资源部应与调配人员及其所在部门、人员需求部门做好充分沟通，报人力资源经理审批，批准通过后进行内部人员调配。

第8条　调配考核

无论任何原因的内部人员调配，均要按照规定流程进行考核，以确保调动人员符合调入岗位所要求的任职资格、绩效、经验、能力等。

续表

第9条　调配审批

部门内人员调动时，需由所属部门申报，人力资源部审批；跨部门人员调动时，需由调出、调入部门申报，人力资源部审核，总经理审批。

第10条　工作交接

人员内部调配申请通过后，调配人员要办理好工作交接，并在人力资源部为调配人员办理好调转手续，移交人事材料，变更人事档案后，在规定时间内到调入部门报到。

第4章　外部人员招聘

第11条　外部人员招聘前提

在内部人员无法满足企业的人才需求或公司需要或公司扩张急需人才时，可通过外部人员招聘方式引进人才。

第12条　外部人员招聘渠道

1. 招聘会招聘：现场人才招聘会、公司专场人才招聘会。
2. 媒体招聘：报纸、杂志、网络、电视等。
3. 委托招聘：人才市场、人才中介、猎头公司等。
4. 校园招聘：委托学校选拔、学校现场招聘。
5. 推荐招聘：内部员工推荐、外部人员推荐、自我推荐等。

第13条　简历筛选

人力资源部收到应聘简历后，要对应聘简历进行初步筛选，对符合公司用人需求的简历进行存档，并预约面试。对未通过筛选的简历进行预留备份，以备不时之需。

第14条　笔试

根据招聘工作的实际需要，确定笔试内容，一般包括智力测验、专业技能测验、领导能力测验、综合能力测验以及个性特征测验等。

第15条　面试

1. 初试：人力资源部对应聘人员进行初次面试，主要是对应聘人员的基本素质、专业技能、价值取向、与所应聘岗位是否适合等方面进行基本判断。

2. 复试：人力资源部根据初试结果，为符合职位要求的人员安排复试，主要是对应聘人员与岗位的契合度、对岗位所需技能的掌握程度以及是否具备该岗位所需的综合能力等进行考核。

3. 如果是公司所需的特殊人才或公司中高层人员招聘，需层层筛选，面试一般在3—4次为宜。

第16条　背景调查

对面试合格人员，公司可以对其进行学历水平、工作经历、综合素质等进行背景调查，以此帮助公司在一定程度上减少用人风险。

第17条　录用

经过各项考核、调查后，人力资源部可对合格员工作出录用决策，并在____个工作日内向其发出录用通知。对于未被录用的人员，人力资源部应以电话、邮件或信函的形

续表

式，礼貌告知对方应聘结果。

第 18 条　员工报到

1. 应聘人员在接到公司录用通知后，须在规定时间内到公司。如果超过发出录用通知____天，公司有权取消录用资格。若应聘人员告知有特殊情况，可在衡量后进行批复，允许延期报到等。

2. 应聘人员报到后，带领其做好相关入职工作。入职工作流程如下图：

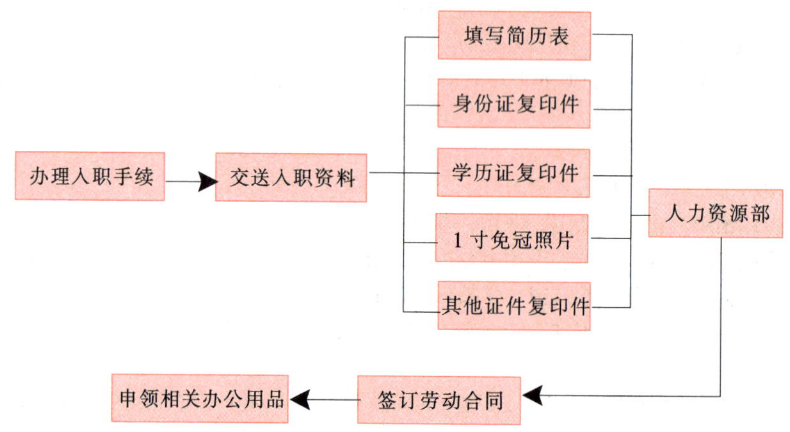

第 19 条　员工试用

办理入职手续后，新进员工即进入试用期，一般为 1—6 个月。试用期主要对新进员工的工作态度、工作能力和工作业绩等方面进行考核、鉴定。

第 20 条　员工转正

1. 试用期员工表现优异，可填写《员工转正申请表》申请提前转正，但最短不少于 1 个月。

2. 试用期满但未达到公司用人标准者，人力资源部与用人部门可视具体情况决定延期转正、转岗或辞退等。其中延期转正时间最长不超过 3 个月。

3. 人力资源部为合格员工办理转正手续，同时与用人部门做好转正员工的定岗定级、职业发展规划等工作。

第 5 章　招聘调配效果评估

第 21 条　效果评估

从招聘开始一直到入职结束，人力资源部要对招聘调配流程的每个环节进行跟踪，对招聘和调配效果进行评估。

第 22 条　评估标准

评估标准一般包括公司的岗位空缺是否得到满足、招聘计划的成功率是否达到标准、招聘周期及招聘成本是否合理等。

续表

<table>
<tr><td colspan="6">第 23 条　招聘工作改进
人力资源部综合此次招聘的综合情况，评定出招聘调配活动的成本和效果，以作为改进工作的依据。
第 6 章　附则
第 24 条　本制度自发布之日起开始执行。
第 25 条　本制度的编写、修改及解释权归人力资源部所有。</td></tr>
<tr><td>执行部门</td><td></td><td>监督部门</td><td></td><td>编修部门</td><td></td></tr>
<tr><td>编制日期</td><td></td><td>审核日期</td><td></td><td>批准日期</td><td></td></tr>
</table>

2.1.2　企业招聘流程图

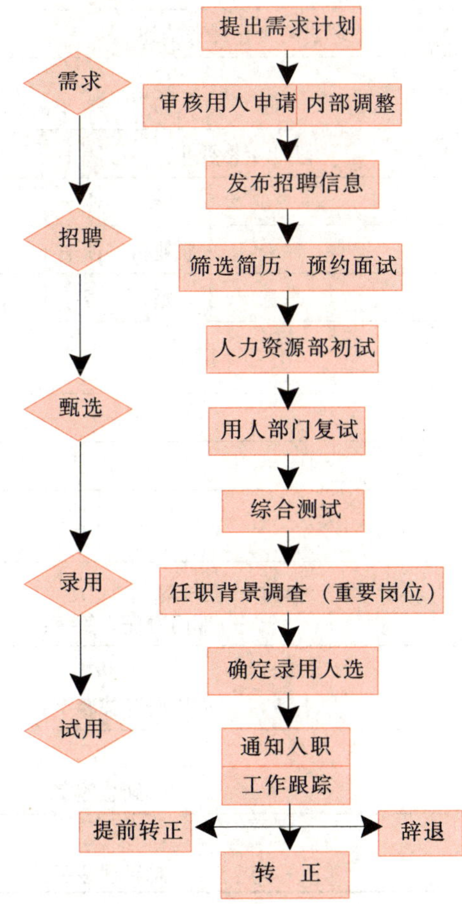

2.1.3 企业招聘常用图表

1. 人员需求申请表

<table>
<tr><td>申请部门</td><td></td><td>申请日期</td><td></td><td>需求人数</td><td></td></tr>
<tr><td>申请岗位</td><td></td><td>岗位级别</td><td colspan="3"></td></tr>
<tr><td>招录原因</td><td colspan="5">□代替离职员工 □现有人员不胜任，拟更换 □新增岗位 □扩大编制
□人才储备 □其他____________________</td></tr>
<tr><td>紧急程度</td><td colspan="5">□特急 □急 □一般 □有合适人选再进 □其他______________</td></tr>
<tr><td>希望到岗日期</td><td colspan="2"></td><td>薪酬范围</td><td colspan="2"></td></tr>
<tr><td colspan="6">职责与工作任务描述</td></tr>
<tr><td colspan="6"></td></tr>
<tr><td colspan="6">任职资格要求</td></tr>
<tr><td>学　　历</td><td colspan="2"></td><td>专　　业</td><td colspan="2"></td></tr>
<tr><td>年　　龄</td><td colspan="2"></td><td>职业资格证书</td><td colspan="2"></td></tr>
<tr><td>性　　别</td><td colspan="2"></td><td>婚　　否</td><td colspan="2"></td></tr>
<tr><td>工作经验</td><td colspan="5"></td></tr>
<tr><td>能力要求</td><td colspan="5"></td></tr>
<tr><td>知识要求</td><td colspan="5"></td></tr>
<tr><td>其他特殊要求</td><td colspan="5"></td></tr>
<tr><td>用人部门意见</td><td colspan="5">部门责任人签字：　　　　年　月　日</td></tr>
<tr><td>人力资源部意见</td><td colspan="5">人力资源部签字：　　　　年　月　日</td></tr>
<tr><td>副总意见</td><td colspan="5">副总签字：　　　　年　月　日</td></tr>
<tr><td>总经理意见</td><td colspan="5">总经理签字：　　　　年　月　日</td></tr>
</table>

2. 员工应聘登记表

<table>
<tr><td colspan="6">员工应聘登记表
应聘职位________________　　　　年　月　日</td></tr>
<tr><td>姓　　名</td><td></td><td>性　　别</td><td></td><td>婚否</td><td></td><td rowspan="6">照片</td></tr>
<tr><td>籍　　贯</td><td></td><td>身份证号</td><td colspan="3"></td></tr>
<tr><td>出生日期</td><td></td><td>Email</td><td colspan="3"></td></tr>
<tr><td>家庭电话</td><td></td><td>联系电话</td><td colspan="3"></td></tr>
<tr><td>户籍所在地</td><td colspan="5"></td></tr>
<tr><td>现住地址</td><td colspan="5"></td></tr>
<tr><td>亲属姓名</td><td>亲属关系</td><td>职　　业</td><td>工作单位</td><td colspan="3">联系电话</td></tr>
<tr><td></td><td></td><td></td><td></td><td colspan="3"></td></tr>
<tr><td></td><td></td><td></td><td></td><td colspan="3"></td></tr>
<tr><td colspan="7">教育情况</td></tr>
<tr><td>时　　间</td><td>学校名称</td><td>专业</td><td>学历</td><td colspan="3">证件号</td></tr>
<tr><td></td><td></td><td></td><td></td><td colspan="3"></td></tr>
<tr><td colspan="7">工作经历</td></tr>
<tr><td>时　　间</td><td colspan="2">单位名称</td><td>所在部门职位</td><td colspan="3">月　　薪</td></tr>
<tr><td></td><td colspan="2"></td><td></td><td colspan="3"></td></tr>
<tr><td></td><td colspan="2"></td><td></td><td colspan="3"></td></tr>
<tr><td></td><td colspan="2"></td><td></td><td colspan="3"></td></tr>
<tr><td>担保人</td><td colspan="2">身份证号码</td><td>居住地</td><td colspan="3">联系电话</td></tr>
<tr><td></td><td colspan="2"></td><td></td><td colspan="3"></td></tr>
<tr><td colspan="2">所属部门</td><td colspan="2">职　　务</td><td colspan="3">部门领导</td></tr>
<tr><td colspan="2"></td><td colspan="2"></td><td colspan="3"></td></tr>
<tr><td>到岗时间</td><td colspan="6"></td></tr>
<tr><td colspan="7">备注：个人所填资料属实，如有虚报，一经查实，愿受解雇处分。
签名：</td></tr>
</table>

3. 公司招聘预算表

<table>
<tr><th colspan="12">公司招聘预算表</th></tr>
<tr><td colspan="3">招聘负责人</td><td colspan="3"></td><td colspan="3">日期</td><td colspan="3"></td></tr>
<tr><td colspan="4">招聘职位</td><td colspan="4">拟招聘人数</td><td colspan="4">招聘方式</td></tr>
<tr><td colspan="4"></td><td colspan="4"></td><td colspan="4"></td></tr>
<tr><td colspan="4"></td><td colspan="4"></td><td colspan="4"></td></tr>
<tr><td colspan="4"></td><td colspan="4"></td><td colspan="4"></td></tr>
<tr><td colspan="12">招聘费用预算明细</td></tr>
<tr><td colspan="2">序号</td><td colspan="6">招聘费用项目</td><td colspan="4">预算金额</td></tr>
<tr><td colspan="2">1</td><td colspan="6">招聘信息发布费</td><td colspan="4"></td></tr>
<tr><td colspan="2">2</td><td colspan="6">宣传海报及广告制作费</td><td colspan="4"></td></tr>
<tr><td colspan="2">3</td><td colspan="6">场地租用费</td><td colspan="4"></td></tr>
<tr><td colspan="2">4</td><td colspan="6">食宿费</td><td colspan="4"></td></tr>
<tr><td colspan="2">5</td><td colspan="6">交通费</td><td colspan="4"></td></tr>
<tr><td colspan="2">6</td><td colspan="6">资料复印打印费</td><td colspan="4"></td></tr>
<tr><td colspan="2">7</td><td colspan="6">其　他</td><td colspan="4"></td></tr>
<tr><td colspan="2">合计</td><td colspan="10"></td></tr>
<tr><td colspan="2">人力资源总监意见</td><td colspan="10">签字：__________
日期：______年____月</td></tr>
<tr><td colspan="2">总经理意见</td><td colspan="10">签字：__________
日期：______年____月</td></tr>
</table>

2.2 企业招聘渠道制度与图表

2.2.1 企业招聘渠道管理制度与图表

1. 企业招聘渠道管理制度

<table>
<tr><td rowspan="2">制度名称</td><td rowspan="2">企业招聘渠道管理制度</td><td>受控状态</td><td></td></tr>
<tr><td>编　　号</td><td></td></tr>
<tr><td colspan="4">

第 1 章　总则

第 1 条　目的

为了解招聘渠道，更好地选择招聘渠道，缩减招聘成本，更快、更好地招聘到适合的人才，特制定本制度。

第 2 条　招聘政策

公司原则上采取以外部招聘为主，内部招聘为辅的政策，同时根据岗位特点、人才需求数量、新员工到岗时间和招聘费用等因素综合考虑。

第 2 章　招聘渠道

第 3 条　内部招聘渠道

在尊重用人部门、应聘员工及其目前所在部门意见的前提下，进行内部招聘，为供求双方提供双向选择的机会。

1. 内部招聘对象的主要来源有提升、工作轮换、内部人员重新聘用等；内部招聘的主要方法有推荐法、公告法等。

2. 内部招聘管理，公司在内部进行招聘，由人力资源中心根据招聘岗位要求，对公司人员供给状况进行评估，认为可行之后可在整个公司内部进行招聘。

3. 内部招聘不能满足岗位需求时进行外部招聘。

第 4 条　外部招聘渠道

1. 员工推荐，公司鼓励员工推荐优秀人才，由人力资源中心本着平等竞争、择优录用的原则按程序考核录用。

2. 媒体招聘，通过大众媒体，专业刊物广告、相关网站发布招聘信息。

3. 招聘会招聘，通过参加各地人才招聘会招聘。

4. 校园招聘，公司于每年春季将招聘信息及时发往有关学校就业办公室，并有选择地参加专业对口的院校人才交流会。

5. 委托猎头公司招聘，对于公司高级管理和技术岗位员工的招聘比较适用。

6. 中介招聘，利用公司周边各招聘中介机构进行基层人员的招聘。

</td></tr>
</table>

续表

第 3 章　附则					
第 5 条　本制度自发布之日起开始执行。 第 6 条　本制度的编写、修改及解释权归人力资源部所有。					
执行部门		监督部门		编修部门	
编制日期		审核日期		批准日期	

2. 企业招聘渠道对比表

企业招聘渠道对比表		
招聘渠道	优点	缺点
广告招聘	1. 信息量大，影响广 2. 能吸引较多应聘者 3. 可以减少应聘的盲目性 4. 优秀的招聘广告对企业形象宣传有好处	1. 广告费用昂贵 2. 保留时间短 3. 应聘者数量多造成应聘费用增加
人员推荐	1. 双方在招聘前就有所了解 2. 简化招聘程序，减少招聘费用 3. 极为适合关键岗位招聘	1. 人情广泛存在会影响招聘的公正性 2. 易在企业内部形成裙带关系
内部晋升选拔	1. 招聘风险小 2. 招聘成本低 3. 有利于调动内部员工的积极性 4. 有利于增加企业凝聚力	1. 选择范围小 2. 不利于吸收社会的优秀人才
校园招聘	1. 给企业注入活力 2. 一张白纸，可塑性强，容易接受企业文化 3. 可以培养成忠诚度高的员工	缺乏工作经验，增加了培训成本
职业介绍所	招聘简单、快捷	1. 需要一定的费用 2. 存在信息非对称的问题
人才交易市场	1. 简历的有效性较高 2. 费用较少	1. 招聘工作量猛增 2. 所招人员流动性强，企业忠诚度差 3. 所招人员经济利益驱动明显

续表

招聘渠道	优点	缺点
网上招聘	1. 人才储备量大 2. 招聘工作可以自行 3. 招聘费用较低	1. 网上虚假信息多 2. 鱼龙混杂，人才辨别难度大
猎头公司	1. 针对性强 2. 聘用的人员马上可以上岗并立即发挥重大作用 3. 效果立竿见影	1. 费用较高 2. 不利于调动本企业员工的积极性
临时性雇员	增加了组织人力的适应性和灵活性	1. 增加招聘成本 2. 增加培训成本
QQ群发、微信朋友圈	1. 传播性强 2. 招聘广告制作精良，包括动态场景设计、企业福利待遇展示等	虚假信息多

2.2.2　现场招聘管理制度与图表

1. 现场招聘管理制度

<table>
<tr><td rowspan="2">制度名称</td><td rowspan="2">现场招聘管理制度</td><td>受控状态</td><td></td></tr>
<tr><td>编　号</td><td></td></tr>
<tr><td colspan="4">
第1章　总则
第1条　目的
为规范员工招聘，吸引、招募到符合公司用人标准的人才，将招聘制度化建设提升到一个系统化的高度，特制定本制度。
第2条　适用范围
本制度适用于各大招聘会现场招聘。
第2章　现场招聘流程
第3条　现场招聘流程
现场招聘流程主要包括现场招聘的需求确定、前期准备、招聘会现场布置以及后期的面试安排、效果分析等。
</td></tr>
</table>

续表

第 4 条　现场招聘流程图

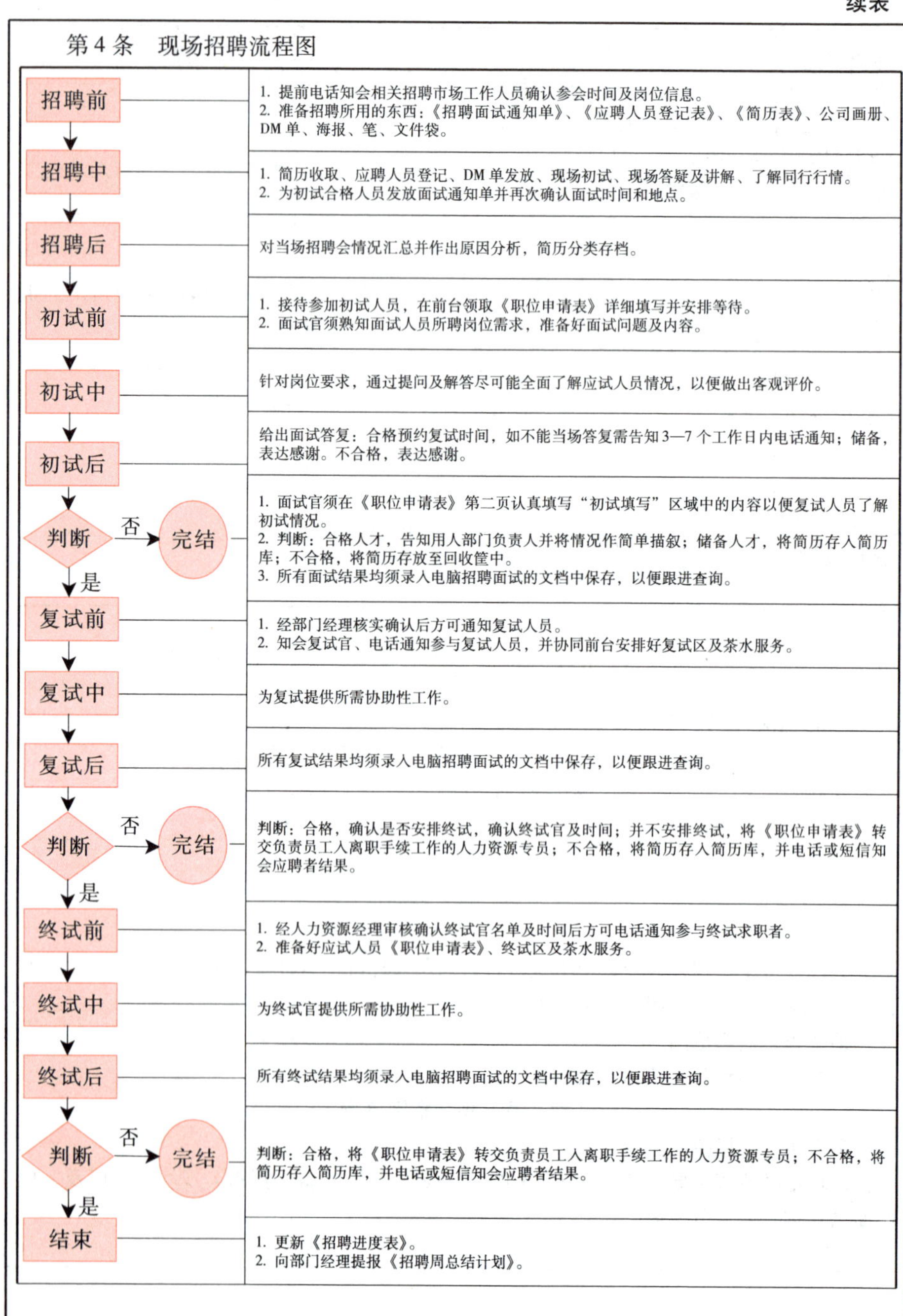

流程	说明
招聘前	1. 提前电话知会相关招聘市场工作人员确认参会时间及岗位信息。 2. 准备招聘所用的东西：《招聘面试通知单》、《应聘人员登记表》、《简历表》、公司画册、DM 单、海报、笔、文件袋。
招聘中	1. 简历收取、应聘人员登记、DM 单发放、现场初试、现场答疑及讲解、了解同行行情。 2. 为初试合格人员发放面试通知单并再次确认面试时间和地点。
招聘后	对当场招聘会情况汇总并作出原因分析，简历分类存档。
初试前	1. 接待参加初试人员，在前台领取《职位申请表》详细填写并安排等待。 2. 面试官须熟知面试人员所聘岗位需求，准备好面试问题及内容。
初试中	针对岗位要求，通过提问及解答尽可能全面了解应试人员情况，以便做出客观评价。
初试后	给出面试答复：合格预约复试时间，如不能当场答复需告知 3—7 个工作日内电话通知；储备，表达感谢。不合格，表达感谢。
判断（否→完结；是→复试前）	1. 面试官须在《职位申请表》第二页认真填写“初试填写”区域中的内容以便复试人员了解初试情况。 2. 判断：合格人才，告知用人部门负责人并将情况作简单描叙；储备人才，将简历存入简历库；不合格，将简历存放至回收筐中。 3. 所有面试结果均须录入电脑招聘面试的文档中保存，以便跟进查询。
复试前	1. 经部门经理核实确认后方可通知复试人员。 2. 知会复试官、电话通知参与复试人员，并协同前台安排好复试区及茶水服务。
复试中	为复试提供所需协助性工作。
复试后	所有复试结果均须录入电脑招聘面试的文档中保存，以便跟进查询。
判断（否→完结；是→终试前）	判断：合格，确认是否安排终试，确认终试官及时间；并不安排终试，将《职位申请表》转交负责员工入离职手续工作的人力资源专员；不合格，将简历存入简历库，并电话或短信知会应聘者结果。
终试前	1. 经人力资源经理审核确认终试官名单及时间后方可电话通知参与终试求职者。 2. 准备好应试人员《职位申请表》、终试区及茶水服务。
终试中	为终试官提供所需协助性工作。
终试后	所有终试结果均须录入电脑招聘面试的文档中保存，以便跟进查询。
判断（否→完结；是→结束）	判断：合格，将《职位申请表》转交负责员工入离职手续工作的人力资源专员；不合格，将简历存入简历库，并电话或短信知会应聘者结果。
结束	1. 更新《招聘进度表》。 2. 向部门经理提报《招聘周总结计划》。

续表

第 5 条　追踪回访 1. 对于新进人员的情况做好追踪管理，及时与公司相关管理人员进行沟通，保证新人数据的准确性。 2. 对于按时报到员工，做好新进员工跟踪回访，对入公司一周及半个月的情况进行回访，并把相关信息及时记录到《新进员工回访表》。 3. 对于未报到的员工，及时进行电话回访，找出真实原因，以便公司能够招募到合适的人才。 第 6 条　招聘效果评估 通过现场招聘会收到简历数、来公司面试数、复试通过数以及进店数及时做好统计与更新，方便对于不同人才市场的招聘效果进行评估。 **第 3 章　附则** 第 7 条　本制度自发布之日起开始执行。 第 8 条　本制度的编写、修改及解释权归人力资源部所有。					
执行部门		监督部门		编修部门	
编制日期		审核日期		批准日期	

2. 人才招聘会统计单

人才招聘会统计单 日期：____年__月__日				
公司名称				
序号	工种	提供岗位（个）	达成意向（人）	备注
01				
02				
03				
04				
05				
06				
07				
08				
09				
10				
……				
合计				
联系人		联系电话		

3. 部门用人需求申请表

<table>
<tr><th colspan="6">部门用人需求申请表</th></tr>
<tr><td colspan="2">申请部门</td><td colspan="2"></td><td>申请日期</td><td></td></tr>
<tr><td colspan="2">职位名称</td><td colspan="4"></td></tr>
<tr><td colspan="2">需求人数</td><td colspan="2"></td><td>要求到岗日期</td><td></td></tr>
<tr><td colspan="2">需求原因</td><td colspan="4">□扩大编制 □填补岗位空缺 □填补人员空缺
□短期需求 □新增职位</td></tr>
<tr><td colspan="6">岗位职能概述</td></tr>
<tr><td colspan="6"></td></tr>
<tr><td colspan="6">任职要求</td></tr>
<tr><td>性　　别</td><td></td><td>年　　龄</td><td></td><td>学　　历</td><td></td></tr>
<tr><td colspan="2">技　　能</td><td colspan="4"></td></tr>
<tr><td colspan="2">经　　验</td><td colspan="4"></td></tr>
<tr><td colspan="2">素　　质</td><td colspan="4"></td></tr>
<tr><td colspan="2">用人部门经理意见</td><td colspan="4">签　　字：　　　年　月　日</td></tr>
<tr><td colspan="2">主管领导确认</td><td colspan="4">签　　字：　　　年　月　日</td></tr>
<tr><td colspan="2">人力资源部意见</td><td colspan="4">签　　字：　　　年　月　日</td></tr>
<tr><td colspan="2">总经理签批</td><td colspan="4">签　　字：　　　年　月　日</td></tr>
</table>

2.2.3 媒体招聘管理制度与图表

1. 媒体招聘管理制度

制度名称	媒体招聘管理制度	受控状态	
		编　号	

第 1 章　总则

第 1 条　目的

为了规范媒体招聘工作，节约招聘时间和成本，使公司各部门、各岗位能及时、高效地补充所需要的人才，有效实现公司发展战略目标，特制定本制度。

第 2 条　适用范围

本制度适用于公司所有职位的媒体招聘管理工作。

第 2 章　媒体招聘计划的制订

第 3 条　制订依据

人力资源部根据公司的人力资源需求状况和公司内、外部人力资源供给情况，制订媒体招聘计划。

第 4 条　内容

人力资源部制订的媒体招聘计划应包括招聘职位的相关信息、发布信息的媒体、招聘预算等内容。

第 5 条　审批

人力资源部将媒体招聘计划呈报总经理审批，审批通过后按计划执行。

第 3 章　发布招聘信息

第 6 条　通过招聘媒体发布信息

1. 可以同时在几家网站发布招聘信息，利用网络这一最为广泛的信息发布方式，以较低的成本获得较高的访问量，并获取足够的人才信息。

2. 可以在相关电视媒体、报刊、杂志上发布招聘广告。

3. 可以通过 BBS 发布招聘信息。这种发布方式的成本几乎为零，不过影响力也有一定限制。

4. 可以在公司网站上发布招聘信息，同时将企业文化、人力资源政策以及更多的可以让招聘人员了解的信息发布在网站上，这样做既可达到宣传的目的，又能使应聘人员在了解公司实际状况后，有针对性地选择招聘岗位。

第 4 章　收集、整理应聘信息

第 7 条　人才库查找方式

如果采用人才网站发布信息，人力资源部可在网站的人才库自己查找符合要求的应聘人员。

第 8 条　信息发布后的注意事项

续表

<table>
<tr><td colspan="6">

如果采用刊登广告或利用BBS发布信息，人力资源部在招聘信息发布以后，要及时查询、收集符合条件的应聘人员信息。

第9条　人才信息的积累

如果在公司网站上发布信息，人力资源部可以通过自己的招聘软件累积人才信息，保留符合要求的求职者的简历。

第5章　安排面试

第10条　及时通知求职者

对于简历筛选合格的求职人员，人力资源部应及时以电话或邮件的形式通知其参加面试。

第11条　告知应聘者的具体内容

应告知应聘人员面试的具体时间、地点和需要携带的资料，人力资源部负责组织面试工作。

第12条　异地面试

由于网络招聘无地域限制，针对异地应聘人员，公司可利用互联网完成异地面试。人力资源部可以利用网络会议软件对招聘人员同时进行考察。

第6章　录用与评估

第13条　复试

面试结束后，人力资源部根据应聘人员的表现和成绩单进行评估，拟定复试人员名单，并及时通知其参加复试。

第14条　录用

复试结束后，人力资源部根据应聘人员的复试成绩，拟定录用人员名单，并报总经理审批。

第15条　面试结果的告知

拟录用人员名单经总经理审批通过后，人力资源部应及时将录用信息反馈给求职者，向录用人员发出录用通知书，通知其前来公司报到，办理相关手续；对未被公司录用的人员，人力资源部也应礼貌地以电话、邮件或者信函的形式告知对方。

第16条　招聘结果的总结

网络招聘结束后，人力资源部根据招聘实施的整个过程，写出网络招聘评估报告，并呈报总经理审阅。报告内容应该包括招聘计划的完成情况、费用的控制情况、人员的录取情况等。

第7章　附则

第17条　本制度由人力资源部负责制定，修改时亦同。

第18条　本制度自下发之日起执行。

</td></tr>
<tr><td>执行部门</td><td></td><td>监督部门</td><td></td><td>编修部门</td><td></td></tr>
<tr><td>编制日期</td><td></td><td>审核日期</td><td></td><td>批准日期</td><td></td></tr>
</table>

2. 应聘人员申请表

<table>
<tr><th colspan="7">应聘人员申请表
填表时间：　　年　月　日</th></tr>
<tr><td>应聘岗位</td><td></td><td>月薪要求</td><td></td><td>可到岗时间</td><td></td><td rowspan="4">照片</td></tr>
<tr><td>姓　名</td><td></td><td>性　别</td><td></td><td>出生日期</td><td></td></tr>
<tr><td>政治面貌</td><td></td><td>民　族</td><td></td><td>健康状况</td><td></td></tr>
<tr><td>最高学历</td><td></td><td>专　业</td><td></td><td>身　　高</td><td></td></tr>
<tr><td>毕业院校及时间</td><td colspan="6"></td></tr>
<tr><td>现住址</td><td colspan="3"></td><td>身份证号</td><td colspan="2"></td></tr>
<tr><td>联系电话</td><td colspan="3"></td><td>电子邮件</td><td colspan="2"></td></tr>
<tr><td>爱好特长</td><td colspan="6"></td></tr>
</table>

加入本公司前工作经历

起止时间	工作单位	工作岗位	离职原因	证明人	单位电话

学习经历

起止时间	学校及专业	所获学历	证明人	证明人电话

续表

<table>
<tr><td colspan="6">培训经历</td></tr>
<tr><td>起止时间</td><td>培训地点</td><td>培训内容</td><td>资格证</td><td>证书编号</td><td>验证情况</td></tr>
<tr><td></td><td></td><td></td><td></td><td></td><td></td></tr>
<tr><td></td><td></td><td></td><td></td><td></td><td></td></tr>
<tr><td></td><td></td><td></td><td></td><td></td><td></td></tr>
</table>

<table>
<tr><td colspan="7">家庭成员及主要社会关系</td></tr>
<tr><td>姓　名</td><td>与本人关系</td><td colspan="2">工作单位</td><td>职　　业</td><td colspan="2">联系电话</td></tr>
<tr><td></td><td></td><td colspan="2"></td><td></td><td colspan="2"></td></tr>
<tr><td></td><td></td><td colspan="2"></td><td></td><td colspan="2"></td></tr>
<tr><td></td><td></td><td colspan="2"></td><td></td><td colspan="2"></td></tr>
<tr><td rowspan="2">是否有亲属在本公司任职</td><td>是 □</td><td>部　　门</td><td></td><td>关　　系</td><td colspan="2"></td></tr>
<tr><td>否 □</td><td>职　　务</td><td></td><td>电　　话</td><td colspan="2"></td></tr>
<tr><td>紧急联络人</td><td></td><td>关　　系</td><td></td><td>电　　话</td><td colspan="2"></td></tr>
<tr><td colspan="7">其他技能</td></tr>
<tr><td>汽车驾驶</td><td colspan="6">□A 照　□B 照　□C 照　□其他：______驾龄：______年</td></tr>
<tr><td rowspan="2">计算机操作</td><td colspan="6">会使用软件：□Word　□Excel　□Photoshop　□Powerpoint　□其他：______</td></tr>
<tr><td colspan="6">熟练程度：□差　□一般　□熟练　□精通
打字速度：________字 / 分钟</td></tr>
<tr><td rowspan="3">语言能力</td><td colspan="6">普通话：□差　□一般　□熟练　□精通</td></tr>
<tr><td colspan="2" rowspan="2">外语语种：________</td><td colspan="4">口语能力：□差　□一般　□熟练　□精通</td></tr>
<tr><td colspan="4">听写能力：□差　□一般　□熟练　□精通</td></tr>
<tr><td colspan="7">应聘者承诺
本人所填申请表内容及向公司提供的所有应聘资料全部真实有效，如本人被公司录用后，被发现存在任何虚假内容或资料，本人愿自动辞职或接受公司辞退的处罚，且不要求任何经济补偿。
应聘者签字：
年　月　日</td></tr>
</table>

2.2.4 猎头招聘管理制度与图表

1. 猎头招聘管理制度

制度名称	猎头招聘管理制度	受控状态	
		编　　号	

第1章　总则

第1条　目的

为规范猎头招聘工作的实施和管理，建立完善的人才选用机制，高效率地选拔出适合公司发展的高端人才，实现公司的发展目标，特制定本制度。

第2条　管理职责

1. 人力资源部负责与猎头公司沟通和协调工作，并组织、实施招聘工作。
2. 公司各用人部门负责提供相关岗位信息，配合人力资源部做好招聘工作。
3. 人力资源总监负责与猎头公司签订合作协议。
4. 总经理负责对应聘人员进行复试，并最终决定录用名单。

第2章　制订猎头招聘计划

第3条　计划的制订

人力资源部根据公司招聘计划、用人部门需求和岗位说明书等制订猎头招聘计划。

第4条　计划应包括的内容

人力资源部制订的猎头招聘计划应包括如何选择猎头公司、招聘费用预算、招聘人员要求等。

第5条　计划的审批

人力资源部将招聘计划呈交总经理审批，经审批后按计划执行猎头招聘工作。

第3章　选择猎头公司

第6条　猎头公司的选择

根据招聘岗位的需求进行猎头公司的选择，尽量选择精通本岗位所在行业的猎头公司作为目标公司。

第7条　对猎头公司进行考察

在确定猎头公司之前，人力资源部要到选定的猎头公司进行实地考察，对猎头公司的基本情况进行大概了解，并记录存档。

第8条　拟定猎头公司名单

人力资源部对猎头公司的沟通评价结果和猎头招聘费用情况拟定猎头公司名单，报总经理审批后执行。

第9条　确定权利、义务

人力资源总监与确定合作的猎头公司签订相关协议，明确双方的权利与义务。

第10条　定金

按协议上的要求支付给猎头公司相应的猎头定金。

续表

<table>
<tr><td colspan="6">

第 4 章　配合与监督

第 11 条　积极配合

人力资源部要随时提供公司所需人才完善的岗位说明书和其他相关信息，以便猎头公司能准确招聘到公司需要的高端人才。

第 12 条　保持沟通

人力资源部要保持与猎头公司的沟通，同时做好对猎头公司的监督工作，并积极主动地了解工作进度、人选质量、人才到位的时间，以争取用人的主动权。

第 13 条　全程监控

人力资源部最好派专人跟踪监控整个猎头招聘的过程，包括人才寻访、面试甄选、背景调查、素质测评等相关工作的实施。

第 5 章　录用与评估

第 14 条　复试

人力资源部对猎头公司招聘到的应聘人员进行复试安排，由总经理对其进行复试考核，决定是否录用。

第 15 条　录用

应聘人员通过复试后，人力资源部应及时向录用人员发出报到通知，安排其在规定时间内上岗，并办理相关入职手续。

第 16 条　结清余款

录用人员上岗____日后，人力资源部根据协议要求付给猎头公司余款。

第 17 条　效果评估

人力资源部负责对此次猎头招聘的效果进行评估，并撰写评估报告，上报总经理审阅。

第 6 章　附则

第 18 条　本制度由人力资源部负责制定，修改时亦同。

第 19 条　本制度自下发之日起执行。

</td></tr>
<tr><td>执行部门</td><td></td><td>监督部门</td><td></td><td>编修部门</td><td></td></tr>
<tr><td>编制日期</td><td></td><td>审核日期</td><td></td><td>批准日期</td><td></td></tr>
</table>

2. 猎头招聘协议书

<table>
<tr><td>

猎头招聘协议书

甲　方：

地　址：

联系人：

电　话：

传　真：

</td></tr>
</table>

续表

乙 方：
地 址：
邮 编：
联系人：
电 话：
传 真：

双方经友好协商，根据公平公正和自愿的原则，就甲方委托乙方进行人才招聘一事于2015 年 1 月 12 日达成如下一致协议：

一、甲方权力和义务

1. 甲方应提供详细职位要求，各项要求应尽量明确，其中薪资待遇（年薪为税前年薪，包含车贴、房贴和其他所有甲方和候选人在劳动合同中或劳动合同之外约定的补贴和奖金）应与委托的职位相当。

2. 如果甲方在收到乙方提交的候选人资料后的 5 个工作日内，甲方在此期间未提出书面异议，则该候选人应被视为是乙方提供的资源，否则甲方将立即通知乙方以避免重复劳动和混淆。同时甲方要向乙方反馈面试情况 ，避免因时间延误给双方工作带来不便。

3. 甲方若对参加面试候选人不满意应予以反馈，同时可说明原因，以便乙方即时进行必要调整，重新搜寻合适的人选，同时也便于通知落选人员。

4. 甲方应按照本协议的有关约定按时、足额地支付服务费用。

5. 甲方应在招聘有效期内积极地配合乙方的工作。

二、乙方权力和义务

1. 乙方得到甲方的职位信息后，积极配合甲方对职位具体信息的沟通，以便按时完成招聘任务。

2. 乙方公司为提供甲方人才招募服务的公司，按照甲方要求的职位推荐合适的人选。

3. 乙方推荐的候选人应符合甲方的职位要求，不得有任何敷衍或是欺骗行为，乙方对每一位候选人的资料负有审慎及合理审查的义务，并承诺及保证乙方提供给甲方的信息、资料是真实、准确和完整的，因乙方故意或重大过失违反前述承诺和保证，甲方有权全额追索已支付给乙方的全部款项，乙方同时应赔偿给甲方造成的全部损失。

4. 乙方有义务在协议有效期内积极协助甲方完成招聘计划。

5. 乙方应对甲方提供的公司资料，包括公司背景、工作环境、薪资结构、发展策略、投资及发展状况等予以保密，不得透露给第三方。

续表

三、收费标准及支付方式 1. 委托猎头推荐服务费为：该候选职位第一年年收入（该职位被录用者录用之日起的税前12个月月薪之和，含奖金或提成）的______%。 2. 候选人薪资以及甲方所支付予乙方的服务费，最终以甲方确认函为准，乙方有异议的，双方协商解决。 3. 如果由乙方推荐的其他人才在此合同有效期内未被聘用，而甲方或其母公司或子公司在甲方收到乙方候选人简历的壹年内又聘用了这些人才，还是视作乙方提供的资源，并且甲方同样按照协议支付费用给乙方，支付金额按合同规定执行（但如是原劳动合同执行完毕续签劳动合同或由甲方关联企业与该人才另行签订劳动合同，则甲方及/或其关联企业无须再支付任何费用给乙方）。 4. 候选人到岗后40天内，甲方向乙方一次性支付该岗位人员的推荐服务费。 5. 付款方式原则上以银行汇款为主，如有特殊情况，需要现金支付，则由双方另行协商确定，并由乙方出纳出具身份证和乙方授权委托书方可付款。乙方的银行账号信息如下： 公司名称：____ 开户银行：____ 公司账号：____ 甲方支付推荐服务费给乙方前，乙方应提供相应服务费发票给甲方。 四、其他规定 1. 乙方将提供自候选人在甲方报到之日6个月的担保期；在候选人报到之日起的六个月内离职（含候选人因个人原因主动离职或因不胜任应聘岗位工作被甲方解聘），乙方将继续为甲方免费提供该职位的替换人选。乙方自候选人离职之日起4个月内未提供该职位替换人选或提供替换人选不符合甲方要求的，甲方有权要求乙方继续提供或者要求乙方退还甲方已支付乙方的推荐服务费的50%。 2. 担保期内，因甲方更改应聘人的待遇和职位，导致被推荐者辞职，乙方不再承担推荐的责任，并不再返还甲方已支付的费用。 3. 乙方推荐给甲方的人才因故未被聘用，甲方在壹年内不得录用（含兼职或任何形式的工作介入），否则将视同乙方推荐成功，并参考协议支付猎头推荐费用。 4. 若甲方将乙方推荐的候选人安排在其他职位，本协议仍然有效，但服务费按新职位年收入计算。 5. 甲方不得将乙方推荐的候选人或其背景资料推荐给第三方，甲方推荐给其关联公司除外，但需由该关联公司按本协议支付相应服务费。 6. 甲方有权将同一岗位的招聘需求同时发布给包括乙方在内的多家猎头供应商。 7. 若不同的猎头供应商推荐了同一个候选人，候选人归属以提交推荐报告的先后顺序为准，若第一个提交该候选人推荐报告的猎头供应商在甲方提出安排面试要求三次的

续表

情况下，仍然没有及时给予安排，甲方有权将此候选人归属权移交给其他亦推荐此人并第一个安排面试的猎头供应商。 8. 合同期内，乙方不得猎取甲方及其关联公司内的任何员工。 五、违约责任 甲乙双方应严格遵守本协议之条款，一方如有违约行为，须向守约方赔偿其给守约方造成的损失。 六、其他 1. 本协议一式两份，双方各执一份。 2. 甲乙双方均对本协议内容完全了解，且无任何异议，双方将遵守协议中所有的条款。在本协议签订后，若需补充或修改条款，需经双方书面确认，且作为本协议的附件，和本协议具有同等法律效力。 3. 本协议自双方签字盖章后生效，有效期一年。 4. 合同期满前一个月内，甲、乙方若无异议，本合同自动顺延一年。 5. 未尽事宜由双方友好协商解决；如协商不成，则向甲方所在地法院提起诉讼。 甲方：　　　　　　　　　　　　　　　　乙方： 代表签名（盖章）：　　　　　　　　　　代表签名（盖章）：

2.2.5　校园招聘管理制度与图表

1. 校园招聘管理制度

制度名称	校园招聘管理制度	受控状态	
		编　　号	
第1章　总则 第1条　定义 校园招聘是一种特殊的外部招聘途径。狭义是指招聘组织、企业等直接从学校园招聘各类各层次应届毕业生。广义是指招聘组织、企业等通过各种方式招聘各类各层次应届毕业生。 第2条　目的 为企业补充富有热情、学习能力强、可塑性强的“新鲜血液”，提高企业活力，特制定本制度。			

续表

第 3 条　校园招聘形式

校园招聘形式包括专场招聘、校园宣讲、实习招募、管理培训、发展俱乐部、拓展夏令营、选秀竞赛等。

第 4 条　校园招聘原则

校园招聘采取公开招聘的办法，坚持公开公正、择优录用、精干高效、合理配置的原则。根据业务发展及优化人才机构的需要，有计划、分层次地招收新员工充实短缺岗位。同时招聘员工均以品德、学识、能力、经验、身体状况是否适合本岗位及职务需要为原则。

第 2 章　校园招聘流程

第 5 条　校园招聘流程图

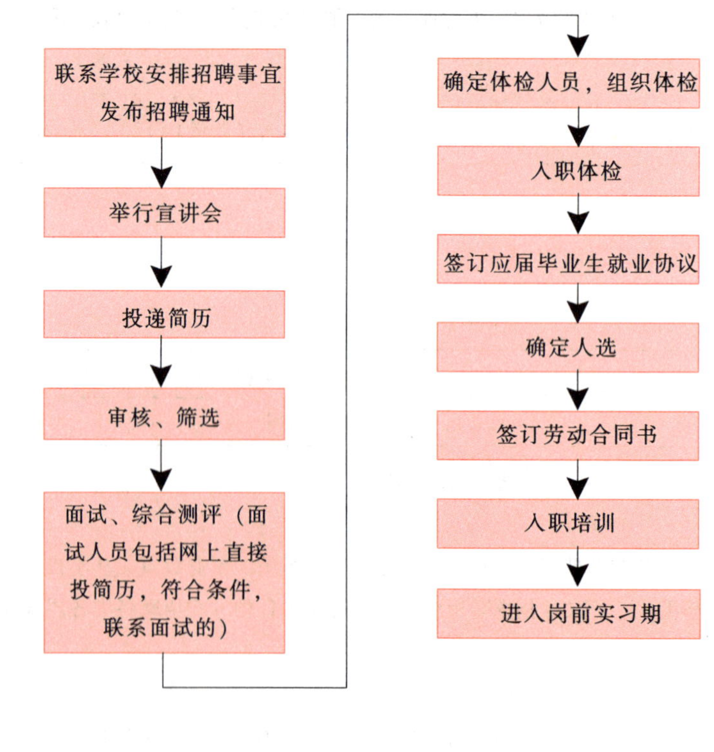

续表

第 6 条　优秀简历标准

1. 内容必须真实，不管是知识水平、业务能力，还是工作经历等哪个环节，哪怕是一个细小的部分，在书写时都要遵循真实的原则。

2. 目标一定要明确，在填写简历时一定要在简历最醒目处，明确表述清楚自己希望工作的“目标城市”、“目标部门”以及“目标岗位”。特别是要重视自己理想的职位是什么，然后从专业、技能、经验、兴趣等方面简单分析你的目标职位的由来。

3. 简单但要厚实，简单的意思是最好把简历控制在 2 页左右，主要把应聘者的最大特点放在简历最突出的位置；厚实是指简历内容要丰富，传递的信息量必须大。要把自己的教育背景、工作经验、能力优势等都一一表达清楚。

4. 采用倒叙方法，这样可以从最接近的时间入手，让简历筛选者更容易获得重要的信息。必要时，一些重要信息可以重点处理，但千万不要处理得太花哨，便于阅读是最主要的原则。

5. 不要写所有的经验，所参加的实践、项目以及自己写的论文等最好不要全部写出来，只需要描述与自己现在应聘职位要求所相关的经验、经历就可以了。

6. 不同公司简历不同，公司不相同，文化自然有差异，应聘者要根据不同的公司突出自己的简历特点。

7. 不必附加证书，不要在第一轮递简历时就附加很多证书，最好在用人单位通知参加笔试、面试时，才提交与申请职位相关联的证书，而且必须是如实提供相关证书。

第 7 条　总结阶段的工作任务

1. 统计相关数据，包括简历收集渠道、简历收集量、参加笔试面试人数等。

2. 确认是否所有需求职位都已到岗。

3. 以直属经理为对象设计一份问卷，调查本次校园招聘的效果，如流程是否紧凑，简历数是否足够，候选人质量及是否过度占有直属经理工作量等。

4. 计算本次校园招聘费用，分摊每一候选人招聘成本。

第 3 章　附则

第 8 条　本制度自发布之日起开始执行。

第 9 条　本制度的编写、修改及解释权归人力资源部所有。

执行部门		监督部门		编修部门	
编制日期		审核日期		批准日期	

2. 校园招聘职位申请表

校园招聘职位申请表								
应聘职位：			期望年薪：			填表时间：		
个人信息								
姓　名		性　别		年　龄		民　族		照片
身份证号码				身　高		体　重		
籍　贯	省　市（县）			户口地				
现住址								
父母住址						父母宅电		
联系电话		紧急联络人电话				邮　箱		
身体状况	如曾患重病（含功能异常）或接受手术，请列明：							
基本信息								
毕业时间			可长期离校实习时间					
毕业学校			专　业			学　历		
请注明本科类型		☐ 本一　☐ 本二　☐ 本三　☐ 大专				第二学位		
核心课程				平均成绩				
第五、六学期班级综合成绩排名（本科生填写）				☐前 20%　☐20%—40%　☐40%—60%　☐60% 以后				
外语种类及等级								
工作岗位是否愿意服从公司调剂				☐ 是　☐ 否				
其他信息（获三好学生、奖学金情况）								
时　间		奖　项			等　级		班级同时获奖人数	

续表

<table>
<tr><td colspan="2">学术成果</td><td colspan="4">所获得的专业资格证书及考试科目</td></tr>
<tr><td colspan="2"></td><td colspan="4"></td></tr>
<tr><td colspan="2"></td><td colspan="4"></td></tr>
<tr><td colspan="6">社会实践经历</td></tr>
<tr><td>实习单位名称</td><td>实习岗位</td><td colspan="3">起止时间</td><td>实习收获</td></tr>
<tr><td></td><td></td><td colspan="3">年　月　至　　年　月</td><td></td></tr>
<tr><td></td><td></td><td colspan="3">年　月　至　　年　月</td><td></td></tr>
<tr><td colspan="6">担任学校、院系或社团等干部情况</td></tr>
<tr><td>时　　间</td><td colspan="2">社团名称/学生会及职务</td><td>曾组织活动</td><td colspan="2">曾参与活动</td></tr>
<tr><td></td><td colspan="2"></td><td></td><td colspan="2"></td></tr>
<tr><td></td><td colspan="2"></td><td></td><td colspan="2"></td></tr>
<tr><td></td><td colspan="2"></td><td></td><td colspan="2"></td></tr>
<tr><td></td><td colspan="2"></td><td></td><td colspan="2"></td></tr>
<tr><td colspan="6">本人声明：本人确认上述情况属实，并同意公司对以上内容进行核实。

本人签名：　　　　　　日　　期：</td></tr>
</table>

2.2.6 内部竞聘管理制度与图表

1. 内部竞聘管理制度

制度名称	内部竞聘管理制度	受控状态	
		编　　号	

第1章　总则

第1条　目的

为建立公开、公平的竞聘运作机制，更好的优化企业人力资源配置，特制定本制度。

第2条　原则

公司管理层出现职位空缺时，优先采取内部竞聘原则，内部无适当人才或需特殊人才时再考虑外部招聘。

第3条　适用范围

本制度适用于公司管理职位的竞聘工作。

第4条　组织管理

人力资源部作为内部竞聘的主办单位，全面负责公司内部人力资源的招聘工作。

第2章　内部竞聘的程序

第5条　竞聘岗位确定

人力资源部依据公司发展战略和生产经营目标，统计人力资源需求状况，并在考虑员工发展的基础上，提出竞聘岗位和方案，报总裁审批后组织实施。

第6条　竞聘时间确定

1. 部门人员的竞聘时间视具体情况而定。

2. 年度竞聘最好于每年年末举行，具体时间视公司具体情况而定。

第7条　成立竞聘委员会

1. 公司成立竞聘委员会，委员会成员由人力资源部推荐、总裁进行核定，成员数量不少于5人。

2. 为避免事前沟通，竞聘委员会名单在竞聘之前不予公布。

3. 竞聘委员会评审决议应以书面形式呈报总经理审批。

第3章　内部竞聘工作流程

第8条　职位发布

人力资源部根据招聘岗位职务说明书，拟订内部招聘公告，经领导核准后公开向公司内部发布。发布方式主要为公司网站通知、职位公告栏公示和内部招聘文件传达等。同时竞聘工作必须保证在公平、公正、公开的原则下进行，不得弄虚作假，严禁违反竞聘工作规定的行为，一经发现将严格按照企业规定给予处分。

第9条　人员选拔

1. 人力资源部面向公司全体员工收集应聘资料，并根据岗位分类进行汇总。

续表

2. 人力资源部根据岗位说明书及其他相关要求对应聘人员的资料进行初步筛选，并向初步筛选合格者发布面试通知。

3. 竞聘委员会通过面试对竞聘人员进行综合评审，并填写《内部竞聘评分表》。同时符合竞聘条件的员工，也可以自己填写《内部竞聘申请表》，经部门负责人签字后，在规定时间内交到人力资源部，由人力资源部进行审核。

第 10 条　人员录用

1. 人力资源部针对不同的岗位设置不同的问题，有针对性地考查竞聘者不同方面的能力。

2. 面试完毕后，竞聘委员会根据综合评审结果，拟定录用人员名单，呈报总经理审批。

3. 录取人员名单经总经理审批后，人力资源部在公司内张榜公示名单。

4. 公示期间若无异议，由人力资源部向录用者发放录用通知。

第 11 条　人员报到

竞聘录用人员在收到录用通知____日内做好工作交接，到人力资源部办理相关手续，并按时到调入部门报到。

第 12 条　试用考察

所有通过竞聘到达新岗位的员工都要进行新岗位试岗期考察，试岗期为 1—3 个月不等。试岗期满后，用人部门或上级领导应详细列出考核意见，并报人力资源部审核，由人力资源部办理相关转正手续。

第 4 章　附则

第 13 条　本制度自发布之日起开始执行。

第 14 条　本制度的编写、修改及解释权归人力资源部所有。

执行部门		监督部门		编修部门	
编制日期		审核日期		批准日期	

2. 内部竞聘申请表

内部竞聘申请表					
姓　名		性　别		出生年月	
现所在部门		现任职位		目前薪金	
在职时间	年　月　日至　　年　月　日				

续表

申请部门		申请职位		期望薪金	
工作情况简介					
拟申请岗位规划					
声明：上述职位由本人自愿申请，若未竞聘成功，本人愿继续从事原岗位工作或服从公司安排。 签　　字：　　　年　月　日					

3. 内部竞聘评分表

内部竞聘评分表						
姓　　名		目前岗位		竞聘岗位		
评分项目	评分标准			权重	实际得分	备　　注
工作经验	工作经验丰富，精通岗位相关知识和技能			15%		
工作业绩	以往工作业绩完全达到岗位职责要求			20%		
综合素质	态度积极、自信心强、有团队合作精神等			10%		
新岗位认知	对竞聘岗位任职要求、工作职责有准确认识			15%		
自我认知	明确自身竞聘优势与劣势，有相应改进计划			15%		
新工作思路	对新工作有良好的承诺和清晰的工作思路			25%		
竞聘管理小组评审意见	签　　字：＿＿＿＿＿ 日期：＿＿年＿＿月＿＿日					
总经理意见	签　　字：＿＿＿＿＿ 日期：＿＿年＿＿月＿＿日					

2.3 企业面试录用管理制度与图表

2.3.1 笔试管理制度与图表

1. 笔试管理制度

<table>
<tr><td rowspan="2">制度名称</td><td rowspan="2">笔试管理制度</td><td>受控状态</td><td></td></tr>
<tr><td>编　号</td><td></td></tr>
<tr><td colspan="4">

第 1 章　总则

第 1 条　目的

为满足企业对人才的需求，规范企业招聘的笔试工作，特制定本制度。

第 2 条　原则

1. 公开、公平、竞争、择优原则。

2. 双向选择原则。

第 3 条　适用范围

本制度适用于本企业各种招聘的笔试考核工作。

第 2 章　笔试管理规定

第 4 条　笔试准备

1. 人力资源部及其他相关人员负责收集材料，根据招聘岗位的特征和考核需要，编制笔试试题。综合素质类测试题由人力资源部负责设计，专业技术类试题由用人部门负责设计。

2. 招聘笔试的负责人选及笔试的时间、地点均由人力资源部确定。

3. 人力资源部负责打印试卷和准备其他相关考试用具。

4. 人力资源部负责通知应聘人员前来参加笔试考核。

第 5 条　笔试内容

笔试内容要具备专业性和综合性，一般而言主要包括常识、推理判断、分析问题、想象力、领导力、专业知识测试等。人力资源部需要与用人部门根据拟招聘岗位的不同，共同协商决定笔试的内容。

第 6 条　笔试题型

笔试小组收集招聘岗位的相关信息，依据岗位说明书，根据招聘岗位的特征、考核需要、试题设计原则、类型及考察内容等，编制笔试试题，一般包括单项、多项选择题，简答题，推理判断题，写作题等题型。

第 3 章　笔试工作纪律

第 7 条　考场纪律

1. 监考人员应提前 10 分钟到达考场，做好考试的相关准备工作。

2. 监考人员负责在考前将相关考试纪律告知应试人员。

</td></tr>
</table>

续表

3. 应试人员进入考场，除了携带必要的文具，如钢笔、圆珠笔等外，不得携带任何书籍、纸张等。

4. 应试人员迟到30分钟后，不得进入考场参加考试。

5. 应试人员不得向监考人员询问涉及试题内容的问题，若有试卷因字迹模糊或者试题错误等问题，可以举手询问。

6. 答题一律用蓝、黑色钢笔、中性笔或圆珠笔，而且字迹要工整、清晰。

7. 应试人员必须在规定的地方填写姓名，并且保持卷面清洁。

8. 应试人员进入考场即保持安静，并且关闭所有的通信工具。

9. 应试人员必须遵守考场纪律，服从笔试负责人员的安排，不准交头接耳。

10. 笔试结束时间到后，应试人员不得继续答题，并将试卷整理好放于桌面，然后起立在监考人员的统一安排下有序地离开考场。

第8条　监考人员资格规定

监考人员在监考过程中，如发现有与其存在亲友关系或其他关系的应聘人员，应该主动回避，不得担任本次本场考试的监考人员。

第9条　安全保密

人力资源部要加强试题的安全保密措施，对于招聘与考试工作中露题或有任何舞弊行为的人员都应严格处罚。

第10条　惩罚原则

1. 对违反招聘纪律的工作人员，人力资源部应视情节轻重给予相应的处分。

2. 对违反考场纪律的应聘人员，人力资源部有权取消其考试资格。

第4章　笔试阅卷评估

第11条　笔试纪律与注意事项

笔试开始前监考委员会要向应聘人员宣读考试纪律和注意事项。

第12条　考场监督

在笔试过程中，监考委员会要随时维护考场纪律，防止违纪现象发生。

第13条　笔试过程指导

在笔试过程中，监考委员会可以有选择性地回答应聘人员提出合理问题。如试卷字迹模糊、试题有误等方面的问题。

第14条　收卷与密封

笔试结束后，监考委员会及时要求应聘人员停止答卷，做好收卷与密封工作。

第15条　试卷评判要求

考试结束后，阅卷人员应秉持公平、公正、客观的态度进行试卷评判的工作。

第16条　确定人员名单

人力资源部根据笔试成绩，确定进入下一轮考核的人员名单，并报总经理审阅。

第17条　准备下一轮面试

人力资源部根据面试的时间、地点等安排，及时通知笔试合格者参加下一轮面试。

续表

<table>
<tr><td colspan="6">第 5 章　附则
第 18 条　本制度自发布之日起开始执行。
第 19 条　本制度的编写、修改及解释权归人力资源部所有。</td></tr>
<tr><td>编制日期</td><td></td><td>审核日期</td><td></td><td>批准日期</td><td></td></tr>
<tr><td>修改标记</td><td></td><td>修改处数</td><td></td><td>修改日期</td><td></td></tr>
</table>

2. 笔试成绩汇总表

<table>
<tr><td colspan="5">笔试成绩汇总表
笔试日期：________　监考人员：________　阅卷人员：________</td></tr>
<tr><td>排　　名</td><td>考　　号</td><td>姓　　名</td><td>应聘职位</td><td>笔试成绩</td></tr>
<tr><td>1</td><td></td><td></td><td></td><td></td></tr>
<tr><td>2</td><td></td><td></td><td></td><td></td></tr>
<tr><td>3</td><td></td><td></td><td></td><td></td></tr>
<tr><td>4</td><td></td><td></td><td></td><td></td></tr>
<tr><td>5</td><td></td><td></td><td></td><td></td></tr>
<tr><td>6</td><td></td><td></td><td></td><td></td></tr>
<tr><td>7</td><td></td><td></td><td></td><td></td></tr>
<tr><td>8</td><td></td><td></td><td></td><td></td></tr>
<tr><td>9</td><td></td><td></td><td></td><td></td></tr>
<tr><td>10</td><td></td><td></td><td></td><td></td></tr>
<tr><td>11</td><td></td><td></td><td></td><td></td></tr>
<tr><td>12</td><td></td><td></td><td></td><td></td></tr>
<tr><td>…</td><td></td><td></td><td></td><td></td></tr>
</table>

2.3.2 面试管理制度与图表

1. 面试管理制度

制度名称	面试管理制度	受控状态	
		编　　号	

第 1 章　总则

第 1 条　目的

为了规范面试管理工作，提高面试效率，为公司招聘到合适的人才，能够更好地发展，特制定本制度。

第 2 条　适用范围

本制度适用于公司所有面试管理工作。

第 3 条　面试管理职责

1. 人力资源部负责面试的组织、实施工作，并有效解决面试过程中出现的问题。

2. 用人部门负责对通过初试的人员进行复试，并将复试结果通知人力资源部，同时做好与人力资源部的配合、沟通工作。

第 2 章　面试的准备

第 4 条　面试官安排

面试官安排一览表

面试岗位级别	初试面试官	复试面试官
副总、总监、总工	人力资源主管副总	总经理
经理级	主管副总/人力资源部经理	总经理/主管副总
主管级	人力资源部经理/招聘主管	部门经理
普通员工	招聘主管、专员	部门经理
备　　注	面试官不能与候选人有任何私人关系	

第 5 条　面试考官应具备的条件

1. 本公司人力资源部工作人员为面试官，需要给人一种好感，能够很快地与应聘者交流意见，因此面试官在态度上、表情上必须表现得十分开朗，让应聘者愿意将自己想说的话充分表达出来。

2. 面试官必须培养极为客观的个性，理智地去判断一些事务，绝不能因某些非评价因素而影响了对应聘者的客观评价。

3. 不论应聘者的出身、背景之高低，面试人员都得设法去尊重应聘者所表现出来的人格、才能和品质。

4. 面试官必须对整个公司组织情况、各部门功能、部门与部门间的协调情形、人事政策、薪资制度、员工福利政策，有深入的了解，才能应对应聘者随时提出问题。

5. 面试官必须彻底了解该应聘职位的工作职责和必须具备的学历、经历、人格条件与才能。

续表

<table>
<tr><td>
第 6 条　从面试中应获得的资料
1. 观察应聘者的稳定性，应聘者是否无端常换工作，尤其注意应聘者换工作的理由，假如应聘者刚从学校毕业，则要了解应聘者在学校中参加哪些社团，稳定性与出勤率如何。另外从应聘者的兴趣爱好中也可以看出应聘者的稳定性。
2. 研究应聘者以往的成就，研究应聘者过去有哪些特殊工作经验与特别成就。
3. 应付困难的能力，应聘者过去面对困验或障碍是否经常逃避，还是能够当机立断挺身而出解决问题。
4. 应聘者自主能力，应聘者的依赖心是否极强？如应聘者刚从学校毕业，则可观察他/她在读书时是否一直喜欢依赖父母。
5. 对事业的忠心，从应聘者谈过去主管、过去部门、运去同事以及从事的事业，就可判断出应聘者对事业的忠业度。
6. 与同事相处的能力，应聘者是否一直在抱怨过去的同事、朋友、公司以及其他各种社团的情形。
7. 应聘者的领导能力，当公司需要招聘管理者时，特别要注意应聘者的领导能力。
第 7 条　面试的地点及记录
1. 面试的地点最好在单独的房间，房间只有面试人与应聘者，最好不要装电话，以免面试受到电话的干扰。
2. 进行面试的时候，必须准备面试表格。通常初试表格最好是对勾方式的。在评定式面试中，最好用开放式的表格，把该应聘者所说出来的一切当时就记下来。
第 8 条　面试资料准备
人力资源部负责准备面试所需的相关资料，包括《职位申请表》《面试评估表》《面试官名片》等。
第 9 条　面试的技巧
1. 发问的技巧。好的面试人员必须擅于发问，问的问题必须恰当。
2. 学会听。面试人员要想办法从应聘者的谈话里，找出所需要的资料，因此面试人员一定要学会听的艺术。
3. 学会沉默。应聘人员当问完一个问题时，应学会沉默，看应聘者的反应，最好不要在应聘者没有开口答时，或者感觉不了解你的问题时，就解释你的问题。这时你若保持沉默，你就可以观察到他对这个问题的反应能力，因为应聘者通常会补充几句，而那几句话通常是最重要的也是最想说的。
第 3 章　面试
第 10 条　面试的种类
1. 初试，初试通常在人力资源部实施，初试的作用无非是过滤那些学历、经历和资格条件不合格的应聘人员，通常初试的时间约 15—30 分钟。主要内容包括：
（1）人力资源部接待应聘人员到指定地点，安排其登记并填写职位申请表。
（2）人力资源部对应聘人员进行初步面试。
</td></tr>
</table>

续表

(3) 人力资源部将初试合格者的资料，包括职位申请表、面试评估表、人员简历及表示测试成绩等转交用人部门进行复试，并对未通过初试的应聘人员表示歉意和感谢。

2. 复试，经过初试，如果发现有多人适合这项工作，这时就要由部门主管或高级主管做一次复试，通常约30—60分钟。

第11条　面试考察重点

面试考察重点一览表	
考察重点	主要内容
个性特征	考察应聘人员的具体体格、外貌、举止、语调等是否积极主动、待人随和
家庭背景	考察应聘人员的家庭教育情况、父母的职业等
学校教育	考察应聘人员的学校、专业、成绩、师生关系及获得的奖励等
工作经验	考察应聘人员的工作责任心、薪资要求、岗位升迁情况及变换工作的原则
与人相处的特征	考察应聘人员的兴趣爱好、团队合作能力、与他人相处的能力等
个人抱负	考察应聘人员的理想抱负、人生目标、职业规划等

第12条　面试评估

面试结束后，面试官对应聘人员进行评估，并结合面试记录填写《面试评估表》。

第4章　面试后续管理

第13条　面试的注意事项

1. 面试官向应聘人员介绍公司情况及岗位要求，从而引出面试正题。

2. 在面试的实质阶段，面试官要对应聘人员进行评价考察，全面了解应聘人员的个性特征、求职动机、个人能力、素质等，并做好相关记录。

3. 给应聘人员留下自由提问时间，结束要自然得当。

4. 面试官要有策略地回答应聘人员提出的问题，并在结束时感谢应聘人员前来参加面试，这样可以让面试更加正规而完善。

第14条　人员录用

人力资源部对复试合格的应聘人员进行岗位和待遇复核，拟定录用人员名单，报总经理审批，然后根据审批后的名单安排录用人员报到事宜，并通知用人部门做好准备。

第15条　未报到情况的处理

如果被录用的人员到期之后仍未报到，人力资源部应与其联系，确认原因并详细记录。如果被录用人员确定不来报到，人力资源部应将情况及时反馈给用人部门，然后继续组织招聘工作。

第5章　附则

第16条　本制度自发布之日起开始执行。

第17条　本制度的编写、修改及解释权归人力资源部所有。

执行部门		监督部门		编修部门	
编制日期		审核日期		批准日期	

2. 面试评估表

<table>
<tr><th colspan="5">面试评估表</th></tr>
<tr><td colspan="2">姓名：</td><td colspan="2">应聘岗位：</td><td>填表日期：</td></tr>
<tr><td colspan="2">面试要素</td><td>考核要点（A 优　B 良　C 中　D 差）</td><td>二试打分</td><td>综合评语</td></tr>
<tr><td rowspan="5">专业技能</td><td>工作背景</td><td>丰富的行业经验，了解行业的发展状况，职业背景好</td><td></td><td rowspan="5"></td></tr>
<tr><td>工作经验</td><td>以往的工作经验与本岗位要求一致</td><td></td></tr>
<tr><td>岗位知识</td><td>精通本岗位所需专业知识，业务技能熟练，对岗位理解深刻而独到</td><td></td></tr>
<tr><td>教育培训</td><td>接受过本岗位需要的系统培训，教育背景好</td><td></td></tr>
<tr><td>专业特长</td><td>具备一定的专业特长，有益于本岗位工作</td><td></td></tr>
<tr><td colspan="2" rowspan="4">用人部门
二试评价</td><td rowspan="4"></td><td colspan="2">打分：</td></tr>
<tr><td colspan="2">岗位级别（技术）：</td></tr>
<tr><td colspan="2">是否三试/录用：</td></tr>
<tr><td colspan="2">签字：</td></tr>
<tr><td colspan="2">面试要素</td><td>考核要点（A 优　B 良　C 中　D 差）</td><td>三试打分</td><td>综合评语</td></tr>
<tr><td rowspan="5">专业技能</td><td>工作背景</td><td>丰富的行业经验，了解行业的发展状况，职业背景好</td><td></td><td rowspan="5"></td></tr>
<tr><td>工作经验</td><td>以往的工作经验与本岗位要求一致</td><td></td></tr>
<tr><td>岗位知识</td><td>精通本岗位所需专业知识，业务技能熟练，对岗位理解深刻而独到</td><td></td></tr>
<tr><td>教育培训</td><td>接受过本岗位需要的系统培训，教育背景好</td><td></td></tr>
<tr><td>专业特长</td><td>具备一定的专业特长，有益于本岗位工作</td><td></td></tr>
<tr><td colspan="2" rowspan="4">用人部门
三试评价</td><td rowspan="4"></td><td colspan="2">打分：</td></tr>
<tr><td colspan="2">岗位级别（技术）：</td></tr>
<tr><td colspan="2">是否录用：</td></tr>
<tr><td colspan="2">签字：</td></tr>
<tr><td colspan="2">拟试用部门</td><td>岗位</td><td>引导人</td><td></td></tr>
<tr><td colspan="2">录用建议</td><td colspan="3">□录用　□待定　□不录用</td></tr>
<tr><td colspan="5">评估人签字：
日期：____年__月__日</td></tr>
</table>

2.3.3 录用管理制度与图表

1. 录用管理制度

<table>
<tr><td rowspan="2">制度名称</td><td rowspan="2">录用管理制度</td><td>受控状态</td><td></td></tr>
<tr><td>编　号</td><td></td></tr>
<tr><td colspan="4">

第1章　总则

第1条　目的

为了规范公司的人员录用管理流程，保证人力资源的高效配置，健全公司的人才选用机制，特制定本制度。

第2条　适用范围

本制度适用于公司范围内所有新员工的录用管理工作。

第2章　录用通知

第3条　对通过笔试、面试等环节的选拔，经公司考核合格的应聘人员，人力资源部应在做出录用决策后的____个工作日内向其发出录用通知。

第4条　员工录用通知应注明具体报到时间、地点以及应携带的个人资料等。

第5条　对未被公司录用的人员，人力资源部应礼貌地以电话、邮件或者信函的形式及时告知对方。

第3章　资料审查

第6条　被录用的员工应在人力资源部指定的时间报到并办理入职手续。

第7条　如在发出正式录用通知____天内不报到者，人力资源部可取消其录用资格，特殊情况经批准后可延期报到。

第8条　新员工在报到时需向人力资源部提供的资料

1. 本人身份证、最高学历证明、职称证明等有效证件的复印件。

2. 近期一寸彩色免冠照片。

3. 前工作单位离职证明、前工作单位地址、电话号码、联系人姓名等资料。

4. 入职体检报告。

5. 其他按规定需要提交的资料。

第9条　背景调查

1. 人力资源部接收到新员工的相关资料后应仔细审查，避免出现身份不符或虚假证件等情况。

2. 人力资源部可视情况对新员工做有关背景调查，调查的主要内容包括员工学历水平、工作经历、综合素质等。

第4章　办理入职手续

第10条　新员工交付有关证明后，须填写《新员工入职登记表》，由人力资源部为新员工建立个人档案。

第11条　人力资源部为新员工发放考勤卡、其他相关办公用品及安排工位。

第12条　员工一经录用，公司将按国家劳动法的有关规定，与新员工在平等、自愿、协商一致的基础上签订劳动合同。

</td></tr>
</table>

续表

<table>
<tr><td colspan="6">第 5 章　新员工试用与考核
第 13 条　新员工进入试用期后，人力资源部负责对新员工进行岗前培训，用人部门对其进行相关的岗位培训。
第 14 条　人力资源部和用人部门对试用期员工的表现共同考核鉴定。
第 15 条　新员工在试用期提出辞职的，人力资源部门应与其进行离职谈判，了解其辞职原因并作适当挽留。若谈判失败，双方则终止劳动关系。
第 16 条　新员工在试用期内，因表现不佳或能力不符合要求的，用人部门应以书面形式通知人力资源部，经核准后可随时予以辞退或延长试用期。
第 6 章　新员工转正管理
第 17 条　新员工试用期结束前，由人力资源部通知其填写《转正申请表》，同时公司根据其表现作出相应的人事决策。
第 18 条　经考核通过的新员工，人力资源部予以办理转正手续；如考核未通过者，将视情况予以辞退或延长试用期。
第 19 条　人力资源部为新员工办理转正手续后，将转正员工相关资料存档，更新人事档案。
第 7 章　附则
第 20 条　本制度由人力资源部负责制定，修改时亦同。
第 21 条　本制度自下发之日起执行。</td></tr>
<tr><td>执行部门</td><td></td><td>监督部门</td><td></td><td>编修部门</td><td></td></tr>
<tr><td>编制日期</td><td></td><td>审核日期</td><td></td><td>批准日期</td><td></td></tr>
</table>

2. 员工录用通知书

<table>
<tr><td colspan="6">员工录用通知书</td></tr>
<tr><td>执行部门</td><td></td><td>审批人员</td><td></td><td>批准日期</td><td></td></tr>
<tr><td colspan="6">________先生/女士：
您应聘我公司的______________岗位，经评审合格，依本公司任用规定将予以录取，真诚欢迎您的加入。报到的有关事项如下，请参照办理，如有疑问请致电咨询。
1. 请您于____年__月__日 9：00 来公司人力资源部报到。报到时请携带以下资料，以便办理入职手续。
（1）身份证原件及复印件。
（2）学历/学位证书原件及复印件。
（3）资格证书或上岗证书原件及复印件。
（4）半年之内区级以上医院或专业体检机构的体检证明材料复印件。
（5）一寸免冠白底彩色照片三张。
2. 您的试用其是____个月。试用期内基本工资为____元，试用期满，经考核通过后，予以转正。转正后公司将根据您的工作业绩、能力及实际表现，重新制定您的薪酬待遇。</td></tr>
</table>

续表

<table>
<tr><td>执行部门</td><td></td><td>审批人员</td><td></td><td>批准日期</td><td></td></tr>
<tr><td colspan="6">3. 您如果不能近期报到，请及时与人力资源部联系并确定最终报到时间。若存在其他特殊情况，《录取通知书》将自动失效。
4. 联系方式：
地址：____________________
电话：____________________
____________公司人力资源部
日期：____年__月__日</td></tr>
</table>

3. 新员工入职登记表

<table>
<tr><td colspan="9">新员工入职登记表</td></tr>
<tr><td colspan="9">部门：　　　岗位：　　　填表日期：__________年____月____日</td></tr>
<tr><td>姓　名</td><td></td><td>性　别</td><td></td><td>民　族</td><td colspan="2"></td><td colspan="2" rowspan="5">照　　片</td></tr>
<tr><td>政治面貌</td><td></td><td>婚姻状况</td><td></td><td>出生年月</td><td colspan="2"></td></tr>
<tr><td>最高学历</td><td></td><td>专　业</td><td></td><td>毕业学校</td><td colspan="2"></td></tr>
<tr><td>毕业时间</td><td></td><td>学　位</td><td></td><td>职　称</td><td colspan="2"></td></tr>
<tr><td colspan="2">户口所在地</td><td colspan="2"></td><td>户口性质</td><td colspan="2">农业□　非农业□</td></tr>
<tr><td colspan="2">入职时间</td><td colspan="2"></td><td colspan="2">身份证号码</td><td colspan="3"></td></tr>
<tr><td rowspan="2">通讯方式</td><td>手　机</td><td colspan="2"></td><td colspan="2">家庭电话</td><td colspan="3"></td></tr>
<tr><td>家庭地址</td><td colspan="7"></td></tr>
<tr><td colspan="2">专业资格证书</td><td colspan="2"></td><td colspan="2">获取资格时间</td><td colspan="3"></td></tr>
<tr><td colspan="2">懂何种外语</td><td></td><td>熟练程度</td><td colspan="2"></td><td colspan="2">计算机程度</td><td></td></tr>
<tr><td rowspan="3">家庭成员</td><td>称　谓</td><td>姓　名</td><td>年　龄</td><td colspan="2">现居住地</td><td colspan="2"></td><td></td></tr>
<tr><td></td><td></td><td></td><td colspan="2"></td><td colspan="2"></td><td></td></tr>
<tr><td></td><td></td><td></td><td colspan="2"></td><td colspan="2"></td><td></td></tr>
<tr><td colspan="2">应急联系人</td><td colspan="2"></td><td colspan="2">联系电话</td><td colspan="3"></td></tr>
</table>

2.3.4 新员工转正管理制度与图表

1. 新员工转正管理制度

<table>
<tr><td rowspan="2">制度名称</td><td rowspan="2">新员工转正管理制度</td><td>受控状态</td><td></td></tr>
<tr><td>编　号</td><td></td></tr>
<tr><td colspan="4">

第 1 章　总则

第 1 条　目的

为规范员工试用转正考核流程，确保员工转正考核工作规范、有效、有章可循，特制定本制度。

第 2 条　适用范围

本制度适用于试用期转正新员工的考核。

第 2 章　转正考核管理规定

第 3 条　员工试用期限

1. 新员工试用期原则上为 1—3 个月（有特殊规定的按规定执行），在期限届满前 10 天可以提出转正申请。

2. 员工试用期间工作表现优秀，自己或直接上级可以提前提出转正申请。

3. 综合办负责组织相关手续的办理。

第 4 条　试用期转正条件

1. 符合岗位任职资格要求，能够胜任岗位工作。

2. 通过直接上级的考核，经__________审核合格。

3. 认同公司企业文化，遵守公司各项管理制度，工作态度、工作任务完成符合要求，试用期间没有严重违纪和损害公司形象的行为。

4. 符合以上条件者方可办理转正手续。

第 5 条　转正考核时间规定

一般情况下，员工在试用期间届满前 10 个工作日内可以提出转正申请，由综合办负责组织相关考核。各考核部门和人员应在员工提出转正申请 10 个工作日内（最迟不能超过员工的试用期最后一日）完成所有考核项目，并作出考核决定。

第 6 条　转正考核形式

采取上级主管考核评价的形式。

第 7 条　转正考核权重划分

1. 转正考核总成绩满分为 100 分，60 分以上为合格。

</td></tr>
</table>

续表

2. 基础类人员的总成绩为自评、直接上级评价、专业考试成绩三项。其权重比例为：自评20%、直接上级评价70%、专业考试分数10%。

3. 主管及以上人员总成绩为自评、直接上级评价、管理中心评价三项。其权重比例为：自评20%、直接上级评价60%、管理中心评价20%。

第8条　考核成绩结果的运用

1. 考核分在85—100分（含）的可提前转正，试用期不少于1个月。

2. 考核分在70—84分（含）的试用期不少于2个月转正。

3. 考核分在60—79分（含）的试用期须延长至3个月转正。

4. 考核分在60分以下的不再试用，立即辞退。

第3章　　转正考核流程

第9条　转正考核通知

1. 人力资源部于每月10日前统计出当月可转正人员名单。

2. 人力资源部通知被考核人所在部门负责人，由部门负责人传达给被考核人员，并安排进行专业考试。此工作须在每月12日之前完成。

第10条　填写转正相关表格

1. 被考核人员收到通知后须填写《转正申请表》《员工转正考核表》《新员工试用期自评表》，交至部门负责人处。

2. 此工作须在每月14日之前完成。

第11条　被考核人上级进行考核评价

1. 部门负责人复核员工表格填写的完整情况后，签署相关意见后交至分管领导处审核并签字确认。

2. 此工作须在每月16日之前完成。

第12条　管理中心负责人进行考核评价

1. 被考核人部门负责人将《转正申请表》、《员工转正考核表》、《新员工试用期自评表》、专业考试试卷及分数一同交予人力资源部。

2. 由管理中心负责人在《员工转正考核表》相关位置填写分数后，根据所交资料及分数的权重，计算出最终考核结果，在《员工转正考核表》及《转正申请表》填写相关意见。按相关审批权限进行审批，得出最终考核结果，最后备案。

3. 此工作须在每月25日之前完成。

4. 转正考核结果须在次月6日前报送人力资源部工资核算人员处核算工资。6日以后报送的将延迟在次月工资中补发。

续表

第 13 条　考核结果通知与考核面谈

正式考核结论形成后，人力资源部通知被考核人所在部门负责人，由部门负责人传达给当事人。人力资源部负责人将在两个工作日内安排与被考核人进行考核结论面谈。

第 4 章　特殊情况处理

第 14 条　未按时间要求提交转正资料，导致转正延误者，人力资源部不担负任何责任。

第 15 条　人力资源部在办理员工转正考核的过程中，若发现申请人不符合转正要求，将不予办理转正考核手续，并追究部门经理及相关负责人的责任。

第 16 条　各级考核人员应严格把关，对申请人试用期间的表现进行客观评价，如有弄虚作假行为，一经查出，予以降职一级处理。

第 17 条　有权限建议薪资调整（加薪、降薪）的高级管理人员，必须严格按本管理办法的条款进行考核操作。

第 18 条　新员工试用期一般为 3 个月，特殊人员及表现突出者经总经理批准可缩短其试用期。

第 19 条　需要延长试用期的员工，一般延长时间不得超过 3 个月，继续按月填写《试用期员工月度报告表》。延长试用期满前 10 天，员工按公司规定程序办理转正审批手续。

第 20 条　试用期满，未按规定办理转正手续的，试用期自动延长至审批手续办理结束之日。

第 5 章　附则

第 21 条　本制度由人力资源部负责制定、解释、修订与实施。

第 22 条　本制度经总裁审批后，自颁发之日起实施。

执行部门		监督部门		编修部门	
编制日期		审核日期		批准日期	

2. 试用期员工考核表

<table>
<tr><th colspan="6">试用期员工考核表</th></tr>
<tr><td>姓　名</td><td></td><td>职　位</td><td></td><td>职位编号</td><td></td></tr>
<tr><td>所在部门</td><td></td><td>直接领导</td><td></td><td>填写日期</td><td></td></tr>
<tr><td>自我鉴定</td><td colspan="5">签字：__________
日期：____年__月__日</td></tr>
<tr><td>部门鉴定</td><td colspan="3">评估要点</td><td>权重（%）</td><td>直接领导评分</td></tr>
<tr><td rowspan="3">工作业绩</td><td colspan="3">及时、保质完成工作</td><td>10</td><td></td></tr>
<tr><td colspan="3">高效开展工作</td><td>10</td><td></td></tr>
<tr><td colspan="3">工作方法</td><td>10</td><td></td></tr>
<tr><td rowspan="14">个人能力</td><td colspan="3">良好的职业道德，品行端正</td><td>8</td><td></td></tr>
<tr><td colspan="3">岗位专业知识拥有程度</td><td>8</td><td></td></tr>
<tr><td colspan="3">实际工作经验以及解决岗位问题能力</td><td>8</td><td></td></tr>
<tr><td colspan="3">对本岗位职能与职责的认识程度</td><td>4</td><td></td></tr>
<tr><td colspan="3">工作中能提出创新的见解和方法</td><td>3</td><td></td></tr>
<tr><td colspan="3">善于学习，提高自身的知识水平和技能</td><td>5</td><td></td></tr>
<tr><td colspan="3">务实与敬业精神，热爱本岗位工作</td><td>5</td><td></td></tr>
<tr><td colspan="3">日常工作管理及自我管理</td><td>3</td><td></td></tr>
<tr><td colspan="3">乐意与人协调、沟通，具有团队协作精神</td><td>5</td><td></td></tr>
<tr><td colspan="3">工作计划与条理性，有目标意识</td><td>3</td><td></td></tr>
<tr><td colspan="3">工作主动性与积极性</td><td>5</td><td></td></tr>
<tr><td colspan="3">工作的服从与配合情况</td><td>5</td><td></td></tr>
<tr><td colspan="3">遵守公司各项规章制度及出勤情况</td><td>5</td><td></td></tr>
<tr><td colspan="3">对公司及企业文化的认识程度</td><td>3</td><td></td></tr>
</table>

续表

考核等级	□优秀　□良好　□合格 □基本合格　□不合格	合计得分	
总体评价	签字：＿＿＿＿＿＿ 日期：＿＿年＿月＿日		

3. 员工转正申请表

员工转正申请表 填表日期：　　年　月　日							
申请人		所在部门		学历		入职日期	
员工编号		职位		专业		转正日期	
工作总结							
以下由部门负责人和相关部门填写							
部门意见	综合评级	□优秀　□良好　□合格　□需改进　□不合格					
	转正建议	□提前转正，（转正日期＿＿＿＿＿＿）					
		□按期转正					
		□延长试用期，（延长至＿＿＿＿＿＿）					
		□辞退，（最后工作日至＿＿＿＿＿＿）					
		□转岗，（建议岗位＿＿＿＿＿＿）					
	薪酬建议	建议为：＿＿＿＿＿＿					
	其他意见						

续表

部门负责人意见： 签　　字：____________ ________年____月____日
人力资源部意见： 签　　字：____________ ________年____月____日
总经理意见： 签　　字：____________ ________年____月____日

·笔试成绩汇总表
·笔试管理制度
·标准的面试结果评价表
·部门用人需求申请表
·电话访谈计划表
·工程人力资源配置表
·公司招聘预算表
·猎头招聘管理制度
·猎头招聘协议书
·录用管理制度
·录用员工报到通知书
·媒体招聘管理制度
·面试管理制度
·面试评估表
·面谈构成表
·面谈记录表
·某知名合资企业面试测评表
·内部竞聘管理制度
·内部竞聘评分表
·内部竞聘申请表
·年度人力资源配置计划表
·年度招聘计划报批表
·聘约人员任用核定表
·企业招聘管理制度
·企业招聘渠道对比表
·企业招聘渠道管理制度
·求职者基本情况登记表
·人才招聘会统计单
·人力资源配置结果记录表
·人力资源配置申请表
·人员推荐表
·人员需求申请表
·试用保证书
·试用期员工考核表
·现场招聘管理制度
·校园招聘管理制度
·校园招聘职位申请表
·新员工入职登记表
·新员工试用申请核定表
·新员工甄试表
·新员工甄选比较表
·新员工转正管理制度
·应聘人员复试表
·应聘人员申请表
·员工到职单
·员工录用通知书
·员工应聘登记表
·员工转正申请表
·增补人员申请单
·招聘人员登记表

Trai

培训与开发

孕育人才的经典主题

ning

培训与开发，是寻求各种方法帮助员工提高工作能力、知识水平和潜能发挥，最大限度地使员工个人素质与工作需求相匹配，进而拉升工作绩效的过程，是孕育人才的经典主题。

3.1 培训管理制度与图表

3.1.1 培训管理工作制度

<table>
<tr><td rowspan="2">制度名称</td><td rowspan="2">培训管理工作制度</td><td>受控状态</td><td></td></tr>
<tr><td>编　　号</td><td></td></tr>
</table>

第1章　总则

第1条　目的

通过有效的培训，实现对人力资源的开发，使工作效能达到最优化，为未来发展提供战略性的高层次人才储备，以适应公司不断发展的需要。

第2条　适用范围

本制度适用于公司各类员工培训的管理工作。

第3条　管理职责

1. 公司人力资源部负责公司范畴内所有培训计划的编制、汇总督导工作，督导落实培训管理工作的落实和检查。

2. 项目部根据公司制订的年度培训计划编制本项目部的年度计划。

3. 各项目部的行政管理办公室负责所辖范围内的所有培训计划的编制、汇总督导工作，督导落实培训管理工作的落实和检查。

4. 各级主管领导对培训工作的执行负责。

5. 公司质量检查经理对培训工作所有质量记录负有检查责任。

第4条　术语

1. 培训教程，指公司按行政级别/专业/性质所制定的不同系列培训课程。

2. 岗位资格培训证书：指员工参加公司内部培训和具备某种任职资格的证明。

3. 培训考核率：指培训后进行考试的次数比例。

4. 培训出勤率：指应参加培训人数与实际参加培训人数的比例。

第2章　培训计划的制订

第5条　每年____月份，各部门根据工作需要及员工发展需要提出本部门的年度培训计划，并报人力资源部。

第6条　每年____月份，公司人力资源部下发通知，对公司各部门进行培训需求调查，各部门根据下年度工作的需要向人力资源部上报培训需求计划。

第7条　人力资源部根据公司组织发展目标、工作要求等因素对各部门上报的培训计划进行汇总、调整、补充后，制订公司年度培训计划，并交由人力资源部总监和总经理审批。培训计划审批通过后，由人力资源部按计划执行。

续表

第 8 条　对于公司有关部门的临时培训需求，各部门需要填写《培训需求申请表》，并上报至人力资源部审核。《培训需求申请表》如下。

<table>
<tr><th colspan="5">培训需求申请表</th></tr>
<tr><td>编　号</td><td colspan="2"></td><td>日　期</td><td></td></tr>
<tr><td>申请部门</td><td colspan="2"></td><td>申请人</td><td></td></tr>
<tr><td rowspan="6">培训需求描述</td><td colspan="2">关键事件</td><td colspan="2">具体目标</td></tr>
<tr><td colspan="2"></td><td colspan="2"></td></tr>
<tr><td colspan="2"></td><td colspan="2"></td></tr>
<tr><td>需求程度</td><td colspan="3">□非常紧急　□比较紧急　□本月安排　□下月安排</td></tr>
<tr><td>培训形式</td><td></td><td>推荐讲师</td><td></td></tr>
<tr><td>部门经理意见</td><td></td><td>人力资源部意见</td><td></td></tr>
</table>

第 3 章　培训的组织与实施

第 9 条　公司培训包括新员工培训和在职员工培训两种，人力资源部应根据不同的培训对象、培训需求安排适当的培训课程。公司的培训课程体系如下表所示。

<table>
<tr><th colspan="4">培训课程体系表</th></tr>
<tr><th>类别</th><th>课　程</th><th>主要讲授形式</th><th>主要培训内容</th></tr>
<tr><td rowspan="6">新员工培训</td><td rowspan="2">岗前培训课程</td><td>1. 讲解</td><td>公司历史、发展、文化、产品和服务</td></tr>
<tr><td>2. 参观</td><td>内部组织结构、公司规章制度</td></tr>
<tr><td rowspan="4">岗位培训课程</td><td>1. 讲解</td><td>岗位职责及操作规程</td></tr>
<tr><td>2. 参观</td><td>本部门职责分工及行为规范</td></tr>
<tr><td>3. 操作演练</td><td>针对某一特定技术的专门培训</td></tr>
<tr><td>4. 一对一，老带新</td><td>岗位知识、技能培训</td></tr>
<tr><td rowspan="3">在职员工培训</td><td rowspan="3">专业技能课程</td><td>1. 互动研讨</td><td>研发及测试技术</td></tr>
<tr><td>2. 讲座</td><td>行业运营</td></tr>
<tr><td>3. 练习</td><td>财务知识、人力资源技能</td></tr>
</table>

续表

在职员工培训	管理者课程	1. 互动研讨、小组讨论	通用管理知识、财务及人力资源管理知识
		2. 讲座	专业知识及技能
		3. 演练	自我管理技能
	高级管理者课程	1. 研讨会	新型管理理念和方法
		2. 模拟演练	创新与系统思维
		3. 参观	战略管理、领导艺术等知识和技能
		4. 继续教育	高级财务及人力资源管理知识

第 10 条　公司培训以自编教材为主，适当购买教材为辅。

第 11 条　为提高培训质量，凡需部门提供培训资料的，各部门需编制培训教材并提交至人力资源部，再由人力资源部统一编制。

第 12 条　公司的培训师资主要由公司内部人员承担，以人力资源部为主，各部门配合承担部分课程的讲解为辅。

第 13 条　公司培训的授课方式主要采取讲解、幻灯片放映、典型案例分析、现场演示等，培训组织部门应根据课程需要选择适当的方式。

第 4 章　培训考核与评估

第 14 条　培训项目完成后，人力资源部应于培训结束时对受训者进行调查，并通过各种形式的考核，测验来考察受训者接受培训的效果。

第 15 条　人力资源部收集整理各类培训反馈资料，并在____日内通知受训者所在部门，后者将通过一系列的观察测试方式，考察受训者在实际工作中对培训知识和技巧的应用及其业绩行为的改善情况。

第 16 条　人力资源部定期对培训工作进行检查指导和考评，及时调查和分析培训效果，为调整下一年的年度培训计划提供依据。

第 5 章　培训风险管理

第 17 条　为防范接受培训的员工流失风险，对于公司外派培训的员工，人力资源部要根据实际情况与员工签订《培训协议书》。具体来说，需签订《培训协议书》的情况包括以下三种：

1. 培训时间超过____日以上的脱产培训。
2. 培训费用超过____元/次的培训。
3. 公司资助的长期业余培训。

续表

第 18 条　培训费用退赔相关规定

员工在合同期内主动离职或因以下四种情形导致公司提前与员工解除劳动合同的，从公司与员工结束劳动关系之日起往前倒推一年（不足一年按实际时间核定，核定时间包括员工的试用期）期间公司为员工投入的培训费用，员工应全额退还公司。

1. 员工严重违反公司劳动纪律或规章制度、对公司造成严重影响而被公司辞退。

2. 员工因严重失职、营私舞弊，给公司利益造成损失而被公司辞退。

3. 员工因泄露公司商业秘密，给公司造成严重损失而被公司辞退。

4. 员工因不符合任职要求，经调整工作岗位或培训后仍不能称职而被公司辞退。

第 6 章　培训档案管理

第 19 条　员工培训档案是员工个人档案的重要组成部分。人力资源部负责员工培训档案的管理工作。

第 20 条　员工培训档案即员工参加历次培训的相关记录，记录内容主要包括培训课程、培训地点、培训讲师、培训机构、培训业绩、个人分摊的培训费用等项目。

第 21 条　每次培训结束，人力资源部均应对员工参加培训后的相关记录填具《员工培训档案卡》，并经培训负责人和人力资源部经理签字后保存至员工培训档案。《员工培训档案卡》如下表所示：

<table>
<tr><td colspan="2">姓　名</td><td colspan="2"></td><td colspan="2">性　别</td><td>入职时间</td><td></td></tr>
<tr><td colspan="2">学　历</td><td colspan="2"></td><td colspan="2">专　业</td><td>毕业院校</td><td></td></tr>
<tr><td colspan="8">参加培训记录</td></tr>
<tr><td>时　间</td><td>课　程</td><td>地　点</td><td>讲师/机构</td><td>成　绩</td><td>费　用</td><td>所在部门</td><td>填表人</td></tr>
<tr><td></td><td></td><td></td><td></td><td></td><td></td><td></td><td></td></tr>
<tr><td></td><td></td><td></td><td></td><td></td><td></td><td></td><td></td></tr>
<tr><td></td><td></td><td></td><td></td><td></td><td></td><td></td><td></td></tr>
</table>

第 7 章　附则

第 22 条　本制度由人力资源部负责制定、解释、修订与实施。

第 23 条　本制度自颁发之日起开始实施。

执行部门		监督部门		编修部门	
编制日期		审核日期		批准日期	

3.1.2 培训管理工作流程

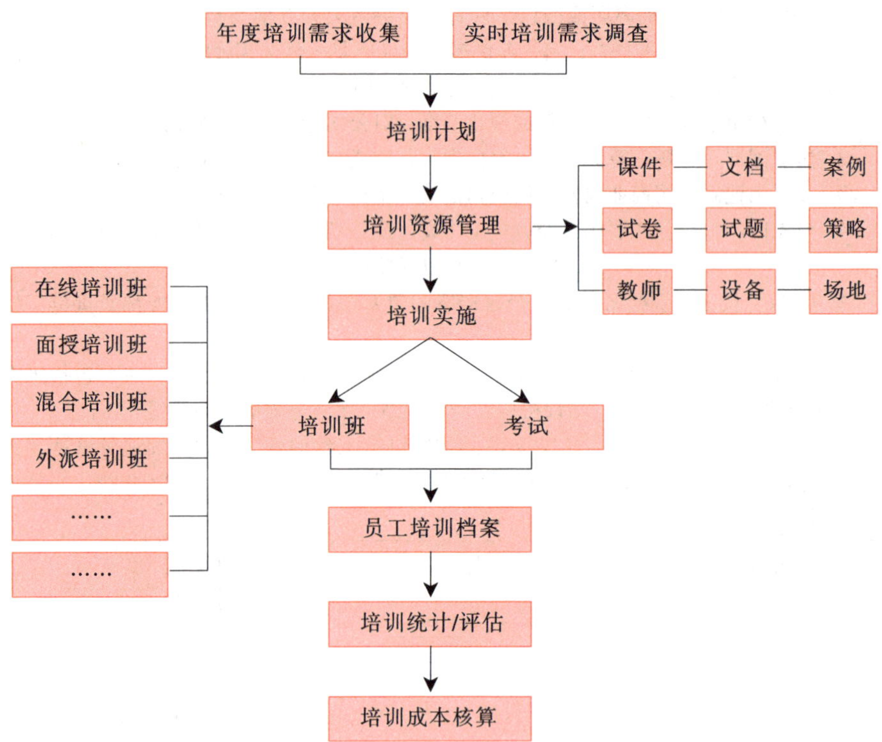

3.1.3 培训管理工作表

1. 部门培训申请表

部门培训申请表	
受训部门	
培训名称	
培训时间	
培训地点	

续表

培训方式	
培训师	
培训目标	
培训内容及课程概述	
经费预算	
审核人	

2. 个人培训申请表

个人培训申请表	
姓　　名	
部　　门	
工　　号	
职　　位	
培训描述	培训名称： 培训内容： 开始时间： 结束时间： 费用预算：
审　　核	
备　　注	

3. 培训协议书

培训协议书					
姓　　名		部　　门		岗　　位	
培训地点			培训项目		
开始时间			结束时间		
培训目的					
培训机构					
培训内容					

续表

<table>
<tr><td>培训期间承诺</td><td>1. 在培训期间，受训人愿意遵守培训机构的有关规定，维护本公司名誉，保证不泄露公司秘密。受训人保证在受训期间认真学习，愿于受训期满后返回公司服务。如公司中途因工作需要要求终止培训，受训人愿意以公司利益为重，绝无异议。
2. 在培训期间，受训人愿与公司保持不间断联系，并能配合公司的各项必要工作。</td></tr>
<tr><td>培训后承诺</td><td>1. 在培训完毕之后，受训人愿尽所学之知识、技能服务于公司，并愿将所学知识传授给公司同仁。受训人所取得的资料应留公司存档。受训人利用所学取得的知识产权应以公司名义由公司所有，不私自向外出售、转让、泄露。
2. 培训期满后，受训人保证继续在公司服务____年，即从____年__月__日至____年__月__日。</td></tr>
<tr><td>企业承诺</td><td>在培训期间，公司应当根据培训地点的生活水平每月发给受训人在职时____月工资的____%作为生活补贴。</td></tr>
<tr><td>法律责任</td><td>受训人如违反相关条款，需赔偿公司损失。如泄露公司商业、技术秘密，需承担法律责任。</td></tr>
<tr><td colspan="2">受训人：________　　　　　　公司代表：________
时　间：________　　　　　　时　　间：________
（本协议一式两份，受训人与公司各持一份）</td></tr>
</table>

3.2　不同人员培训制度与图表

3.2.1　各级管理人员培训制度

<table>
<tr><td rowspan="2">制度名称</td><td rowspan="2">各级管理人员培训制度</td><td>受控状态</td><td></td></tr>
<tr><td>编　　号</td><td></td></tr>
</table>

第 1 章　总则

第 1 条　目的

1. 从旧观念的羁绊中解脱出来，勇于创新。
2. 解除过去经验的束缚，接受新思想、新观念，创造性地开展工作。

第 2 章　高层管理人员培训

第 2 条　高层管理人员应具备的意识

1. 引进新产品或改良原有产品。
2. 掌握新的生产方法，了解公司经营的新技术。
3. 努力开拓新市场、新领域。

第 3 条　高层管理人员要培养的素质

1. 身为高层管理者的责任心、使命感。
2. 独立经营的态度。
3. 严谨的生活态度。
4. 诚实、守信的经营方针。
5. 热忱服务社会的高尚品质。

第 4 条　凡本公司高层管理人员须以企业经营效益的提高为目的，培养创造利润的思想观念。

第 5 条　高层管理人员应随时进行市场调查研究营销方案，以推进营销活动，促进效益的提高。其中营销研究的基本步骤包括：

1. 确定研究主题，决定研究的目标。
2. 决定所需要资料及资料来源。
3. 选择调查样本。
4. 实地搜集资料。
5. 整理、分析所收集的资料。
6. 进行总结并写出报告。

第 3 章　中层管理人员培训

第 6 条　中层管理人员的培训目标

续表

1. 明确公司的经营目标和经营方针。
2. 培训相应的领导能力和管理才能。
3. 使其具有良好的协调、沟通能力。

第 7 条　中层管理人员应坚持的标准

1. 为下属的工作、晋升提供足够的支持和机会。
2. 适当地分派工作，使下属有公平感。
3. 所订的计划得到下属的理解和衷心的支持。
4. 信守向下属许下的诺言。
5. 在发布命令、进行指导时，做妥善考虑。

第 8 条　中层管理人员应具备的条件

1. 具有相关工作的知识。
2. 掌握本公司的管理方法。
3. 熟练掌握教育培训技术。
4. 努力培养作为领导者应具备的人格。

第 9 条　中层管理人员应具备的能力

1. 计划能力，包括明确工作的目的和方针、掌握有关事实、以科学有效的方式从事调查、拟定实施方案等。
2. 组织能力，包括分析具体的工作目标和方针、分析并决定职务内容、设置机构、制订组织图表、选任下属人员等。
3. 控制能力，包括执行制定的客观标准和规范，严格实施标准，及时向上级反馈等。

第 10 条　中层管理人员应采用的指示方法

1. 口头指示，要求条理清楚，切合主题；明确指明实行的时间、期限、场所等；保证对下属传达的明确性；指出实行时应注意之处，并指明困难所在；耐心回答下属的提问。
2. 书面指示，要求明确标明目标，逐条例举要点；提前指示应注意的问题；必要时以口头命令补充；核查命令是否已被下属接受。

第 11 条　中层管理人员贯彻指示的要求

1. 整理指示内容。
2. 严格遵循贯彻程序。
3. 确认下属已彻底理解指示。
4. 使下属乐于接受指示，并改进他们的工作态度，提高其工作积极性。

第 12 条　中层管理人员人际关系的处理要求

1. 善于同其他管理人员合作，彼此协助。
2. 乐于接受批评建议。
3. 彼此交换信息、情报，不越权行事。

续表

4. 对上级与下属的关系处理应以工作效果为原则，不得将个人情绪带到工作中来。

第 13 条　中层管理人员接见下属的要求

1. 选择适当的场所，以亲切的态度使下属放松。
2. 涉及私人问题时确保为下属保密，使其减少顾虑。
3. 留心倾听，适当询问，使下属无所不谈。
4. 应注意不要轻易承诺。

第 14 条　中层管理人员为维持正常的工作关系应注意

1. 认识到人是有差异的，尊重下属的人格。
2. 把握工作人员的共同心理和需要。
3. 公平对待下属，不偏不倚。
4. 培养下属的工作积极性，重视他们的意见和建议，并且对他们正确的意见保留。
5. 妥善解决下属工作和生活中遇到的问题。

第 15 条　中层管理人员配置人力时应注意

1. 根据每位员工的知识、能力安排合适的职位，做到人尽其才、才尽其用。
2. 给下属以适当的鼓励，使其在工作中具有成就感，形成良好的开端，增强工作的积极性。
3. 有效地实施训练，增强下属的工作能力。

第 16 条　中层管理人员对待下属时应注意

1. 不要对下属抱有成见和偏见。
2. 不以个人偏好衡量别人。
3. 冷静观察实际工作情况，不要使下属产生受人监视的感觉。
4. 利用日常的接触、面谈、调查，多侧面了解下属。
5. 严守下属的秘密。
6. 公私分明。

第 17 条　中层管理人员发挥下属积极性应注意

1. 适时对员工加以称赞，即使是细微行为也不要忽视，同时不可以忽视默默无闻、踏实肯干的下属。
2. 授予下属权责后，不要做不必要的干涉，同时尽可能以商量的口气而不是下命令的方式分派工作。
3. 鼓励下属提出自己的见解，并诚心接受，尊重下属的意见。
4. 鼓励并尊重下属的研究、发明，培养其创造性。
5. 使下属充分认识到所从事工作的重要性，认识到自己是不可或缺的重要一员，产生荣誉感。

第 18 条　中层管理人员批评下属时应注意

1. 要选择合适的时间，要冷静，避免冲动。
2. 在适当的场所，最好是无其他人在场的情况下。

Chapter 3

续表

3. 适可而止，不可无端地讽刺，一味指责。
4. 不要拐弯抹角，举出事实。
5. 寓激励于批评中。

第 19 条　中层管理人员培养后备人选时应注意

1. 考察后备人选的判断力。
2. 考察后备人选的独立行动能力。
3. 培养后备人选的协调、沟通能力。
4. 培养后备人选的分析能力。
5. 提高代理人的责任感和工作积极性。

第 4 章　基层管理人员培训

第 20 条　基层管理人员与公司内部各级的关系

1. 和上级的关系——辅助上级。
2. 和下级的关系——指挥监督下属。
3. 横向关系——与各部门同事互助协作。

第 21 条　基层管理人员的基本责任

1. 按预定工作进度、程序组织生产。
2. 保证产品的质量。
3. 降低生产成本。

第 22 条　基层管理人员的教育培训职责

1. 向新员工解释公司有关政策、传授工作技术，指导新员工工作。
2. 培训下属使其有晋升机会。
3. 培训后补人员。
4. 其他教育培训职责。

第 23 条　基层管理人员处理人际关系应注意

1. 对下关系，进行家庭调查，举行聚会、郊游，为下属排忧解难。
2. 对上关系，反映员工意见，听取上级要求，报告自己的建议和看法。
3. 横向关系，与其他部门的同事通力合作。
4. 积极开展对外活动，树立良好的公司形象，形成良好的公共关系。

第 24 条　基层管理人员必须具备的能力

1. 领导能力及管理能力；
2. 组织协调能力；
3. 丰富的想象能力，敏锐的观察力；
4. 丰富的知识和熟练的工作技能。

第 25 条　基层管理人员教育培训的种类

1. 后备管理人员教育培训。
2. 培训发展计划。

续表

3. 再培训计划。
4. 调职、晋升教育培训。

第 26 条　考核管理基层人员教育培训应注意

1. 出勤率。
2. 员工的工作积极性。
3. 产品的质量。
4. 原材料的节约情况。
5. 加班费用的控制。

第 27 条　高层管理人员和中层管理人员须授予基层管理人员合理的权力，并且进行必要的教育培训。

第 5 章　附则

第 28 条　本制度自发布之日起开始执行。

第 29 条　本制度的编写、修改及解释权归人力资源部所有。

执行部门		监督部门		编修部门	
编制日期		审核日期		批准日期	

3.2.2　在职人员培训制度与图表

1. 在职人员培训制度

制度名称	在职人员培训制度	受控状态	
		编　　号	

第 1 章　总则

第 1 条　目的

为规范企业的培训工作，有效开发员工的潜在能力，提高企业人力资源的利用效率，促进员工自身素质和能力的提升，特制定本制度。

第 2 条　适用范围

本制度适用于企业所有在职员工。

第 2 章　培训管理计划

第 3 条　培训制度

1. 在职培训计划根据人力资源部调查汇总的各部门在职人员培训需求制订和执行。
2. 在职培训分为必修培训和选修培训两部分。

（1）必修培训，培训由内训师负责；课程内容包括基本素质学习、技术操作学习、管理学习三方面；每个在职员工每月参加必修培训的最低时限为 4 学时；基本素质、技

续表

术操作及管理学习的培训每项最低参与课时为1小时/月。如有特殊情况不能准时参加所报课程，需提前向部门内勤办理请假手续，经部门内勤汇总后于培训前一日交于人力资源培训部。如有特殊情况不能完成最低课时要求，于当月可参加补报，填写补报单。由部门内勤汇总补报人数后，统一领取补报单。 （2）选修培训，分为两种方式：一种是由培训部安排课程、组织协调，专业内训师授课；另一种是企业各部门根据自身需求向培训部提出培训课程申请，填写《培训申请表》，并自行选定/推荐内训师。课程内容包括基本素质学习、技术操作学习、管理学习三方面。每月参加选修培训的时间应不少于2学时。部门培训的课时经批准可被记入“选修培训”，并可冲抵选修培训的最低时限。每个在职员工可根据自己意愿选修各个部门任何培训课程。如有特殊情况不能准时参加所报课程，需提前向部门内勤办理请假手续，经部门内勤汇总后于培训前一日交于人力资源培训部。如有特殊情况不能完成最低课时要求，于当月可参加补报，填写补报单。由部门内勤汇总补报人数后，统一领取补报单。 第4条　培训申请制度 凡提出选修培训的部门及人员应先规范填写培训申请表，由其所属部门相关负责人签字同意后报至人力资源培训部，经培训部审查核准后方可进行培训。每次培训项目的具体实施时间由人力资源培训部根据培训计划和企业经营实际情况安排日程。 第5条　奖惩制度 每次培训需准备签到表等，作为之后对该员工培训评估的依据。根据具体情况，作出相应奖惩。培训学分成绩作为优秀员工评选依据之一。 第6条　培训考核评估管理 1. 每次培训前，需进行培训签到。 2. 培训结束后，人力资源部需组织学员对培训效果进行满意度评估，并将培训效果评估结果进行整理、汇总。 3. 内训师可根据课程需要，自行安排是否考试，考题自拟。 4. 培训考核成绩将于培训结束两周内公布，成绩记入员工培训档案。作为年度优秀员工评选依据之一，并上报于部门负责人。 5. 员工参加每次培训项目的具体情况都将记入其培训档案。 6. 员工培训档案的内容主要包括该员工培训需求调查表、培养计划、培训考勤记录、培训考核成绩、培训效果记录等。 **第3章　附则** 第7条　本制度自发布之日起开始执行。 第8条　本制度的编写、修改及解释权归人力资源部所有。					
执行部门		监督部门		编修部门	
编制日期		审核日期		批准日期	

2. 年度培训需求表

________年度培训需求表 部门：__________　　　　填表日期：						
培训日期	培训对象	培训主题	培训内容	课时安排	培训老师	备　注

部门领导（签字）：

3. 年度培训计划汇总

________年度培训计划汇总										
序　号	培训类别	培训名称	举办部门	培训人数	培训时间	培训内容	讲　师	培训地点	费用预算	备　注
核　准				审　核				制　表		

4. 部门培训申请表

部门培训申请表			
训练名称		时　　间	起讫共　　　　（小 时）
讲师、训练执行人		训练地点	
受训部门		训练方式	
训练的内容及课程概述		预定参加者	
训练前受训者现有的水平			
训练的目标			
训练所需经费预估			
需求程度	□ 非常紧急　□ 比较紧急　□ 一般		
部门主管签字		人力资源部确认	

Chapter 3

5. 员工培训协议书

员工培训协议书

甲方：　　　　　　　　　　　　　　　　　　　　　乙方：________部门：________
性别：____出生年月：________

地址：　　　　　　　　　　　　　　　　　　　　　家庭地址：________________
身份证号码：________________
电话：________________

为了明确甲、乙双方的权利和义务，经双方平等协商，同意签订本协议，并共同遵守执行下列条款：

1. 甲方派乙方到____________________进行____________________专业培训；培训时间从____年__月__日至____年__月__日。

2. 乙方所花培训费用预计为人民币________元整，应为甲方服务年限为____年__月__日至____年__月__日。

（1）若从未签过培训协议书，则起点时间为《劳动合同》中双方签订服务年限的结束时间。

（2）若已经签过培训协议书，则起点时间为上一次培训协议签订的服务年结束时间。

3. 服务年限的规定

（1）培训费用包括参加一次培训所需的授课费、书本费及差旅费，培训开始前应做费用预算，此预算不能与培训结束后实报的培训费用相差太大。

（2）培训费用在人民币伍佰元（含伍佰元）以下，乙方必须在培训期结束后为甲方服务1年（含1年）以上，2年（含2年）以下。

（3）培训费用在人民币伍佰元以上，两仟元以下（含两仟元）的，乙方必须在培训期结束后为甲方服务两年以上，5年（含5年）以下。

（4）培训费用在人民币两仟元以上的，乙方必须在培训期结束后为甲方服务5年以上。

4. 如果乙方未经甲方同意擅自解除劳动合同和提前离职或违反规定，甲方解除劳动合同的，乙方都须向甲方支付所有发生的培训费用。

5. 乙方培训返回公司后应将培训资料、所获得的有关资格证书原件交由甲方统一保管，直至乙方服务期满自愿离职方可归还其本人。

6. 本协议一式两份，甲、乙双方各执一份，自双方签字或盖章之日起生效。

甲方（签字）：________　　　　　　　　　　　乙方（签字）：________
年　月　日　　　　　　　　　　　　　　　　　年　月　日

培训后请填：实际培训费用为人民币________元。

财务（签字）：________　　　　　　　　　　　乙方（签字）：________
年　月　日　　　　　　　　　　　　　　　　　年　月　日

3.2.3 新员工培训制度与图表

1. 新员工培训制度

制度名称	新员工培训制度	受控状态	
		编　　号	

第 1 章　总则

第 1 条　目的

1. 让新进人员了解公司发展历程、组织目标、机构设置和部门职责及有关人事、安全等知识，增加员工对公司的认同感和归属感。

2. 使新进人员了解公司产品知识和生产流程，更快胜任未来工作，更好为公司服务。

3. 培养良好的行为标准和礼仪规范，培育员工自我管理、自我控制和团队协作精神。

第 2 条　培训对象、时间期限

所有新进人员必须接受本公司举办的三天脱产岗位培训（含公司三级安全教育）。坚持先培训后上岗的原则。

脱产培训时间安排为公司两天、下面分厂或部门各课培训一天，培训合格后由公司人力资源部发放岗位培训合格证。

第 2 章　新员工培训

第 3 条　培训阶段划分

本公司入职培训分为公司培训、部门培训和岗位实际训练三个阶段。

第 4 条　培训内容

1. 公司培训的主要内容

（1）公司发展概况，公司所在行业在中国和世界的发展前景，公司目前的目标、方针组织机构和职责。

（2）产品知识介绍，让员工了解公司生产工艺、流程、各类产品。

（3）人事制度，作息时间、休假、请假、晋升、培训、奖惩、工资结构、发薪日、加班工资、支薪方式、社会保险及为员工提供的其他福利。

（4）安全教育，包括安全制度和程序，消防设施的正确使用，安全卫生、劳动保护、5S 知识。

（5）总务制度，主要有公司进出、工作牌、考勤卡使用、劳保领用、工作午餐、个人车辆停放等。

（6）行为规范和礼仪知识。包括保守商业秘密，遵守劳动纪律，掌握员工仪表、穿着、交往、接电话等知识。

续表

2. 部门培训的主要内容

（1）本部门的概况介绍，包括人员的引见认识、本部门承担公司的主要工作，带领员工现场参观。

（2）工艺（制作）流程介绍，包括工序划分、生产知识、技能要求。

（3）部门制度，包括工作安排、服从分工、提案建议、劳动纪律要求。

（4）安全、卫生和5S工作，包括安全常识、防护知识、注意要点、典型案例教育，如何做好5S工作等。

（5）报到手续办理，包括领取工作牌、考勤卡劳保服、鞋、防护用品、更衣柜等。

3. 岗位实地训练的主要内容

（1）知识培训，讲解本岗位的理论知识。

（2）技能培训，确定培训指导人、学习期限、技能要求、培训进度等。

第5条　培训教材

本公司培训以自编教材为主，适当购买教材为辅，为提高培训质量，凡培训涉及相关部门需提供培训资料的，由各课编制教材并提供给人力资源部，可编制成书面资料或幻灯片。由人力资源部统一编制成公司入职培训教材。

第6条　培训师资

本公司培训师资由公司内部人员承担，人力资源部担当为主，各课配合承担部分课程讲解。

第7条　传授方法

传授方法主要采取讲解、录相、幻灯放映、典型案例、现场演示等方式。

第8条　培训的跟踪、测试和评估

1. 人力资源部对每次入职培训效果进行测试并记入个人培训记录卡，对测试不合格的进行跟踪培训。

2. 员工进入岗位训练后，各部门应按岗位培训内容实施员工岗位训练，人力资源进行跟踪，培训期满前，各部门应进行技能测试和评估，并将结果反馈给人力资源部记入员工个人培训记录卡，对期满考核不合格的应进行再培训或予以辞退。

第3章　附则

第9条　本制度自发布之日起开始执行。

第10条　本制度的编写、修改及解释权归人力资源部所有。

执行部门		监督部门		编修部门	
编制日期		审核日期		批准日期	

2. 新员工培训评估表

新员工培训评估表							
姓　　名		岗　　位		所属部门			
学　　历		参加培训时间		培训机构			
评定内容				评定等级			
				A－优	B－良	C－中	D－差
对公司基本情况的了解	了解公司的经营理念						
	了解公司的企业文化						
	了解公司的历史概况						
	能以简单的图解绘制出公司组织结构						
	了解公司各部门的主要业务及职责						
	了解公司的产品及特征						
	了解公司在业界的地位						
	了解公司规章制度						
对所在岗位的了解	了解所在岗位的主要职责						
	了解胜任本岗位所需的专业知识和技能						
专业知识掌握程度							
整体培训过程中的表现							
综合评语	签字：　　　　日期：						

3.2.4 销售人员培训制度与图表

1. 销售人员培训制度

制度名称	销售人员培训制度	受控状态	
		编　　号	

第1章　总则

第1条　目的

为规范公司销售人员培训的管理工作，充实销售人员的业务知识和销售技能，促进公司整体效益的提升，特制定本制度。

第2条　适用范围

本制度适用于公司所有销售人员的培训。

第3条　各部门管理职责

1. 人力资源部负责公司销售人员培训的组织和管理工作。
2. 受训销售骨干和销售经理有责任承担培训销售人员的义务。

第2章　基层销售人员培训

第4条　基层销售人员培训工作程序

1. 明确企业的经营方针和目标。
2. 了解销售人员的现状及问题。
3. 分析销售人员的问题并对其进行分类。
4. 分析与销售相关的关键要素。
5. 制订销售人员的培训计划。
6. 设计销售人员的培训课程。
7. 确定销售人员的培训方式。
8. 按照计划实施销售人员的培训。
9. 评估销售人员的培训效果。

第5条　基层销售人员培训计划的内容

培训计划的内容包括培训目标、培训时间、培训地点、培训方式、培训师资、培训内容等。

第6条　基层销售人员的培训目标

1. 挖掘基层销售人员的潜能。
2. 增加基层销售人员对企业的信任感和归属感。
3. 训练基层销售人员工作的方法。
4. 改善基层销售人员的工作态度。
5. 提高整体销售利润水平。

第7条　人力资源部培训时间

1. 根据产品属性不同，培训时间也不同。一般产品属性越复杂，培训时间越长。

续表

2. 根据市场状况不同，培训时间也不同。一般市场竞争越激烈、越复杂，培训时间越长，不过应避免与销售旺季的冲突。

3. 根据人员素质不同，培训时间也不同。一般销售人员素质越高，培训时间越短。

4. 根据销售技巧不同，培训时间也不同。一般销售技巧越复杂，培训时间越长。

5. 根据组织管理不同，培训时间也不同。一般组织管理要求越严，培训时间越长。

第 8 条　培训内容

销售人员的培训内容应该与工作需要和销售人员的素质相结合来确定，一般来说，培训内容主要包括企业概况、产品知识、目标客户、竞争对手、销售知识和技巧、相关法律知识和财务知识等。

第 9 条　培训方式和方法

销售人员的培训方式和方法应根据销售人员的实际情况来确定，一般来说，培训方式主要包括在职培训、销售会议培训和定期设班培训等，培训方法主要包括课堂教学法、会议培训法、模拟培训法和实地培训法等。

第 10 条　培训讲师的条件

培训讲师应透彻了解所授的课程，对担任讲师有浓厚的兴趣，能灵活运用培训方法，能够补充和修正所用的教材，具备乐于训练和教导的精神。

第 3 章　销售精英培训

第 11 条　销售精英条件

满足参加工作______年以上、一线销售业绩突出并有组织管理经验的条件，方能被判定为销售精英，具备参与销售精英培训的条件。

第 12 条　培训计划表

销售精英的培训计划表应根据公司业务发展情况和销售骨干的特点进行综合设计。

<table>
<tr><th colspan="4">销售精英培训计划表</th></tr>
<tr><th>天数</th><th>第一天</th><th>第二天</th><th>第三天</th></tr>
<tr><td rowspan="2">上午</td><td>10:00 集合</td><td>8:30 各组发表探讨结果，交流意见</td><td rowspan="2">8:30 如何提高管理水平</td></tr>
<tr><td>10:30 销售经理致辞</td><td>10:30 角色扮演训练</td></tr>
<tr><td rowspan="3">下午</td><td>13:33 销售精英正确的工作态度</td><td rowspan="3">13:00 继续学习“训练优秀销售人员的现场训练方法”</td><td>13:00 关于管理技巧的案例分析</td></tr>
<tr><td>15:00 个人发表看法、小组讨论</td><td rowspan="2">15:30 总经理致辞</td></tr>
<tr><td>17:00 归纳总结</td></tr>
</table>

续表

	第一天	第二天	第三天
晚上	18:00 学习“训练新人销售人员的现场训练方法”	18:00 如何进一步提高个人业绩	
	20:00 探讨如何在工作中训练销售人员	20:30 分享个人业绩提高技巧	

第 13 条　销售精英培训重点

1. 人力资源部选择培训方法时，可采用授课、分组讨论、角色扮演等方法。

2. 在实施销售精英培训前，人力资源部应拟定行动计划书。

3. 人力资源部应事先设计好用于培训课程评估的调查问卷，培训结束后要求受训员工提交培训报告。

4. 培训结束后，人力资源部应对销售精英培训的效果进行评估，填写《培训效果评价表》和《培训效果调查问卷》。

第 14 条　销售精英培训注意事项

1. 注意参训人员的态度，在实施培训前，要使受训人员明确意识到自己就是解决问题的执行者。

2. 注意受训人员的层次，受训人员要通晓企业的各种活动，有较强的沟通、协调能力，善于处理自己与其他部门的关系。

第 4 章　销售经理的培训

第 15 条　销售经理培训目的

人力资源部应明确销售经理培训的目标，改进销售经理的工作态度，通过现场训练和技巧培训等形式培训高级销售人才。

第 16 条　销售经理培训方法

销售经理培训方法一般包括现场培训法和会议式授课法两种。

1. 现场培训法，通过现场培训使销售经理掌握现场培训法的基本形式和举措。

形　　式	类　　型	具体举措
指导下属的工作	教师型	1. 正确指导下属的工作。 2. 观察下属的工作，提出销售方法和技能的改善技巧。
用工作锻炼下属	工作负荷型	1. 发掘下属的潜能。 2. 分配工作，充分授权。 3. 制定下属应完成的目标和应达到的标准。 4. 评价成果。 5. 让下属参加制订销售计划。

续表

形　　式	类　　型	具体举措
整顿下属的工作环境	环境关系型	1. 开展有助于培养下属的工作。 2. 加强有关人员的沟通管理，为下属的成长创造良好的环境。
关注下属	对人关注型	1. 使用体贴性话语。 2. 信赖下属、激励下属，对下属的努力给予适当奖励。

2. 会议式授课法。在会议上，讨论分析具有良好业绩的下属的能力特征，分析采用何种方法可以培养这种能力。

能力特征表		
能力发展阶段	能力特征	记录能力的表现
第一阶段	基本动作、日常工作的执行程度	销售经理记录下属表现
第二阶段	对客户的协助及订货的执行程度	销售经理记录下属表现
第三阶段	积极开展销售行动、达到销售目标的执行程度	销售经理记录下属表现

第 5 章　附则

第 17 条　本制度自发布之日起开始执行。

第 18 条　本制度的编写、修改及解释权归人力资源部所有。

执行部门		监督部门		编修部门	
编制日期		审核日期		批准日期	

2. 销售人员培训内容设置一览表

销售人员培训内容设置一览表			
课程内容	培训对象		
	高层	中层	基层
现代市场营销与销售	√	√	√
销售基本概念和理论		√	√
销售与社会、企业及个人的关系	√	√	√

续表

课程内容	培训对象		
	高层	中层	基层
销售产品或服务所属行业的专业知识		√	√
顾客类型及心理把握	√	√	√
销售渠道的开发与管理	√	√	
销售人员的素质、品德与态度要求			√
销售人员的仪表和礼仪技巧			√
销售人员的自我目标和计划管理	√	√	√
销售前的准备			√
顾客约见与心理距离的拉近			√
销售谈判艺术		√	√
观察、倾听和询问技巧		√	√
销售人员的时间管理	√	√	√
促成销售的方法		√	√
如何处理销售过程中的异议		√	√
如何与顾客建立长久的业务关系		√	√
怎样进行电话销售		√	√
面对大客户的销售艺术	√	√	√
销售人员的团队意识	√	√	√
销售合同的起草与订立		√	√
销售人员的潜能开发	√	√	√
销售人员心理素质训练			√
销售人员的心态管理			√

3. 销售人员培训考核表

<table>
<tr><td colspan="6">销售人员培训考核表
编　　号：</td></tr>
<tr><td>姓　　名</td><td></td><td>专　　长</td><td></td><td>学　　历</td><td></td></tr>
<tr><td>培训时间</td><td></td><td>培训项目</td><td></td><td>所属部门</td><td></td></tr>
<tr><td colspan="6">1. 新进人员对培训工作项目的了解程度　　□优　□良　□差</td></tr>
<tr><td colspan="6">2. 新进人员专业知识评核　　□优　□良　□差</td></tr>
<tr><td colspan="6">3. 新进人员对各项规章制度的了解　　□优　□良　□差</td></tr>
<tr><td colspan="6">4. 新进人员改善意见评核　　□优　□良　□差</td></tr>
<tr><td colspan="6">5. 分析人员工作专长，判断其工作内容，列举理由说明</td></tr>
<tr><td colspan="6">6. 主管（辅导人员）评语</td></tr>
<tr><td colspan="6">注：以上结果呈报人力资源部备案</td></tr>
<tr><td>日　期</td><td></td><td>地　点</td><td colspan="3"></td></tr>
<tr><td>课程内容</td><td></td><td>课时数</td><td></td><td>讲　　师</td><td></td></tr>
<tr><td>应参加人数</td><td colspan="2"></td><td>实到人数</td><td colspan="2"></td></tr>
<tr><td>姓名</td><td colspan="3">出勤情况</td><td>考试成绩</td><td>备　　注</td></tr>
<tr><td></td><td colspan="3"></td><td></td><td></td></tr>
<tr><td></td><td colspan="3"></td><td></td><td></td></tr>
<tr><td></td><td colspan="3"></td><td></td><td></td></tr>
<tr><td></td><td colspan="3"></td><td></td><td></td></tr>
<tr><td>…</td><td colspan="3"></td><td></td><td></td></tr>
<tr><td colspan="6">总经理：　　项目总监：　　制表日期：＿＿＿＿年＿＿月＿＿日</td></tr>
</table>

Chapter 3

3.2.5 员工外派培训制度与图表

1. 员工外派培训制度

制度名称	员工外派培训制度	受控状态	
		编　　号	

第1章　总则

第1条　目的

为了规范集团外派培训管理，通过外派培训使员工学习业界先进知识技能，提高员工素质，特制定此制度。

第2条　适用范围

本制度适用于公司所有员工的公派培训及私请外派培训的管理工作。

第3条　各部门管理职责

1. 公司各部门经理负责向人力资源部推荐参加外派培训的员工。

2. 人力资源部负责外派员工培训的组织与管理工作。

第4条　术语解释

1. 公派培训使指公司根据工作需要指定派遣员工参加公司外的一切培训和学习活动。

2. 私请外派培训是指员工为了满足个人学习的需要，个人申请公司同意或与公司达成某种协议后，参加公司外的一切培训和学习活动。

第2章　外派培训的申请、审批与费用管理

第5条　确定外派培训人选的规则

1. 部门经理或人力资源部，视实际需要可以提议外派受训人选。

2. 部门经理结合部门发展的需要与员工的实际工作表现，可以推荐合适的人员参加。

3. 员工个人根据工作需要，向公司提出申请，报人力资源部审核。人力资源部审核后悔将申请呈报总经理核准，总经理批准后才能执行。

第6条　外派培训申请表

姓　　名		部门/岗位		日　　期	
培训课题		培训机构		培训地点	
培训内容					
申请理由					
费用预算	培训费	住宿费	交通费	其　　他	合　　计

续表

部门经理意见	
人力资源部意见	
总经理意见	

第 7 条　外派培训的形式

外派培训的形式分为全脱产、半脱产和在职培训。主要有以下几种形式。

1. 到其他公司参观访问。
2. 参加专题讲座或交流会。
3. 到大专院校进行交流。
4. 派赴国外参观或访问考察。

第 8 条　外派培训费用管理

1. 参加外派培训费用在______元以下的，由公司统一支付。

2. 参加外派培训占用工作时间在______天以上的，或企业统一支付培训费用在______元以上的，参训员工应与企业签订《培训协议》，双方签字后作为《劳动合同》的附件执行。《培训协议》一式两份，参训员工和企业各执一份。

3. 公派培训费用报销应由人力资源部审核，相关手续不完善的不予审核。

4. 私请外派培训者，培训费用原则上自行负担，公司视其情况可以适当补助。费用按协议约定处理。

第 3 章　外派培训人员的管理

第 9 条　外派培训人员基本要求

1. 认同发达集团企业文化，并且有长期服务于集团的意愿。
2. 在公司任职满两年以上，并且年度绩效考核为合格及以上。
3. 公司管理、技术骨干人员，或被列为公司人才储备和培养的人员。

第 10 条　员工参加外派培训期间，视为正常上班，其工资与各项福利待遇正常计发。

第 11 条　受训人员必须自觉遵守外部培训机构的各项规定与要求，凡因为违规违纪受到培训机构处分的，公司根据情节严重予以相应处分。

第 12 条　外派员工因故不能完成培训或未取得结业资格证明，应呈报详述具体理由，由部门经理签字，经人力资源总监核准后，交至人力资源部备案，办理退训手续。

第 13 条　在学习结束的______天内，受训学员须将学习情况作书面报告，并交人力资源部备案。

Chapter 3

续表

第14条　培训期满，受训学员必须按时回公司报到，如逾期不归，按旷工处理。 第15条　外派培训机构有颁发培训证明文件的，外派员工应将证明文件正本送交至人力资源部存档，离职时办清手续后可以归还。 第16条　外派培训人员返回后，应就培训内容根据公司需求对其他相关部门员工传授、交流，不得借故推诿。 第17条　效果评估 1. 培训结束一个月内，员工须整合培训重点内容，形成讲义或课件，在行政部门的安排下针对目标对象授课。 2. 参训人员的直属上级应以适当方式考察员工接受培训的效果，员工是否将所学知识技能应用于工作岗位，将作为其绩效考核的依据之一。 **第4章　附则** 第18条　本制度自发布之日起开始执行。 第19条　本制度的编写、修改及解释权归人力资源部所有。					
执行部门		监督部门		编修部门	
编制日期		审核日期		批准日期	

2. 员工外派培训协议

培训协议

甲方：____________________（培训方）

乙方：____________________（受训人）

根据《中华人民共和国劳动合同法》及有关法律法规，甲乙双方在平等互惠、协商一致的基础上，就培训事宜达成如下条款，以共同遵守。

一、培训时间和费用

甲方根据公司发展的需要及乙方个人意愿，选派乙方于____年__月__日至____年__月__日参加____________________（培训机构）组织的____________________研讨学习，共计____课时，费用合计人民币________元（含如下费用：________________）。

二、甲、乙双方权利和义务

1. 培训期间，甲方每月按规定标准支付乙方工资。

2. 甲方承担乙方培训期间所发生的上述费用。

3. 乙方须按时、全程参加培训，中途不得缺勤和自行更换他人，如因工作原因不能全程参加培训的，须提前通知培训负责人，协调安排他人参加。

4. 培训期间乙方愿意遵守培训机构的有关规定，维护本公司名誉并保证不泄露公司秘密，受训期间虚心学习，达到甲方规定的培训目标，于受训期满后返回公司服务，如

续表

甲方中途因工作需要要求中止受训，乙方应以公司利益为重，绝无异议。

5. 学业完毕后愿尽所学之经验、知识、技能服务于公司，并愿将所学传授给公司同仁，所取得相关资料留公司存档（如毕业证、结业证、职业资格证等）；利用所学取得的科研成果、专利、著作应以公司名义取得自有知识产权，不得私自向外出售、泄露、转让。

6. 培训结束后，乙方需按公司相关规定进行培训费用报销。

三、服务期限、违约责任、违约金的相关规定

1. 依据本协议，甲方提供经费、时间的培训，乙方必须履行甲方规定的服务期，服务期限参见下表。

基准	培训费用：x 元（单位：人民币）	服务期
A	$850 \leq x < 2000$	1 年
B	$x \geq 2000$	在基准 A 基础上，培训费用每增加 1000 元，服务期延长 1 个月。

说明：服务期是从培训结束后第一日起计算。

2. 乙方培训期满保证继续在公司服务____年，即从____年__月__日至____年__月__日，若该服务期限大于劳动合同中的服务期限，则自动延长劳动合同中的服务期限（或予以变更劳动合同服务期限），直至服务期满。

3. 违约责任、违约金

在培训期结束时，乙方未能完成培训目标任务，未取得相应证明材料（如毕业证、结业证、职业资格证等），乙方向甲方赔偿全部培训费用。

除甲方主动向乙方提出解除劳动合同情形（不含乙方故意违反公司相关规章制度）外，若乙方违反本协议内容约定，其应承担违约责任，向甲方支付足额违约金。

双方经协商解除本协议，依照协商内容。

依相关法律规定，违约金支付标准结合乙方违约情形，最高以甲方为乙方承担的实际培训费用为限。

四、法律效力

1. 本协议作为甲、乙双方所签订劳动合同的附件，与劳动合同具有同等法律效力。

2. 本协议一式两份，甲乙双方各执一份，自签字/盖章之日起生效。

甲方：　　　　　　　　　　乙方：

年　月　日　　　　　　　　年　月　日

3.3 培训预算控制办法

制度名称	培训预算控制办法	受控状态	
		编　　号	

第 1 章　总则

第 1 条　目的

为加强培训费用预算管理，合理使用培训经费，完善公司的培训管理机制，特制定本办法。

第 2 条　适用范围

本制度适用于公司培训费用的预算、申请、审批、报销等工作范围。

第 3 条　各部门管理职责

1. 人力资源部负责公司培训费用的归口管理工作，负责确定培训费用的计提标准、适用范围和使用标准。

2. 财务部负责培训费用的计提和报销审核工作。

第 2 章　培训费用预算流程

第 4 条　设置培训预算

公司应该根据公司每年的效益状况，投入一定收入比例的经费用于培训。

第 5 条　培训经费预算实施步骤

1. 人力资源部下达培训计划费用预算表到各部门。

2. 各部门依据预算表计算培训费用上报，由人力资源部收集上报的培训费用信息。

3. 结合专业培训机构的课程报价，整理信息数据进行分析，拟定年度培训费用预算总额上报领导审批。

4. 依据审批的培训预算总费用适当调整年度培训计划，并将批准后的培训预算划拨到各部门。

5. 人力资源部负责监督各部门按计划执行（见下图）。

续表

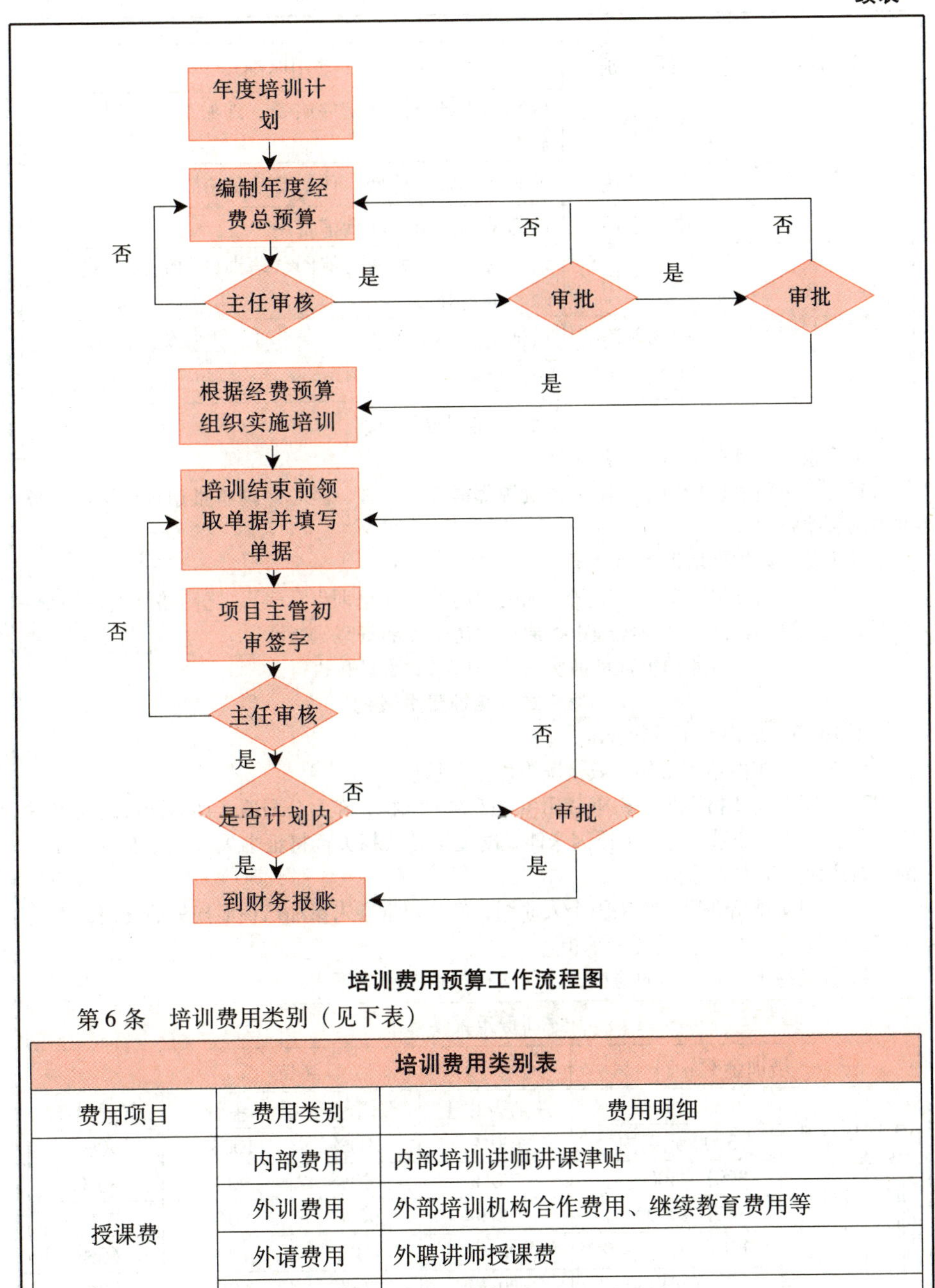

培训费用预算工作流程图

第 6 条　培训费用类别（见下表）

培训费用类别表		
费用项目	费用类别	费用明细
授课费	内部费用	内部培训讲师讲课津贴
	外训费用	外部培训机构合作费用、继续教育费用等
	外请费用	外聘讲师授课费
	外请费用	网络远程学习工具费用

续表

费用项目	费用类别	费用明细
食宿、差旅费	外训费用	内部培训师外派食宿差旅费、外派员工培训食宿差旅费
	外请费用	外聘培训师差旅费、住宿费及餐费
	内部费用	内部培训实施期间食宿费用
培训材料费	内部费用	培训材料费，如教材编印、培训资料制作、购买光碟和书籍等
	内部费用	培训文具费，如证书、学员证、麦克风电池等
	内部费用	培训场地费，指集中培训时租赁培训场地的费用

第 3 章　培训费用申请

第 7 条　年度单项培训费用申请

年度、单项培训费用申请由人力资源部提交总经理，经总经理审批通过后送至财务部备案和执行。

第 8 条　计划外培训支出申请

计划外培训支出申请，由申请培训的部门填写《培训申请表》，随附培训费用明细，交至人力资源部核准，经总经理审批通过后送财务部备案执行。

第 9 条　公司财务部负责培训费用使用情况的监督和执行。

第 4 章　培训费用报销

第 10 条　培训费用承担分配

1. 公司组织的培训费用一般情况下由公司承担。

2. 对于上岗资格证书，初审费用由员工本人承担，在为公司服务期间涉及的复审费用由公司承担。如果因为个人原因未能及时复审导致相关资格证书失败，需要重新办理的，费用由员工本人承担。

3. 公司安排培训后，员工因个人原因，经公司批准未参加培训而损失的费用，由员工和公司以____：____的比例承担。

4. 员工每年个人参加的培训，公司实行报销制度见下表。

培训费用报销标准

培训金额		岗位			
		总监及以上	部门经理	主管	普通员工
本岗位专业及素质培训、技能培训、职称培训	3000 元以内	100%	100%	100%	90%
	3001—5000 元	100%	100%	90%	80%
	5001—9999 元	100%	90%	80%	70%
	1 万—2 万元（含）	90%	80%	70%	60%
	2 万元以上	80%	70%	60%	50%

续表

第 11 条　费用报销注意事项

1. 参加培训的员工在培训之前到人力资源部备案，如果未备案，人力资源部对培训费用的报销申请有否决权。

2. 经过人力资源部批准备案的员工，在培训结束后，可以凭借学校证明、证书和学费收据，经人力资源部核准后到财务部报销。

第 12 条　培训费用报销范围

培训费用的报销范围包括培训报名费、学费、试验费、书杂费及人力资源部认可的其他费用。

第 13 条　费用报销特殊情况

部门主管及以上人员，或在本公司任职满______年者，如果因为学习费用较大，个人难以支付的，经总经理审批后可以预支部分费用，但预支部分不得超过可报销额度的______%。如果该课程的受训者未通过考核或未取得应有的证书，预支费用须在______个月内全额退还。

第 5 章　培训服务期限及违约

第 14 条　培训时，公司与员工约定培训服务期限，具体如下表所示。

员工培训服务期限表

培训费用/次	岗位		
	部门经理及以上	主管级人员	普通员工
200—500 元（含）	—	—	2 个月
500—1000 元（含）	3 个月		
1000—3000 元（含）	6 个月		
3000—5000 元（含）	12 个月		
5000—1 万元（含）	18 个月		
1 万—2 万元（含）	24 个月		
2 万元以上	双方协商	一般不予批准	
备　注	1. 人力资源部建立专门台账，记录所有已发生的培训费用，每次提请费用报销的日期即为服务开始日期。 2. 服务期的约定协议是由人力资源部公布本办法，并在员工培训前事先再次告知和阅读本协议。		

第 15 条　服务期限超过劳动合同期限的，劳动合同自动延期至服务期限。

第 16 条　不履行服务期义务引起的相关责任

1. 如果员工未完成服务期要求离开公司的，除按劳动合同规定应承担的责任外，还

续表

将按未服务完期比例这算培训费赔偿给公司，未服务完期限培训费用折算公式为：

$$第一次培训费用\times\frac{第一次培训服务期-已完成的服务期}{第一次培训服务费}+\cdots+第\,n\,次培训费用\times\frac{第\,n\,次培训服务期-已完成的服务期}{第\,n\,次培训服务期}$$

2. 在未满服务期内，公司在劳动合同规定的可以解除或终止（中止）合同的情况之下要求员工离开公司的，员工个人不承担已发生的培训费用。

第 6 章　附则

第 17 条　本制度自发布之日起开始执行。

第 18 条　本制度的编写、修改及解释权归人力资源部所有。

执行部门		监督部门		编修部门	
编制日期		审核日期		批准日期	

3.4　培训项目评估办法与图表

1. 培训项目评估办法

制度名称	培训项目评估办法	受控状态	
		编　　号	

第 1 章　总则

第 1 条　目的

为了规范培训项目评估工作，提高培训效果，保证培训质量，建立完善的培训项目管理体系，特制定本办法。

第 2 条　适用范围

本办法适用于公司所有培训项目的评估工作。

第 3 条　管理职责

1. 人力资源部全面负责公司培训项目评估工作的组织与管理。

2. 培训评估小组负责培训项目评估工作的实施。

第 2 章　培训评估小组的组建

第 4 条　成立培训评估小组

公司成立培训评估小组，负责各项培训评估工作，评估小组组长为人力资源部经理，组员由培训专员、参训人员所在部门负责人等组成。

第 5 条　评估方案的制定

培训评估小组进行培训需求分析，确定培训目标，并选择合适的评估方法，制定评估方案。

续表

第 6 条　评估工作的展开

培训评估小组开展培训评估工作，制作培训问卷，收集评估信息，编写培训评估报告和提出工作改进意见。

第 3 章　培训过程的评估

第 7 条　培训方案评估

评估小组对培训方案的评估，需从以下四个方面进行考察：

1. 评估培训对象、培训目标以及培训内容等方面是否合理。
2. 考察培训方式和培训方法是否科学、有效。
3. 考核培训讲师安排是否扬长避短，培训工作的实施是否符合公司的相关制度和机制。
4. 考察培训项目的预测效果是否达到公司的要求与目标，是否符合公司的开展规划。

第 4 章　培训方案的评估内容

第 8 条　培训课程评估

员工在参加培训后须对培训课程进行评估，评估小组整理和分析员工的反馈信息，并编制培训课程评估报告。

第 9 条　培训讲师评估

评估小组需对培训讲师进行考核，包括其语言表达能力、传授能力、课堂组织能力等项目。

第 5 章　培训效果的评估

第 10 条　培训效果的评估标准

公司对培训效果的评估从培训学员的反应评估、学习评估、行为评估和成果评估四个层次进行，具体培训效果评估说明如下表所示：

培训效果评估表

评估项目	主要内容	询问的问题	评估方法
反应评估	观察学员的反应	1. 受训者是否喜欢该培训课程 2. 培训课程对学员是否有用 3. 对培训讲师及培训设施等是否满意	问卷、评估调查表、评估访谈
学习评估	检查学员学习的成果	1. 学员在培训项目中学到了什么 2. 培训前后，学员的知识、理论、技能有多大程度的提高	评估调查表、笔试、绩效考核、案例研究
行为评估	衡量培训前后员工的工作表现	1. 学员在学习上是否有改善行为 2. 学员工作中是否用到培训内容	由上级、同事、客户、下属进行绩效考核

续表

评估项目	主要内容	询问的问题	评估方法
成果评估	衡量公司经营业绩的变化	1. 员工行为的改变对组织的影响是否积极 2. 组织是否经过培训而经营的更加顺利 3. 考察质量、事故、生产率、工作动力、市场扩展、客户关系维护	工作动力、市场扩展、客户关系维护

第 11 条　员工反映评估

培训结束后，人力资源部向员工发放《满意度调查表》，以了解其对培训的反映和感受。

第 12 条　学习效果评估

培训评估小组通过对学员参加培训前后的知识技能测试结果进行比较，了解员工是否掌握了培训内容，并对培训涉及中设定的培训目标进行核对，以考察培训目标的设置是否合理。

第 13 条　学习行为平复

培训评估小组要确定受训员工在多大程度上通过培训而发生了行为上的改进，这一阶段的评估要注意以下事项。

1. 对受训员工进行正式的测评和非正式（如观察）的测评。

2. 这一阶段的评估只有在学员回到工作中才能实施，并要求有与受训员工一起工作的人员参加。

3. 由受训员工所在部门的主管领导观察受训员工的行为在培训前后是否有所差别，是否在工作中运用培训中学到的知识。

第 14 条　成果评估

培训评估小组要了解和衡量由于培训带来的公司和部门的改变成果，衡量指标如事故率、生产率、员工流动率、质量及客户服务等。

第 6 章　培训效果跟踪与反馈

第 15 条　培训效果的跟踪

培训结束后，人力资源部要对培训效果进行跟踪并保证培训作用持续上升。

第 16 条　培训效果的评估

人力资源部建立培训跟踪档案，持续跟踪培训效果。若培训项目是外包的，培训外包机构需要提交专项培训效果评估报告，并提出培训工作的改进意见。

第 17 条　培训效果的转换

人力资源部要采取一系列有效转化培训效果的方法，做好培训效果转化的工作，提升并巩固培训效果。

第 7 章　附则

第 18 条　本办法未尽事宜参照公司相关制度执行。

续表

第 19 条　本办法由人力资源部负责起草和修订。 第 20 条　本办法经总经理审批后生效。					
执行部门		监督部门		编修部门	
编制日期		审核日期		批准日期	

2. 培训项目评估表

培训项目评估表

为了促进我们不断改进授课质量，为您提供更有价值的培训，请您认真填写本表，感谢您的支持与配合！

如您愿意，请留下姓名。

机构/部门名称：　　　　　　　　　姓名：　　　　　　　　　日期：

一、培训整体评估

序　号	评估项目	每项分值分为 5、4、3、2、1 分，5 分为最高，表示非常好；4 分表示良好；3 分表示一般；2 分表示合格；1 分为最低，表示待达标。	您的建议
1.	培训组织管理		
2.	培训内容设计		
3.	培训日程编排		
4.	总　分		

二、讲师评估

序号	课程名称	讲师姓名	每项分值分为 5、4、3、2、1 分，5 分为最高，表示非常好；4 分表示良好；3 分表示一般；2 分表示合格；1 分为最低，表示待达标。			总分
			授课内容的实用性	授课的逻辑和条理性	授课的生动性	
1.						
2.						

三、本次培训，您的收获有哪些？

四、本次培训，您认为值得肯定的地方有哪些？

五、本次培训，您认为需要完善的地方有哪些？

六、您还希望参加哪些培训课程？

3. 培训效果调查问卷

培训效果调查问卷

课程名称：____________　　培训时间：____________

组织部门：____________　　姓名：（可不填）____________

说明：

1. 请在你认可的选项上打勾。

2. 请你给予真实的反映批评，以帮助我们对将来的培训计划进行改进。

序号	评估项目	差　中　好 1 2 3 4 5 6 7
1	培训目标已达到？	□□□□□□□
2	教师讲解技巧如何？	□□□□□□□
3	是否鼓励学员参与课堂教学？	□□□□□□□
4	是否很好地回答学员的提问？	□□□□□□□
5	讲课内容是否丰富，吸引人？	□□□□□□□
6	知识面是否宽广？	□□□□□□□
7	所讲内容是否切题？	□□□□□□□
8	培训内容对自身全面发展是否有启发？	□□□□□□□
9	培训内容是否紧密结合实际？	□□□□□□□
10	培训内容能应用到岗位上？	□□□□□□□
11	教师对所讲内容掌握得深、理解得透？	差　中　好 2 4 6 8 10 □□□□□
12	讲义编写质量？	□□□□□
13	整体上，您对这次课程的满意程度是？	□□□□□

（注：满分 100 分，前十题满分 7 分，后三题满分 10 分，汇总后填入“讲师总得分”里）

讲师总得分：____________

其他建议事项：____

____

____

____

____

谢谢合作！

3.5 安全培训制度与考核图表

1. 安全培训制度

<table>
<tr><td rowspan="2">制度名称</td><td rowspan="2">安全培训制度</td><td>受控状态</td><td></td></tr>
<tr><td>编　号</td><td></td></tr>
<tr><td colspan="4">

第 1 章　总则

第 1 条　目的

为加强公司生产工作的劳动保护、改善劳动条件，保护劳动者在生产过程中的安全和健康，促进公司事业的发展，根据有关劳动保护的法令、法规等有关规定，结合公司的实际情况制定本制度。

第 2 条　原则

1. 坚持以人为本、依法培训的原则。
2. 坚持属地管理、企业负责的原则。
3. 坚持按需施教、保证质量的原则。
4. 坚持考培分离、客观公正的原则。
5. 坚持突出重点、全员培训的原则。

第 2 章　机构与职责

第 3 条　公司安全生产委员会

公司安全生产委员会（以下简称安委会）是公司安全生产的组织领导机构，由公司领导和有关部门的主要负责人组成。其主要职责是：全面负责公司安全生产管理工作，研究制定安全生产技术措施和劳动保护计划，实施安全生产检查和监督，调查处理事故等工作。安委会的日常事务由安全生产委员会办公室（以下简称安委办）负责处理。

第 4 条　公司下属生产单位

公司下属生产单位必须成立安全生产领导小组，负责对本单位的职工进行安全生产教育，制定安全生产实施细则和操作规程。实施安全生产监督检查，贯彻执行安委会的各项安全指令，确保生产安全。安全生产小组组长由各单位的领导担任，并按规定配备专（兼）职安全生产管理人员。各机楼（房）、生产班组要选配一名不脱产的安全员。

第 5 条　安全生产主要责任人

单位行政第一把手是本单位安全生产的第一责任人，分管生产的领导和专（兼）职安全生产管理员是本单位安全生产的主要责任人。

第 6 条　各级工程师和技术人员

各级工程师和技术人员在审核、批准技术计划、方案、图纸及其他各种技术文件时，必须保证安全技术和劳动卫生技术运用的准确性。

第 7 条　公司安全生产专职管理干部职责

1. 协助领导贯彻执行劳动保护法令、制度，综合管理日常安全生产工作。

</td></tr>
</table>

续表

2. 汇总和审查安全生产措施计划，并督促有关部门切实按期执行。 3. 制定、修订安全生产管理制度，并对这些制度的贯彻执行情况进行监督检查。 4. 组织开展安全生产大检查。经常深入现场指导生产中的劳动保护工作。遇有特别紧急的不安全情况时，有权指令停止生产，并立即报告领导研究处理。 5. 总结和推广安全生产的先进经验，协助有关部门搞好安全生产的宣传教育和专业培训。 6. 参加审查新建、改建、扩建、大修工程的设计文件和工程验收及试运转工作。 7. 参加伤亡事故的调查和处理，负责伤亡事故的统计、分析和报告，协助有关部门提出防止事故的措施，并督促其按时实现。 8. 根据有关规定，制定本单位的劳动防护用品、保健食品发放标准，并监督执行。 9. 组织有关部门研究制定防止职业危害的措施，并监督执行。 10. 对上级的指示和基层的情况上传下达，做好信息反馈工作。 第 8 条　各生产单位专（兼）职安全生产管理员要协助本单位领导贯彻执行劳动保护法规和安全生产管理制度，处理本单位安全生产日常事务和安全生产检查监督工作。 第 9 条　生产班组安全员要经常检查、督促本机楼（房）、班组人员遵守安全生产制度和操作规程。做好设备、工具等安全检查、保养工作。及时向上级报告本机楼（房）、班组的安全生产情况。做好原始资料的登记和保管工作。 第 10 条　职工在生产、工作中要认真学习和执行安全技术操作规程，遵守各项规章制度。爱护生产设备和安全防护装置、设施及劳动保护用品。发现不安全情况，及时报告领导，迅速予以排除。 **第 3 章　各人员安全培训** 第 11 条　坚持全员安全培训 企业主要负责人、安全生产管理人员、特种作业人员及其他从业人员都必须参加安全培训。培训要以增强安全意识、掌握安全知识和现场操作技能为重点。特别要对派遣工进行严格的安全培训，考核合格后上岗。未经过安全培训或培训考核不合格者，一律不得上岗作业。 第 12 条　在岗职工安全培训 按照国家统编教学大纲的要求，所有在岗职工的安全培训都必须按照规定的课时安排脱产培训，确保培训时间。在岗职工每年接受安全培训的时间不少于 20 个学时。取得相应安全操作资格证的职工，必须每两年参加复审一次。 第 13 条　新工人上岗安全培训 新工人上岗安全培训时间不少于 72 个学时，考试合格后，必须在有安全工作经验的职工带领下工作满 4 个月，然后经再次考核合格，方可独立工作。地面作业的新职工上岗前安全培训时间不少于 40 个学时，考试合格后上岗作业。 **第 4 章　安全培训的内容形式及强化** 第 14 条　安全培训的内容

续表

安全培训内容包括以下几点：

1. 公司概况、工作环境及生产作业存在的危险因素、所从事工种可能造成的职业健康伤害和伤亡事故、工种安全职责、操作技能及强制性标准、拒绝违章指挥和强令冒险作业的法律责任。

2. 紧急情况下停止作业和撤离现场的责任、义务和权利。

3. 应急预案和发生灾害的自救互救、急救的方法和避灾路线。

4. 安全生产规章制度和劳动纪律。

5. 灭火器等安全设备设施的使用和维护。

6. 出入生产场所的手续、通风安全系统、报警系统和安全指示标志。

7. 典型事故案例分析等。

第 15 条　丰富培训形式

结合企业安全生产实际和大多数员工文化水平较低的现状，充分利用电视、多媒体、动画、漫画等多种多样的直观方法进行培训，坚持安全培训与文化补习相结合、针对性教育与系统讲解相结合、形象化培训与老员工“传、帮、带”相结合。

第 16 条　加强师资队伍建设

安全培训的教师必须经过安全培训中心考核合格。教师要认真备课、上课，各课要突出重点，结合实际，有针对性、实用性，讲课要通俗易懂，条理清晰，技术性强。

第 17 条　加强企业安全文化建设

联系企业实际加强企业安全文化建设，把安全培训与安全宣传教育密切结合起来，通过开展安全知识竞赛、安全技术比武、安全文艺宣传等活动，使安全知识的培训和宣传达到人性化、实效化的要求。

第 18 条　加强培训管理

加强培训管理，认真执行各项培训管理制度，严格培训过程控制，建立经企业、培训中心及员工本人签名的培训档案。

第 19 条　提高自我保护意识

各单位利用班后业余时间有计划地组织在岗员工学习企业安全手册和岗位安全工作规程的必知必会知识与技能，确保员工具有高度的自我保护意识和安全生产素质。

第 5 章　附则

第 20 条　本制度自发布之日起开始执行。

第 21 条　本制度的编写、修改及解释权归人力资源部所有。

执行部门		监督部门		编修部门	
编制日期		审核日期		批准日期	

2. 安全教育培训需求调查表

安全教育培训需求调查表						
公司为了发展的需要和出于对员工安全保障的考虑，请您根据实际情况配合人力资源行政部完成此项调查，这对您是非常有益的，谨此感谢您的配合。						
部门		入职时间				
职务		健康状况				
年龄		性　别				
问题		答　案				
		优	良	中	低	差
当前的工作表现						
工作技能熟练程度						
非常需要进行安全培训						
1. 当前在您工作中存在的最大的安全问题是什么？						
2. 为了更有效预防安全事故的发生，当前您最需要的安全教育培训是什么？						
3. 您认为对您所在岗位是否需要进行安全教育培训？						
4. 您是否知道公司的安全规定？						
5. 您认为您最需要进行哪方面的安全教育培训？						
6. 您是否知道国家安全法规对企业安全生产和消防的规定？						
7. 您是否接受过三级（即岗前、车间、班组）安全教育培训？						
8. 您是否受过工伤？如有，原因何在？						
9. 您希望公司为您提供哪些安全教育培训？						
填表日期：		制表部门：				

·安全教育培训需求调查表
·安全培训制度
·部门培训申请表
·单次培训项目的费用预算表
·个人培训申请表
·各级管理人员培训制度
·内部培训师管理办法
·年度培训计划汇总
·年度培训需求表
·培训费用申请表
·培训管理工作制度
·培训计划和预算汇总表
·培训课程汇总表
·培训课程计划表
·培训课前准备检查表
·培训项目计划书
·培训项目评估办法
·培训项目评估表
·培训项目中可能产生的必要费用项目
·培训效果调查问卷
·培训效果评价表
·培训协议书
·培训需求申请表
·培训预算控制办法
·提高能力方法表
·外部培训师评价表
·销售人员培训考核表
·销售人员培训内容设置一览表
·销售人员培训制度
·新进员工培训成果检测表
·新进职员教育
·新员工部门岗位培训
·新员工岗位培训反馈表
·新员工培训评估表
·新员工培训制度
·新员工试用期内表现评估表
·训练成效调查表
·员工培训档案卡
·员工培训协议书
·员工培训需求调查表
·员工外派培训协议
·员工外派培训制度
·在职培训实施结果表
·在职人员培训制度

Perfor

绩效管理

人力资源管理最大核心

mance

绩效管理，是指各级管理者和员工为了达到组织目标共同参与的绩效计划制订、绩效辅导沟通、绩效考核评价、绩效结果应用、绩效目标提升的持续循环过程，是六大模块的核心，也与公司利益直接挂钩。

4.1 绩效管理制度与图表

1. 绩效管理工作制度

制度名称	绩效管理工作制度	受控状态	
		编　　号	

第1章　总则

第1条　目的

1. 改善员工的工作表现，使之与企业的经营目标相适应。
2. 提高员工的满意程度和事业成就感。
3. 为员工的晋升、降职、调职和离职提供依据。
4. 为员工和各部门对公司的贡献值计算提供客观依据。
5. 为员工的薪资调整提供依据。
6. 对员工职业生涯的规划效果进行评估。
7. 为公司人力资源的合理分配提供依据。

第2条　原则

坚持以人为本、客观公正、有效沟通的原则。

第3条　适用范围

本制度适用于公司全体员工。

第4条　绩效考核周期

绩效考评采用月度考核、季度考核、年度考核的周期模式运行。

绩效考核周期表

考核分类	考核时间
月度考核	次月1—10日
季度考核	下一季度第一个月的1—15日
年度考核	次年1月1—25日

第2章　职责划分

第5条　总经理职责

总经理负责中、高层管理人员的考核工作，同时指导、监督公司整体绩效管理工作的开展。

续表

第 6 条 人力资源部职责

1. 制定并不断完善公司的绩效考核管理制度。
2. 建立公司各部门及岗位的绩效考核指标及考核标准体系。
3. 负责对各部门进行岗位考核培训和辅导。
4. 定期组织实施、推进企业的绩效考核工作。
5. 监控、稽查各部门绩效考核的过程与结果。
6. 接受、协调处理员工的考核申诉。
7. 负责绩效考核结果的应用管理。

第 7 条 各部门负责人职责

1. 确定本部门员工的考核指标、标准及权重。
2. 协助被考核者制定个人绩效目标。
3. 考核实施过程中，与被考核者进行持续沟通，并给予必要的资源帮助。
4. 记录、收集被考核者的绩效信息，为绩效评价提供事实依据。
5. 考核及评价被考核者的工作绩效。
6. 与被考核者进行绩效沟通，提出绩效改进建议，共同制订绩效改进计划。

第 8 条 员工职责

员工按照绩效考核要求，在规定时间内进行自我评估并填写考核表。

第 3 章 绩效考核的内容

第 9 条 绩效考核主要内容

绩效考核内容分为日常工作、工作行为、工作能力和工作态度三项，其中日常工作和工作行为项目作为月度考核项目，日常工作项目以目标管理的方式开展，工作行为依据公司员工行为准则和公司奖惩规定进行考评，采用百分制计核；工作能力和工作态度项目作为半年期考核项目，以笔试、结构化面试、情景模拟等测评方式开展，采用百分制、评语法等方法进行综合计核。

第 10 条 经理及以上人员的考核内容

公司经理及以上人员的绩效考核指标体系包括以下四个方面，针对不同的考核岗位，可以选取不同的指标组合和权重。

1. 财务指标，公司考核期的收入和利润目标完成情况。
2. 客户指标，客户、经销商满意度及市场维护相关指标的完成情况。
3. 内部过程指标，部门或岗位的考核期重点工作的完成情况。
4. 学习成长指标，部门或岗位业务能力和创新能力的提升情况。

续表

第11条　经理级别以下员工考核内容

经理级别以下员工的绩效考核指标体系包括以下三个方面：

1. 工作业绩，从工作效率、工作任务、工作效益等方面衡量出本职工作的完成情况。

2. 工作能力，从知识结构、专业技能、一般能力等方面衡量员工胜任本工作所具备的各种能力。

3. 工作态度，从工作的认真程度、努力程度、责任心、主动性等方面衡量员工对工作所持有的评价与行为倾向。

第12条　附加分值

附加分值主要针对员工日常工作表现的奖惩记录而设置。

第4章　绩效考核的方法和规定

第13条　月度考评的方法和规定

1. 采用计分法和评语法相结合的考评方法进行绩效考评。

2. 计分法即以100分为限计算，其直接与相应岗位的绩效工资和奖金挂钩。

3. 评语法即考评者根据考评周期（月）内被考评员工的工作业绩、工作表现、优缺点和需努力的方向等项，通过撰写一段评语对被考评员工进行评价的方法。其对员工的绩效改进和年终的绩效评估起到指导、参考和决选作用。

4. 考评者应根据各岗位员工月度的实际工作表现，依照相应的考评标准做出增、减分处理。

第14条　半年期考评的方法和规定

1. 本周期考评旨在发挥绩效考评的承上启下作用，做好上半年度绩效总结，合理、有效地为下半年各项工作的顺利开展奠定基础。

2. 采用笔试、面试、情景模拟等方式进行考评，以综合方法评定岗位胜任值。

3. 半年期岗位胜任值的计算。

（1）员工的岗位胜任值 =（半年月度考核总分 ÷6）×40% + 绩效管理委员会综合评分 ×15% + 员工之间互评分 ×5% + 技能和态度综合评定分 ×40%

（2）中层管理人员的岗位胜任值 =（半年月度考核总分 ÷6）×40% + 绩效考评领导机构综合评分 ×15% + 各级员工的综合评分 ×10% + 技能和态度综合评定分 ×25% + 部门预算的控制情况 ×10%

4. 凡岗位胜任值大于95分的视为工作优秀，评为A级员工或中层管理人员；凡岗位胜任值小于90分大于85分的视为工作合格，评为B级员工或中层管理人员；凡岗位胜任值小于85分的视为工作不合格，评为C级员工或中层管理人员。

5. 在半年期考评中，对员工和中层管理人员分别做出如下奖惩措施：

（1）凡被评为B级员工或中层管理人员的，其所属主管应对其进行工作指导，查找不足，以进一步提高其工作能力。

（2）凡被评为C级员工或中层管理人员的，予以黄牌警告，并做出降50%绩效工

续表

资的处罚。其所属主管领导除对其进行必要的工作指导外，还应对其工作表现进行分析，帮助当事人做出工作改进方案。

6. 半年奖奖金的计算

（1）A 级员工或中层管理人员的奖金计算：半年奖奖金 = 奖金标准 × 岗位胜任值% ×130% －（奖金标准 ÷ 上半年制度工作日）× 半年缺勤工日

（2）B 级员工或中层管理人员的奖金计算：半年奖奖金 = 奖金标准 × 岗位胜任值% －（奖金标准 ÷ 上半年制度工作日）× 半年缺勤工日

（3）C 级员工或中层管理人员的奖金计算：半年奖奖金 = 奖金标准 ×（30%—50%）－（奖金标准 ÷ 上半年制度工作日）× 半年缺勤工日

第 15 条　年终考评的方法和规定

1. 本周期考评旨在对全年各部门、岗位的工作绩效进行总结分析，合理、有效地为新年度经营目标达成，以及部门工作和各岗位工作的相关事项进行合理规划和调整，为新年度的工作奠定基础。

2. 采用笔试、面试、情景模拟等方式进行考评，以综合方法评定岗位胜任值。

3. 年终期岗位胜任值的计算。

（1）员工的岗位胜任值 =（年终月度考核总分 ÷12）×40% + 绩效管理委员会综合评分 ×15% + 员工之间互评分 ×5% + 技能和态度综合评定分 ×40%

（2）中层管理人员的岗位胜任值 =（年终月度考核总分 ÷12）×40% + 绩效考评领导机构综合评分 ×15% + 各级员工的综合评分 ×10% + 技能和态度综合评定分 ×25% + 部门预算的控制情况 ×10%

第 16 条　绩效考评的标准

1. 一般员工的绩效考评标准。各部主管领导根据所管辖岗位或职务的工作职责书，在人力资源部的配合下制定出相应的考评标准细则（即增减分标准）。

2. 中层管理人员的绩效考评标准。绩效考评领导机构根据各部门的工作职责、部门主管的职责和管理目标，制定出相应的考评标准细则（增减分标准）。

第 5 章　绩效考核的组织与实施

第 17 条　考核通知发布

人力资源部发布考核通知，明确考核标准、考核表提交时间以及要求等。

第 18 条　培训和指导

人力资源部对各部门的绩效考核工作进行培训和指导，培训内容包括考核规定、解释考核内容和项目、统一考核标准、严肃考核纪律等。

第 19 条　记录评定并上交

各部门负责人按照考核要求，对自己和下属的工作表现及计划目标的达成情况进行记录和评定，按期上交至人力资源部。

第 20 条　监督和指导

人力资源部在绩效考核实施过程中，负责监督和检查考核落实情况，并为考核者提

续表

供指导。

第21条　等级确定

人力资源部根据各部门提交的《岗位考核评分表》计算出被考核者的最终得分，并确定其最终等级，具体如下表所示：

考核分数等级对应表					
考核等级	A	B	C	D	E
考核得分	90分以上	80（含）—90分	70（含）—79分	60（含）—69分	60分以下

第22条　结果公布

人力资源部在考核得分统计后的三个工作日内公布考核结果，如果遇到特殊情况需要延迟公布的，需要采用公告的形式说明原因。

第6章　绩效反馈

第23条　绩效面谈前的准备

1. 考核者应收集并填写好有关绩效考核的资料。

2. 被考核者应准备可以证明自己绩效的资料、证明以及个人发展计划。

第24条　实施绩效面谈

1. 考核者与被考核应对绩效考核的目的、目标、评估标准达成一致，再讨论被考核者的具体考核得分。

2. 被考核者陈述自己的工作表现并初步评估，考核者应认真听取被考核者的陈述，并就问题逐项分析，争取达成一致。

3. 考核者应指出被考核者工作上的不足，并制订下一阶段的绩效改进计划。

第25条　制订绩效改进计划

绩效改进计划由考核者与被考核者进行绩效面谈之后，得到双方认可后制订。计划内容应包括有待改进的方面、目前水平、期望水平、改进措施和达成目标期限等。考核者应随时跟踪改进计划的落实情况，并及时给予被考核者支持和帮助。

第7章　绩效申诉

第26条　申诉条件

在绩效考核过程中，员工如认为受不公平对待或对考核结果感到不满意，有权在考核期间或公示考核结果七个工作日内直接向人力行政部申诉，逾期视为默认考核结果，不予受理。

第27条　申诉形式

员工向人力资源部呈交《绩效考核申诉表》，人力资源部负责将员工申诉统一记录备案，并将员工申诉报告和申诉记录提交人力资源部经理。

第28条　申诉处理

1. 人力资源部在接到申诉后五个工作日内向员工做出是否受理的答复，对于无客观

续表

事实依据、仅凭主观臆断的申诉不予受理。

2. 人力资源部对员工申诉的内容进行调查，发现情况属实，需要与部门负责人、当事人进行沟通、协调，如果不能协调的，呈报主管副总或总经理处理。

第 8 章　处罚规定

第 29 条　考评者处罚规定

1. 考评者的考评结果与被考评者的实际工作表现存在较大误差的，经查属考评者工作不严谨所致的，对考评者予以扣除当月绩效评分 5 分的处罚。

2. 属考评者未秉公进行考评所致的，视情节轻重情况，对考评者予以扣除当月绩效评分 10—30 分和警告、记过、留职察看、调职、降职、辞退的处罚。

第 30 条　被考评者处罚规定

被考评者出现无视绩效考评结果行为（例如无理取闹等行为）或公然对抗考评者行为（例如辱骂、威胁考评者等行为）的，视情节轻重情况，对被考评者予以扣除当月绩效评分 5—30 分和警告、记过、调职、降职、留职察看、辞退的处罚。

第 9 章　绩效考核结果的运用

第 31 条　绩效考核资料存档

各部门绩效考核相关资料需统一整理，并交由人力资源部存档。

第 32 条　绩效考核结果的运用范围

1. 教育培训，管理人员以及培训负责人在考虑教育培训工作时，可以把绩效考核的结果作为参考资料，借此掌握教育培训的重点。

2. 调动调配，管理人员在进行工作调配或岗位调动时，应该考虑被调动者的绩效考核结果，分析长短利弊，把握员工适应能力、发展潜力等。

3. 晋升，管理人员对员工进行晋升考核时，可将员工历史绩效考核成绩作为考核资料加以有效运用。

4. 提薪，管理人员参照员工的绩效考核结果，决定提薪的幅度。

5. 奖励，管理人员根据员工达成工作目标的情况以及员工所做的贡献等，决定奖励的分配。

第 10 章　附则

第 33 条　本制度自发布之日起开始执行。

第 34 条　本制度的编写、修改及解释权归人力资源部所有。

执行部门		监督部门		编修部门	
编制日期		审核日期		批准日期	

Chapter 4

2. 绩效管理工作流程

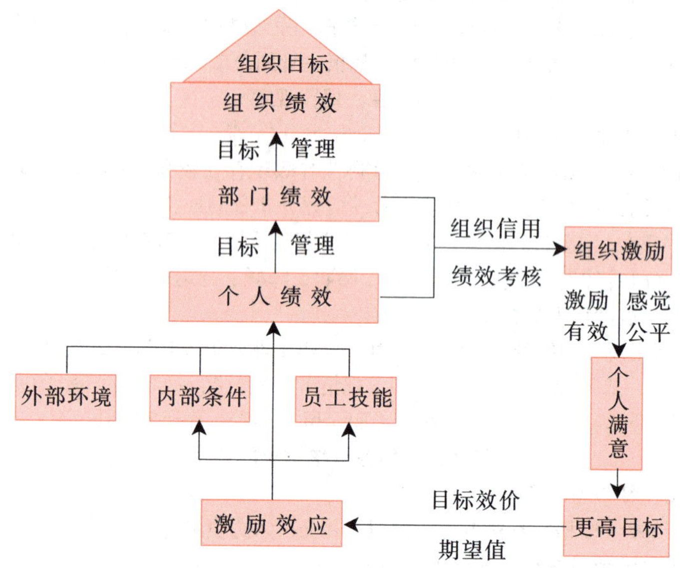

绩效管理工作流程图

3. 员工月度绩效考核表

<table>
<tr><td colspan="8">员工月度绩效考核表
考评周期：　　年　月至　　年　月</td></tr>
<tr><td>姓　　名</td><td></td><td>职　务</td><td></td><td>隶属部门</td><td></td><td>评估人</td><td></td></tr>
<tr><td>个人月度工作总结（月度工作目标及完成情况）</td><td colspan="7">（空间不足可附页）　　签名：</td></tr>
<tr><td colspan="8">第一部分　目标绩效考核（权重 70%）</td></tr>
</table>

续表

项目名称	分　值	目　标	目标/结果	评价分数	合计分数	评　语
评估说明：						

第二部分　能力/态度绩效考核（权重 30%）

项目	分值	评价着眼点	分数	评语
知识和技能	20（1 级为 4 分，每增 1 级加 4 分）	定义：利用自身知识和技能，有效开展工作。 1 级：缺乏岗位工作必需的工作知识和技能，影响工作目标的达成； 2 级：具备岗位工作最基本的知识和技能，工作效率不高； 3 级：具备岗位工作所需的知识和技能，能在规定时间内完成本职工作； 4 级：知识、技能丰富，能优质、高效地完成本职工作； 5 级：知识、技能、经验丰富，不仅能高效完成本职工作，还经常性地对同事予以工作指导或将知识技能传授给他人。		
沟通协调能力	20（1 级为 4 分，每增 1 级加 4 分）	定义：交流沟通，与人合作。 1 级：缺乏沟通方式，不善交流，难于表达自己的思想、方法； 2 级：交流、沟通方式混淆，缺乏中心议题，不易于合作； 3 级：沟通清楚易于接受，表现出互相接受的合作倾向； 4 级：善于沟通，力求合作，能有效协调与其他部门的工作关系； 5 级：很强的沟通愿望和良好的沟通方式，使合作成为主要工作方式、方法。		
工作积极性	20（1 级为 4 分，每增 1 级加 4 分）	定义：具有工作热情，树立克服困难的信念，努力工作。 1 级：工作不图进取，经常消极怠工； 2 级：能够以一般的工作标准来完成工作； 3 级：能够以较高的工作标准展开工作； 4 级：以热情和努力投入自己的工作，经常性地高效完成本职工作； 5 级：持续的工作积极、努力，工作效率极高，并以此带动其他人的工作。		

续表

<table>
<tr><td>项目</td><td>分值</td><td colspan="3">评价着眼点</td><td>分数</td><td>评语</td></tr>
<tr><td>工作责任感</td><td>20（1级为4分，每增1级加4分）</td><td colspan="3">定义：对工作认真、负责，寻求有效的方法达成工作目标。
1级：没有责任意识，出现问题，漠不关心；
2级：有基本责任意识，但出现责任问题时，寻求理由开脱；
3级：服从于本职工作的完成，并承担与本职工作相关的责任；
4级：承担授权责任，积极开展工作，对工作中出现的问题敢于主动承担责任；
5级：以积极的态度承担责任，并主动寻求解决方案，推动工作绩效的改进。</td><td></td><td></td></tr>
<tr><td>工作纪律性</td><td>20（1级为4分，每增1级加4分）</td><td colspan="3">定义：理解和遵守各项规章制度，包括对领导命令的服从。
1级：不遵守规章制度，经常性地有迟到、早退及其他违纪现象，且不思悔改；
2级：漠视规章、制度的约束，对领导指示表示出拒绝性倾向，但无明显违纪；
3级：忠于职守，遵纪守法，服从领导；
4级：积极执行和推进各项规章制度；
5级：在遵守、服从的前提下，提出有效的制度改进建议，以完善各项规章制度，并在遵章守纪方面为他人做出表率。</td><td></td><td></td></tr>
<tr><td colspan="3">目标绩效分数（70%）</td><td colspan="2">能力、态度绩效分数（30%）</td><td colspan="2">个人月度综合考绩</td></tr>
<tr><td colspan="3"></td><td colspan="2"></td><td colspan="2"></td></tr>
<tr><td colspan="2">对应等级</td><td colspan="5">A □　B □　C □　D □</td></tr>
<tr><td>综合评语</td><td colspan="6">

考核人签名：</td></tr>
<tr><td colspan="7">绩效考核面谈记录</td></tr>
<tr><td>工作成功的方面</td><td colspan="6"></td></tr>
</table>

续表

工作中需要改善的地方	
是否需要接受一定的培训	
本人认为自己的工作在本部门和全公司中处于什么状况	
对考核有什么意见	
希望从公司得到怎样的帮助	
下一步的工作和绩效的改进方向	
考核者意见	我已就上月度考核情况与被考核者进行了沟通，知悉该员工的工作改进诸项，并会定期监控，给予指导。 签名：　　　日期：
被考核者意见	我已清楚我部门给予我的绩效评分，我的主管已与我进行了考核沟通，并给了我相关项提升的具体辅导。 签名：　　　日期：
领导审核意见	签名：　　　日期：

4. 年度绩效考核表

<table>
<tr><th colspan="6">年度绩效考核表</th></tr>
<tr><td colspan="3">被考核者</td><td colspan="3">考核者</td></tr>
<tr><td>姓　名</td><td>职　位</td><td>所属部门</td><td>姓　名</td><td>职　位</td><td>所属部门</td></tr>
<tr><td></td><td></td><td></td><td></td><td></td><td></td></tr>
<tr><td>考核期限</td><td colspan="2"></td><td>考核时间</td><td colspan="2"></td></tr>
<tr><th colspan="6">1. 年终考核</th></tr>
<tr><td rowspan="2">考核项目</td><td rowspan="2">考核指标</td><td rowspan="2">权　重</td><td rowspan="2">考核说明</td><td colspan="2">考核得分</td></tr>
<tr><td>指标得分</td><td>加权得分</td></tr>
<tr><td rowspan="3">工作业绩</td><td></td><td></td><td></td><td></td><td rowspan="3"></td></tr>
<tr><td></td><td></td><td></td><td></td></tr>
<tr><td></td><td></td><td></td><td></td></tr>
<tr><td rowspan="3">工作能力</td><td></td><td></td><td></td><td></td><td rowspan="3"></td></tr>
<tr><td></td><td></td><td></td><td></td></tr>
<tr><td></td><td></td><td></td><td></td></tr>
<tr><td rowspan="3">工作态度</td><td></td><td></td><td></td><td></td><td rowspan="3"></td></tr>
<tr><td></td><td></td><td></td><td></td></tr>
<tr><td></td><td></td><td></td><td></td></tr>
<tr><td colspan="6">年终考核得分小计</td></tr>
<tr><th colspan="6">2. 季度考核</th></tr>
<tr><td>第一季度得分</td><td>第二季度得分</td><td>第三季度得分</td><td colspan="2">第四季度得分</td><td>评价得分</td></tr>
<tr><td></td><td></td><td></td><td colspan="2"></td><td></td></tr>
<tr><th colspan="6">3. 年度考核</th></tr>
<tr><td colspan="6">年终考核得分×60%＋季度考核平均得分×40%</td></tr>
<tr><td colspan="5">年度考核得分合计</td><td></td></tr>
<tr><td>备注</td><td colspan="5"></td></tr>
</table>

5. 绩效考核管理制度

制度名称	绩效考核管理制度	受控状态	
		编　　号	

第1章　总则

第1条　目的

为客观公正地评价和考核各部门的经营绩效，促使各部门规范管理、理顺业务流程，提高公司整体运营效率，圆满达成年度经营目标及实现自身的可持续发展，遵循“市场压力传递”和“兼顾公平与效率”原则，特制定本制度。

第2条　适用范围

本制度适用于公司大部分正常出勤的员工，其中以下几种特殊情况除外：

1. 非公司正式员工，如兼职、特聘等员工。
2. 考核期开始之后才进入公司的员工。
3. 因私、因病、因伤连续缺勤______个工作日以上者；因工伤连续缺勤______个工作日以上者。
4. 虽然在考核期任职，但考核实施日已经退职者。

第3条　原则

1. 遵循公平、公正、公开的原则。
2. 遵循定性考核与定量考核相结合的原则。
3. 部门绩效考评结果与各部门月度工资计发挂钩，总体上以有效激励为原则。
4. 考核的成绩以确认的事实或者可靠的材料为依据，遵循真实的原则。

第2章　各级职责划分

第4条　总经理职责

总经理负责中、高层管理人员的考核工作，同时指导、监督公司整体绩效管理工作的开展。

第5条　人力资源部

人力资源部负责对各部门进行岗位考核培训、辅导；负责定期组织实施、推进企业发展的绩效考核工作；负责监控、稽查各部门绩效考核的过程、结果；负责接受、协调处理员工的考核申诉。

第6条　其他各部门负责人

考核实施过程中，其他各部门负责人负责与被考核者进行持续地沟通，并适当地给予必要的资源帮助和支持；负责记录、收集被考核者的绩效信息，为绩效评价提供事实依据；负责考核评价被考核者的工作绩效。

第7条　普通员工

普通员工要按照要求填写绩效考核表，并制订个人绩效改进计划。

续表

第 3 章　绩效考核实施流程

第 8 条　绩效考核流程操作说明

绩效考核流程操作说明			
节点	项目	项目分类	具体流程
1	考核指标制定	制定依据	各部门根据学校发展战略和各岗位岗位职责及工作标准，制定本部门各岗位绩效考核指标。
		时间安排	21—23 日部门部长组织制定本部门各岗位考核指标→24—25 日分管领导审核→26—27 日人力资源部与各部门审核确定考核指标→28 日总经理审批→29 日员工签名后报人力资源部存档。
2	指标跟踪反馈	非量化指标	每位部长、副部长均应准备一本绩效考核专用笔记本，对日常工作中被考核者有出现不符合考核标准并影响考核评分的事实和数据应及时做好工作记录。记录考核事件发生的时间、地点、事件概要和结果等，并与被考核者确认。
		量化指标	各部门根据指标跟踪办法的规定及时做好考核指标相关数据的收集、记录、整理、核查和统计工作，并定期进行汇总统计。
		沟通反馈	发现被考核人行为表现优秀，应在一天内进行及时公众表扬；被考核人的行为表现不符合考核标准，应在 1 分钟之内进行沟通并告知如何改进提升，并与被考核者确认。
3	考核实施	考核方式	学校分管领导负责考核所分管的部门部长、副部长，部门部长负责考核本部门的员工，绩效考核委员会负责审核确定各部门考核结果。
		员工考核	次月第 1 个工作日，员工进行自我评估→次月第 2—3 个工作日，部门部长进行考核评分→次月第 4 个工作日分管领导审核→次月第 5 个工作日人力资源部收集汇总各部门考核表和相关考核依据提交给总经理审核→次月第 8 个工作日考核委员会对考核结果审核确认→每月考核例会后 1 个工作日内，部门部长向所属员工反馈、沟通考核结果。
		部长、副部长考核	次月第 1 个工作日，部长、副部长进行自我评估→次月第 2—3 个工作日，分管领导进行考核评分→次月第 5 个工作日人力资源部收集汇总各部门考核表和相关考核依据提交给总经理审核→次月第 8 个工作日考核委员会对考核结果审核确认→每月考核例会后 1 个工作日内，分管领导向所分管的部长、副部长反馈、沟通考核结果。

续表

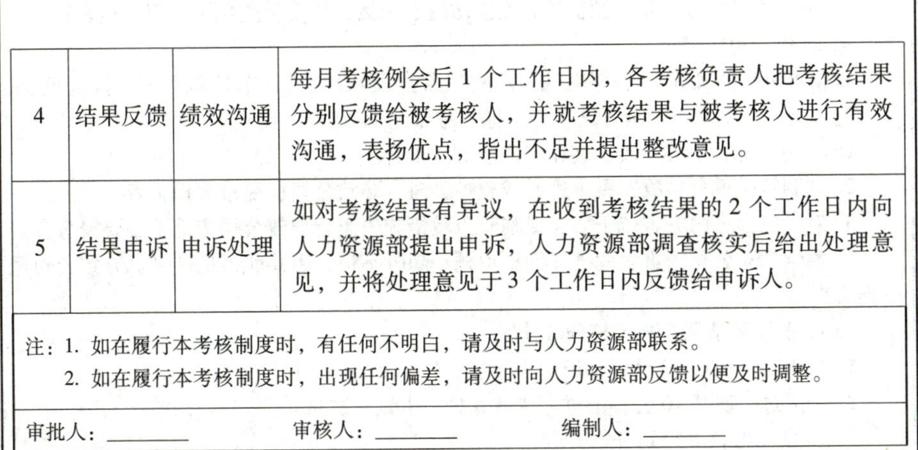

4	结果反馈	绩效沟通	每月考核例会后 1 个工作日内，各考核负责人把考核结果分别反馈给被考核人，并就考核结果与被考核人进行有效沟通，表扬优点，指出不足并提出整改意见。
5	结果申诉	申诉处理	如对考核结果有异议，在收到考核结果的 2 个工作日内向人力资源部提出申诉，人力资源部调查核实后给出处理意见，并将处理意见于 3 个工作日内反馈给申诉人。
注：1. 如在履行本考核制度时，有任何不明白，请及时与人力资源部联系。 2. 如在履行本考核制度时，出现任何偏差，请及时向人力资源部反馈以便及时调整。			
审批人：________	审核人：________	编制人：________	

第 9 条　绩效考核流程图

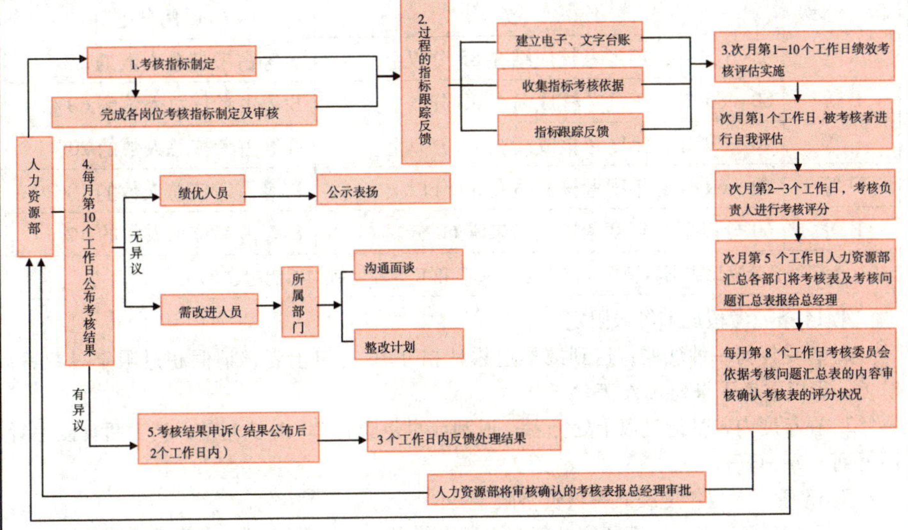

第 4 章　绩效考核等级划分与分值统计

第 10 条　升级记功

根据事由、动机、影响力等综合作用，有以下情形之一者，可以报请升级、记大功、记功、嘉奖、晋级及奖励，并记入考核记录。

1. 对本企业业务上或技术上有特殊贡献，并经采用而获得显著绩效者。
2. 遇到特殊危急事故，冒险抢救，保全公司重大利益或他人生命财产安全者。

续表

3. 对于危害公司产业或设备的意图能防患于未然，并妥善避免企业遭受损害者。

第 11 条　免职记过

根据事由、动机等综合作用，有以下情形之一者，视其情节轻重程度，报请免职、记大过、记过、申诫、降级等处罚，并记入考核记录。

1. 行为不检、屡教不改、破坏纪律情节严重者。

2. 遇到特殊危急事故，畏难逃避或救护失时，导致公司遭受重大损害者。

3. 对可以预见的灾害疏于察觉或临时急救措施失当，导致公司遭受不必要损害者。

4. 察觉到对公司的重大危害却徇私不顾、隐匿不报，因此耽误最佳时机导致公司遭受损害者。

第 12 条　奖励惩罚与考核分数挂钩

1. 记大功一次加 10 分钟；记功一次加 5 分；嘉奖一次加 2 分。

2. 记大过一次减 10 分；记过一次减 5 分；申诫一次减 2 分。

第 13 条　考核等级划分

考核等级划分表

等　级	分　数	比例分配
A 等	85 分以上，年度考核成绩在 85 分以上。	A 等占考核总人数的 5%
B 等	80—85 分，年度考核成绩在 80 分以上。	B 等占考核总人数的 60%
C 等	70—79 分，年度考核成绩在 70 分以上。	C 等占考核总人数的 20%
D 等	60—69 分，年度考核成绩在 60 分以上。	D 等占考核总人数的 10%
E 等	60 分以下，年度考核成绩未满 60 分。	E 等占考核总人数的 5%
注：考核等级分配比例不做硬性规定，但是 A 等和 E 等的比例均不能超过 5%		

第 14 条　考核成绩等级限定

1. 曾受任何一种惩戒；迟到或早退累计扣分 10 分以上者；请假超过限定日数者；旷工一天以上者不得列入 A 等。

2. 在年度内曾受记过以上处分者；迟到或早退累计 20 次以上者；旷工两日以上者不得列入 A—C 等。

第 15 条　参与年度绩效考核资格限定

入职未满半年者；停薪留职及复职未达半年者；已应征入伍者；曾受留职查看处分者；中途离职者不得参加年度绩效考核。

第 5 章　附则

第 16 条　本制度自发布之日起开始执行。

第 17 条　本制度的编写、修改及解释权归人力资源部所有。

执行部门		监督部门		编修部门	
编制日期		审核日期		批准日期	

6. 绩效考核分类制度

制度名称	绩效考核分类制度	受控状态	
		编　　号	

第1章　总则

第1条　目的

为了保证公司整体目标的实现，建立有效的监督激励机制，加强部门之间的配合协作能力，辅助公司更好地做好绩效考核，特制定本制度。

第2条　原则

遵循公平、公正、公开的原则，形成绩效考核的良性竞争机制。

第3条　适用范围

本制度适用于公司所有员工的分类绩效考核。

第2章　绩效考核分类

第4条　按时间划分

1. 定期考核。企业考核的时间可以是一个月、一个季度、半年、一年。考核时间的选择要根据企业文化和岗位特点进行选择。

2. 不定期考核。不定期考核有两方面的含义，一方面是指组织中对人员的提升所进行的考评，另一方面是指主管对下属的日常行为表现进行记录，发现问题及时解决，同时也为定期考核提供依据。

第5条　按内容划分

1. 特征导向型。考核的重点是员工的个人特质，如诚实度、合作性、沟通能力等，即考量员工是一个怎样的人。

2. 行为导向型。考核的重点是员工的工作方式和工作行为，如服务员的微笑和态度，待人接物的方法等，即对工作过程的考量。

3. 结果导向型。考核的重点是工作内容和工作质量，如产品的产量和质量、劳动效率等，侧重点是员工完成的工作任务和生产的产品。

第6条　按目的划分

绩效考核按目的划分，可分为例行考核、晋升考核、转正考核、评定职称考核、培训考核、对新员工考核等。

第7条　按考核对象划分

绩效考核按考核对象划分，可分为对员工考核、对干部考核。对干部考核，又可分为对领导干净、中层干部、科级人员的考核。

第8条　按考核主体划分

绩效考核按考核主体划分，可分为上级考核、自我考核、同事考核、专家考核和下级考核，以及综合以上各种方法的立体考核。

续表

第9条　按考核形式划分

绩效考核按考核形式划分，可分为口头考核与书面考核、直接考核与间接考核、个别考核与集体考核。

第10条　按考核标准的设计方法划分

绩效考核按考核标准的设计方法划分，可分为绝对标准考核和相对标准考核。所谓绝对标准考核即按同一尺度去衡量相同职务人员，它可以明确地判断员工是否符合职位要求以及符合的程度。小组内部同类人员相互比较作出评价。它可以确定人员的优劣顺序，但不能准确地把握员工与职位要求之间的符合程度。

第11条　按主观客观划分

1. 客观考核方法。客观考核方法是对可以直接量化的指标体系所进行的考核，如生产指标和个人工作指标。

2. 主观考核方法。主观考核方法是由考核者根据一定的标准设计的考核指标体系对被考核者进行主观评价，如工作行为和工作结果。

第3章　附则

第12条　本制度自发布之日起开始执行。

第13条　本制度的编写、修改及解释权归人力资源部所有。

执行部门		监督部门		编修部门	
编制日期		审核日期		批准日期	

4.2 不同人员绩效考核制度与图表

4.2.1 中高层人员绩效考核管理制度与图表

1. 中高层人员绩效考核管理制度

制度名称	中高层人员绩效考核管理制度	受控状态	
		编　　号	

第1章　总则

第1条　目的

通过对员工的工作业绩、工作能力及工作态度进行客观、公正的评价，充分发挥绩效考核体系的激励和促进作用，促使中层管理人员不断改善工作绩效，提高自身能力，从而提高企业的整体运行效率。

第2条　考核范围

公司所有中高层管理人员，包括各职能部门经理以上人员，但副总经理、总经理等人员不包括在内。

第3条　考核实施机构

成立绩效考核领导小组，由总经理任组长，组员包括副总经理、各职能总监及人力资源部经理。

第2章　考核内容

第4条　考核内容主要包括工作业绩、核心能力及工作态度三个方面。它们在整个考核评价过程中所占的权重见下表。

考核内容权重表

考核内容	工作业绩	核心能力	工作态度
所占权重	40%	35%	25%

第5条　工作业绩考核是考核被考核者在一个考核周期内的工作效率与工作结果。

第6条　核心能力考核是综合被考核者在一个考核周期内由工作效果达成反映出来的应具备的核心能力状况。

第7条　工作态度考核是考核被考核者对工作岗位的认知程度及为此付出努力的程度。

第8条　考核者依据被考核者在一个考核周期内的表现和被考核者的自我述职报告，确定最终评定等级。

第9条　由于对于中层管理者的考核实际上就是对各系统经营与管理状况进行的全面系统的考察，因此，对于中层管理者的考评采取考核加述职的形式。

续表

第 10 条　中层员工绩效考核表

<table>
<tr><th colspan="6">中层员工绩效考核表</th></tr>
<tr><td>姓　名</td><td></td><td>入职时间</td><td></td><td>考核人</td><td></td></tr>
<tr><td>职　位</td><td></td><td>部　　门</td><td></td><td>考核期</td><td></td></tr>
<tr><th colspan="6">一、个人业绩目标</th></tr>
<tr><td>目标细分</td><td>考核指标</td><td>权　重</td><td>完成状况</td><td>评　　分</td><td>备　　注</td></tr>
<tr><td>1. 根据具体情况制定</td><td></td><td></td><td></td><td></td><td rowspan="5">5—超越目标；3—符合目标；2—部分符合目标；1—不符合目标。</td></tr>
<tr><td>2. 同上</td><td></td><td></td><td></td><td></td></tr>
<tr><td>3. 同上</td><td></td><td></td><td></td><td></td></tr>
<tr><td>4. 同上</td><td></td><td></td><td></td><td></td></tr>
<tr><td>5. 同上</td><td></td><td></td><td></td><td></td></tr>
<tr><td colspan="4">得分小计</td><td colspan="2"></td></tr>
<tr><th colspan="6">二、岗位胜任能力</th></tr>
<tr><td>能力细分</td><td colspan="2">1　2　3　5</td><td>评　分</td><td colspan="2">备　　注</td></tr>
<tr><td>1. 解决问题能力</td><td colspan="2">□ □ □ □</td><td></td><td colspan="2" rowspan="8">5—深入理解该胜任能力，在各种场合始终如一地表现出此方面的行为；3—良好地理解该胜任能力，在大部分情况下都能够表现出此方面的行为；2—基本理解胜任能力，在一般情况下能够表现出此方面的行为；1—处于开始学习的阶段，较少表现出该胜任能力所要求的行为。</td></tr>
<tr><td>2. 团队建设能力</td><td colspan="2">□ □ □ □</td><td></td></tr>
<tr><td>3. 学习创新能力</td><td colspan="2">□ □ □ □</td><td></td></tr>
<tr><td>4. 他人培养能力</td><td colspan="2">□ □ □ □</td><td></td></tr>
<tr><td>5. 适应变化能力</td><td colspan="2">□ □ □ □</td><td></td></tr>
<tr><td>6. 结果导向能力</td><td colspan="2">□ □ □ □</td><td></td></tr>
<tr><td>7. 沟通协调能力</td><td colspan="2">□ □ □ □</td><td></td></tr>
<tr><td>8. 决策分析能力</td><td colspan="2">□ □ □ □</td><td></td></tr>
<tr><td colspan="4">得分小计</td><td colspan="2"></td></tr>
<tr><th colspan="6">三、工作态度</th></tr>
<tr><td>态度细分</td><td colspan="2">1　2　3　5</td><td>评　分</td><td colspan="2">备　　注</td></tr>
<tr><td>1. 责任感强，尽职尽责</td><td colspan="2">□ □ □ □</td><td></td><td colspan="2" rowspan="5">5—作为他人的榜样，向他人提供指导；3—不需要他人的指导就能够表现该方面的要求；2—有时需要他人的提醒和指导；1—经常需要他人的指导，反馈后能够及时调整。</td></tr>
<tr><td>2. 注重团队协作精神</td><td colspan="2">□ □ □ □</td><td></td></tr>
<tr><td>3. 具有计划性、周密性</td><td colspan="2">□ □ □ □</td><td></td></tr>
<tr><td>4. 积极主动，富有热情</td><td colspan="2">□ □ □ □</td><td></td></tr>
<tr><td>5. 纪律性强，保守公司秘密</td><td colspan="2">□ □ □ □</td><td></td></tr>
</table>

续表

得分小计	
评估总分	

第 11 条　中层员工自我述职报告

中层员工自我述职报告					
姓　名		入职时间		考核人	
职　位		部　　门		考核期	
年度工作总评：					
表现突出的方面及潜在能力：					
需要发展改进的方面：					
计划采取的行动：					
被考核人 签字： ____年__月__日		考核人 签字： ____年__月__日		总经理 签字： ____年__月__日	

第 3 章　考核方式

第 12 条　对中层管理人员的考核主要分为上级考核、同级互评、自我评价及下属民主测评四种。四种方式所占权重如下表。

考核方式权重表				
考核方式	上级考核	同级互评	下属民主测评	自我评价
所占权重	45%	30%	20%	5%

第 13 条　上级考核分数

由公司高层领导对本公司所有中层管理人员进行工作业绩、核心能力及工作态度评价，综合所有评价数据进行加权计算，得到上级考核最终分数。

第 14 条　同级互评分数

中层管理人员之间进行工作业绩、核心能力及工作态度互评，综合所有评价数据进

Chapter 4

续表

行加权计算，得到同级互评最终分数。

第 15 条　下属民主测评分数

由被考核者直接下属对其进行工作业绩、核心能力及工作态度评价，综合所有评价数据进行加权计算，得到下属民主测评最终分数。

第 16 条　自我评价分数

由被考核者自己结合述职报告给出适当的分数。

第 17 条　考核最终分数确定

考核最终分数 = 上级考核分数 ×45% + 同级互评分数 ×30% + 下属民主测评分数 ×20% + 自我评价分数 ×5%

第 4 章　考核结果及其运用

第 18 条　考核等级

考核等级是主管对员工绩效进行综合评价的结论。考核成绩可分为五个层次：A（优秀）、B（良好）、C（合格）、D（需要改进）、E（不合格）。

第 19 条　公司在原则上规定了考核等级与百分制成绩之间的关系，具体内容见下表。

考核等级与百分制成绩关系表

考核等级	A	B	C	D	E
考评分数	90 分以上	80—89 分	70—79 分	60—69 分	60 分以下

第 20 条　考核等级之定义见下表。

考核等级之定义表

等　级	定　义	含　义
A	优秀	实际业绩显著超过预期计划/目标或岗位职责分工的要求，在计划/目标或岗位职责/分工要求所涉及的各个方面都取得非常突出的成绩
B	良	实际业绩达到或超过预期计划/目标或岗位职责分工的要求，在计划/目标或岗位职责/分工要求所涉及的主要方面取得比较突出的成绩
C	合格	实际业绩基本达到预期计划/目标或岗位职责分工的要求，既没有突出的表现，也没有明显的失误
D	需改进	实际业绩未达到预期计划/目标或岗位职责分工的要求，在很多方面或主要方面存在着明显的不足或失误
E	不合格	实际业绩远未达到预期计划/目标或岗位职责分工的要求，在很多方面或主要方面存在着重大的不足或失误

续表

第 21 条　年度内中高层管理者的中期、年终考核，各部门内部员工的季度和月度考核均遵循下列比例强制分布，在具体实际操作过程中可进行适当的调整，详见下表。

考核比例强制分布表					
考核等级	A	B	C	D	E
分布比例	5%	20%	60%	10%	5%

第 5 章　附则

第 22 条　本制度由公司人力资源部负责制定，报总经理审批后执行。

第 23 条　本制度解释权归公司人力资源部。

编制日期		审核日期		批准日期	
修改标记		修改处数		修改日期	

2. 高级管理人员绩效考核表（上级考核）

高级管理人员绩效考核表（上级考核）

被考核人：　　　部门：　　　职位：　　　实施期：　　年　月　日

考核期：　　年　月　日至　　年　月　日　　　考核者：

考核项目	考核内容	考核等级				分数	备　注
		出色	满意	称职	勉强		
目标达成度	与绩效目标或与期望值比较，工作达成与目标或标准的差距，同时应考虑工作客观难度。	8—7	6—5	4—3	2—1		
工作品质	仅考虑工作的品质，与期望值比较，工作过程、结果的符合程度（准确性、反复率等）。	8—7	6—5	4—3	2—1		
工作速度	仅考虑工作的速度，完成工作的迅速性、时效性，有无浪费时间或拖拉现象。	8—7	6—5	4—3	2—1		
费用控制	与目标或与期望值比较，实际费用控制程度及费用开支的合理性、必要性。	8—7	6—5	4—3	2—1		
管理能力	把握下属的个性、才干，指导、辅导与激励下属，统一组织行动的能力及用人能力。	8—7	6—5	4—3	2—1		
计划性	工作事前计划程度，对工作（内容、时间、数量、程序）安排分配的合理性、有效性。	4	3	2	1		
协调沟通	与各方面关系协调，化解矛盾，说服他人，以及人际交往的能力。	4	3	2	1		

续表

应变力	应对变化，采取措施或行动的主动性、有效性及工作中对上级的依赖程度。	4	3	2	1		
改善创新	问题意识强否，为了更有效工作，改进工作的主动性及效果。	4	3	2	1		
判断力	预见性及决策准确性，对事物发展的关键因素、发展趋势与机遇的把握程度。	4	3	2	1		
人才培养	对人才的重视程度及对储备人才的培养情况。	4	3	2	1		
周全缜密	工作认真细致及深入程度，考虑问题的全面性、遗漏率。	4	3	2	1		
全局观念	团队合作精神，立足全局，从整体出发考虑处理问题能力。	4	3	2	1		
以身作则	表率作用如何，严格要求自己与否，遵守制度纪律情况。	4	3	2	1		
工作态度	工作自觉性、积极性；对工作的投入程度，进取精神、勤奋程度、责任心、事业心等。	4	3	2	1		
执行力	对公司的战略、决策、计划的执行程度，及执行中对下级检查跟进程度。	4	3	2	1		
品德言行	是否做到廉洁、诚信与正直，是否具有职业道德，是否严格执行仪容仪表的要求。	4	3	2	1		
员工管理	是否能保持较低的人员流动，创造和谐、高效、积极的工作氛围。	4	3	2	1		
保密意识	是否保密意识极强，处处为企业利益着想，不会泄露企业任何机密。	4	3	2	1		
身心健康	是否精力充沛，心理承受力强，能承担极大压力的工作。	4	3	2	1		
合　计		100					
考勤	病假____次　事假____次　旷工____次　迟到早退____次						
奖惩记录	奖：　　　　惩：						

续表

综合评价，你认为被考核者可以得到：A 级 □　　B 级 □　　C 级 □　　D 级 □ 原由：
人力资源部最终核定： 审核人：
请给被考核者提几点意见：
请对公司的绩效管理制度和方法提几点意见：

4.2.2 下级对上级综合能力考核表

下级对上级综合能力考核表

被评估人	
被评估人职务	
评估人	
评估人职务	
被评估的时间范围	自____年____月____日到____年____月____日
进行此次评估的日期	____年____月____日

评估步骤：

1. 下属单独填写此项评估，不需要和任何人进行讨论。

2. 如果你不是直接由分公司经理领导，那么你需要评估两位领导：你的直接上级以及当地分公司经理。

3. 填写完毕，注明本人姓名、职位以及被评估人的姓名和职位，独立发送给总部人力资源部。

续表

4. 人力资源部汇总的评估分数和评估意见，暂时作为内部审核参考意见，上交总部的首席执行官，不向被评估人进行反馈。

5. 如果有必要对被评估人进行反馈，我们会先征求评估人的意见，请在以下的选择中打勾注明你的意愿：

（1）可以记名形式________向被评估人反馈此评估表的内容。

（2）可以不记名形式________向被评估人反馈此评估表的内容。

（3）绝对不可以________向被评估人反馈此评估表的内容。

6. 人力资源部会对评估人的意见及其结果高度保密。

7. 员工业绩表现评定分数：

5 分——非常优秀

4 分——很好

3 分——合格，称职

2 分——需要改进

1 分——不称职

对上述各级别评审均需做出评语，对 3 分以下的评审要提出改进的建议。

1. 授权/控制能力	评	分			
（1）善于分配权力，积极传授工作知识，引导部署达成任务	5	4	3	2	1
（2）对下属的工作进行跟进、回顾，确保目标达成	5	4	3	2	1
（3）善于给下属及时反馈和评价	5	4	3	2	1
（4）善于放手让下属去工作，及时地鼓励他们乐于协作的精神	5	4	3	2	1
（5）善于用人所长，有效分配工作，并给予相应的权利和责任	5	4	3	2	1
（6）妥善处理工作中的失败和临时追加的工作任务	5	4	3	2	1
评　语					
2. 专业知识	评	分			
（1）熟悉工作要求、技能和程序	5	4	3	2	1
（2）熟悉本行业及本岗位的操作流程及规范	5	4	3	2	1
（3）熟悉并了解对其工作领域产生影响的政策、实际情况及发展方向	5	4	3	2	1
（4）工作中使用工具的熟练情况及专业知识（例如分析工具、器材、电脑软件等）	5	4	3	2	1

续表

2. 专业知识	评	分			
（5）了解下属工作及职责及工作成果标准	5	4	3	2	1
评　　语					
3. 主动性和创造性	评	分			
（1）为达到工作目标而积极地做出具有影响力的尝试	5	4	3	2	1
（2）主动开展工作而非一味被动接受分配任务	5	4	3	2	1
（3）从有限的资源中创造出尽可能多的成果	5	4	3	2	1
（4）主动开展工作力求超越预期目标	5	4	3	2	1
（5）将有创造性的思想加以完善	5	4	3	2	1
（6）勇于向传统模式提出挑战并进行有创造性的尝试	5	4	3	2	1
评　　语					
4. 对业务部门的关注程度	评	分			
（1）对内部及外部业务部门能够坚持关注其期望值及需求	5	4	3	2	1
（2）对业务部门的需求进行积极响应并及时提出改进办法	5	4	3	2	1
（3）以业务部门为中心进行交谈并立即付诸行动	5	4	3	2	1
（4）赢得业务部门的信任和尊重	5	4	3	2	1
评　　语					
5. 培养及领导下属的能力	评	分			
（1）根据工作任务的需要，能够清晰地确定沟通的主题和目标	5	4	3	2	1
（2）通过各种方式创造使人愿意沟通的气氛，并能够与员工沟通并鼓励下属分享信息资源	5	4	3	2	1
（3）能够全面、实时并及时地完成工作评估	5	4	3	2	1
（4）能够经常提供建设性的反馈及指导意见	5	4	3	2	1

续表

5. 培养及领导下属的能力	评	分			
（5）能够协助下属确定未来具有挑战性的目标，并能培养职位接班人	5	4	3	2	1
（6）能够与下属建立双向沟通并持续关注（下属、组员或同级）的工作	5	4	3	2	1
（7）培养自己及员工对于公司事业的使命感和热情	5	4	3	2	1
评 语					
6. 判断力及时效性	评	分			
（1）判断准确并能够同时考虑到其他选择的后果	5	4	3	2	1
（2）能够及时并根据工作时间表做出判断	5	4	3	2	1
（3）尽管付诸行动时存在不确定性，但能够对风险进行有效控制并完成工作	5	4	3	2	1
（4）能够针对严重问题提出解决意见	5	4	3	2	1
（5）能够判断潜在的问题及形式	5	4	3	2	1
评 语					
7. 沟通能力	评	分			
（1）能够倾听并表达自己对有关信息的认知	5	4	3	2	1
（2）能够征求意见并做出积极的回应	5	4	3	2	1
（3）能够通过书面和口头形式简明扼要地进行正确表达并产生同样的效果	5	4	3	2	1
（4）能够撰写高水平的书面材料并进行演示与培训	5	4	3	2	1
（5）能够确保其书面材料在专业上的可靠性	5	4	3	2	1
（6）能够在有关交谈中引述相关资讯	5	4	3	2	1
（7）注重培养来自思想、行为和情感的影响力（而不仅是职务权力）	5	4	3	2	1

续表

7. 沟通能力	评分				
评语					
8. 工作责任心	**评分**				
(1) 严格按照制度及流程体系工作	5	4	3	2	1
(2) 可信度和可依赖度	5	4	3	2	1
(3) 接受工作任务情况及本人对完成工作的投入程度	5	4	3	2	1
(4) 乐于与其他人共事并提供协助	5	4	3	2	1
(5) 能够节约并有效控制开支	5	4	3	2	1
(6) 能够对其他人起到榜样的作用	5	4	3	2	1
评语					
9. 计划性及创新能力	**评分**				
(1) 能够有效制订自我工作计划及辅导下属制订详尽工作计划并确定资源	5	4	3	2	1
(2) 能够准确划定工作和项目的期限及难度	5	4	3	2	1
(3) 能够预测问题并制定预案	5	4	3	2	1
(4) 主动、有针对性地寻找资源和途径以学习新知识、新技能、新思路	5	4	3	2	1
(5) 善于将改进、创新的成果文字化、知识化、制度化	5	4	3	2	1
(6) 持续不断地改进本职工作范围内的工作方法、流程	5	4	3	2	1
评语					
10. 工作质量及员工关怀	**评分**				
(1) 对工作中的细节及准确度给予应有的重视	5	4	3	2	1
(2) 能够按时高质量地完成工作	5	4	3	2	1

续表

10. 工作质量及员工关怀	评 分				
（3）准确完成工作并体现出应有的专业水平	5	4	3	2	1
（4）毫无保留的通过不同方式培养人（下属、组员或同级），传授自身的知识与技能	5	4	3	2	1
（5）（对员工取得的成绩给予及时的认可和激励	5	4	3	2	1
（6）主动与（下属、组员或同级）保持联络，力所能及的解决工作及生活中的困难，从而建立和加强长期、稳固的伙伴合作关系	5	4	3	2	1
评 语					
11. 团队精神	评 分				
（1）能够与本部门人员一起有效地工作并共同完成本组织工作目标	5	4	3	2	1
（2）能够与下属分享咨询，乐于协助同事解决工作中的问题	5	4	3	2	1
（3）能够以行动表达对他人需求的理解以及成就的赞赏	5	4	3	2	1
（4）能够与他人共享成功的喜悦	5	4	3	2	1
评 语					

评估人对被评估人的综合能力概述：

评估人签名：__________

4.2.3 普通员工考核制度与图表

1. 普通员工考核制度

制度名称	普通员工考核制度	受控状态	
		编　　号	

第1章　总则

第1条　目的

1. 为了完善公司内部的分配机制，体现分配的公平性和激励作用，充分发挥员工的积极性和创造性，培育和发展适合公司需要的人力资源队伍，特制定本制度。

2. 提高员工的绩效，强调考核过程中上下级的沟通、指导以及员工之间的交流、学习。

3. 为员工调级调薪、工作指导、培训等提供依据。

第2条　适用范围

本制度适用于公司全体员工。

第3条　原则

1. 坚持以提高员工、部门及公司整体绩效为导向，定量考核与定性考核，结果考核与过程考核，激励与约束相结合的原则。

2. 坚持公开、公平、公正以及考核结果及时反馈的原则。

第4条　组织机构及其职责

1. 绩效薪酬委员会：绩效考核的领导、监督、仲裁机构。负责绩效方案、绩效目标责任书、考核结果的最终审批及考核申诉的最终裁定等。

2. 人力资源部：绩效考核工作的组织实施机构。负责员工绩效考核组织、协调、督促、检查、申诉调解、总结等工作。

3. 其他各相关部门：绩效考核的具体实施者。负责部门内员工绩效考核的实施、考核结果的汇总、考核的反馈与沟通。

第2章　考核内容及形式

第5条　员工考核内容

工作业绩、工作态度和特别加扣分项。

第6条　普通员工的考核方法及考核结果运用

1. 对普通员工的考核实行月度考核、年度总评的方式。考核结果分为优秀、良好、称职、基本称职、不称职五个级别。

2. 每月月初，员工根据岗位说明书、本部门月度工作计划和本部门年度绩效目标责

续表

任书，编写本人月度工作计划目标，上报直接上级领导审核修订后双方确认签字，作为月度考核的依据。若当月计划执行过程中出现需调整或增加目标情况，上级领导可与员工共同协商予以确认，月末考核依据变更后的目标书进行。

第 7 条　普通员工月度考核权重分配比例

工作业绩占 80 分，工作态度占 20 分，满分 100 分。特别加扣分项上下限为 10 分。工作业绩分来源于月初双方确认的目标责任书；工作态度评价可以由直接上级作出，也可以由直接上级和部门同事联合作出；特别加扣分项主要来源于目标之外的又无法用工作态度来评价的一些重要、突发事项或情况（包括员工正反两方面的极限行为），特别加扣分项不含在总分 100 分之内，由员工直接领导举行考核评分。

第 8 条　普通员工年度绩效总成绩

普通员工年度绩效总成绩为全年 12 个月考核成绩的算术平均值。为避免年度总成绩的平均化倾向，各部门年度考核优秀员工的比例不能超过部门内普通员工总数的 15%，良好员工的比例不能超过部门内普通员工总数的 25%。

第 9 条　员工月季度考核结果与绩效工资

员工月度考核结果直接与当月绩效工资挂钩，年度考核结果直接与年终奖金挂钩。此外，员工考核结果还将与调薪、培训和年终评先等相联系。

1. 当年度考核总成绩为优秀者，工资在岗级内晋升一级；累计两年考核总成绩为良好者，工资在岗级内晋升一级。

2. 年度考核总成绩为优秀的员工，将直接具备公司年度评先的候选人资格。

3. 对考核成绩持续表现优良者，可作为干部重点培养对象，增加相应的培训。

4. 年内受到各种处分或出勤率不到 95% 的，一律不得评为优秀或良好。

5. 普通员工实行末位淘汰制，每半年各部门员工考核末位淘汰比例为部门内普通员工总数的 1%—3%。末位人员统一在原单位接受在岗培训，培训期为 3 个月，培训期间按照南阳市最低工资标准发给生活费。3 个月培训期满经考核合格后可重新上岗，不合格的继续培训 3 个月，期满经考核仍不合格或两年内末位次数累计达到 2 次的，公司将予以辞退，并不支付经济补偿金。

第 10 条　成绩与工作业绩成绩的校验

部门考核结果和员工考核结果出来后，部门考核扣分项必须和部门内员工扣分相对应，即校验部门职责是否确实分解落实到部门内部员工的职责上面，若发现有部门差错和员工差错无法对应的情况，则由人力资源部进行分析，并组织对部门或员工重新进行考核评分。

续表

第3章 附则					
第11条 本制度自发布之日起开始执行。 第12条 本制度的编写、修改及解释权归人力资源部所有。					
执行部门		监督部门		编修部门	
编制日期		审核日期		批准日期	

2. 员工考核表

员工考核表							
编号				考核日期			
姓名		年龄		部门		职务	
序号	考核项目	评分标准				分值	得分
1	出勤率	（1）定时出勤、按时到岗，出勤率100%。（10分） （2）每迟到、早退一次，（-1分）；累计三次以上。（-5分） （3）每旷工一次，（-2分），累计旷工两次以上。（-10分） （4）按公司制度请假并有相关手续时不扣分。				10	
2	工作态度	（1）工作勤奋努力、态度端正，不计较个人得失。（10分） （2）对交办的本职工作不认真完成、应付了事。（-3分） （3）不愿接受交办的本职工作，经常推诿或不满。（-5分） （4）拒绝接受交办的本职工作且无正当理由。（-8分） （5）顶撞上级、无理取闹、不服从管理的。（-10分）				10	

续表

序号	考核项目	评分标准	分值	得分
3	工作效率	（1）方法灵活、触类旁通，能按时完成本职工作。（10 分） （2）工作忙乱无方法，但能按时完成本职工作。（ –3 分） （3）具备一定的工作方法，但效率低下、偶尔不能按时完成本职工作。（ –5 分） （4）工作慌乱、毛手毛脚、常不能按时完成本职工作。（ –8 分） （5）无方法、无策划、不能按时完成本职工作。（ –10 分）	10	
4	完成质量	（1）工作成绩突出、质量优良，能准确把握领导意图。（10 分） （2）工作成绩较为出色，领导较为满意。（ –2 分） （3）工作成绩一般，在领导指导下基本合格。（ –5 分） （4）工作成绩较差，经常返工仍不符合领导要求。（ –8 分） （5）无法达到领导要求。（ –10 分）	10	
5	岗位技能	（1）业务精湛、游刃有余，完全胜任本职工作。（10 分） （2）业务熟练，具备足够的专业知识。（ –2 分） （3）业务技能一般，勉强胜任本职工作。（ –5 分） （4）业务不熟、常需领导把关。（ –8 分） （5）不懂本岗位知识、无法胜任本职工作。（ –10 分）	10	
6	沟通合作	（1）善于沟通，能积极与人合作，有良好的团队精神。（10 分） （2）沟通协调能力一般，但能与他人合作完成任务。（ –2 分） （3）沟通协调能力较差，不善于与他人合作。（ –5 分） （4）具备一定的沟通能力，但不愿与他人合作。（ –8 分） （5）不会与人沟通、不愿与他人合作、工作难以进行。（ –10 分）	10	
7	敬业精神	（1）热爱企业，忠于职守，责任心强，为他人楷模。（10 分） （2）工作需要监督，责任心不强，缺乏主动积极性。（ –4 分） （3）对本职工作不满，经常脱岗或影响他人正常工作。（ –6 分） （4）凡事以个人为中心，假公济私，不关心企业发展。（ –8 分） （5）破坏公司财物，违法乱纪，抵毁企业声誉。（ –10 分）	10	

续表

<table>
<tr><th>序号</th><th>考核项目</th><th>评分标准</th><th>分值</th><th>得分</th></tr>
<tr><td>8</td><td>策划创新</td><td>(1) 思维活跃，有创新意识，具备远见卓识，常能提出合理化建议。(10 分)
(2) 能完成交办的工作，但方法单一，不会举一反三。(-3 分)
(3) 对新生事物不愿理睬，无创新意识或分析能力差。(-5 分)
(4) 思维迟顿，畏首畏尾，逆来顺受，无个人见解。(-8 分)
(5) 思想古板，因循守旧，拒绝接受新生事物。(-10 分)</td><td>10</td><td></td></tr>
<tr><td>9</td><td>个人成长</td><td>(1) 勤奋好学、不断提高，能推动企业发展。(10 分)
(2) 具备一定的学习能力，但方法不当、进步缓慢。(-3 分)
(3) 对学习认识不清，目标模糊，不知从何处入手。(-5 分)
(4) 安于现状，不思进取，无奋斗目标。(-8 分)
(5) 骄傲自满，刚愎自用，反感学习。(-10 分)</td><td>10</td><td></td></tr>
<tr><td>10</td><td>综合素质</td><td>(1) 道德高尚、成熟干练，适应能力强，具开发价值。(10 分)
(2) 有一定的道德素质，通过培养具备企业所需条件。(-2 分)
(3) 精神面貌不佳，行为怪异，好高骛远，适应能力差。(-5 分)
(4) 性格骄纵，遇事冲动，蛮横无礼，不受欢迎。(-8 分)
(5) 道德败坏，言行不一，弄虚作假，以权谋私。(-10 分)</td><td>10</td><td></td></tr>
<tr><td>总分</td><td colspan="4"></td></tr>
<tr><td colspan="2">被考核人员近期要求或期望</td><td colspan="3">签字：　　　　　　年　月　日</td></tr>
<tr><td colspan="2">考核人员评语或建议</td><td colspan="3">签字：　　　　　　年　月　日</td></tr>
</table>

4.2.4　试用期员工绩效考核制度与图表

1. 试用期员工绩效考核制度

<table>
<tr><td rowspan="2">制度名称</td><td rowspan="2">试用期员工绩效考核制度</td><td>受控状态</td><td></td></tr>
<tr><td>编　　号</td><td></td></tr>
</table>

第1章　总则

第1条　目的

掌握试用期员工的工作状态与表现，及时对表现优异的试用员工进行奖励，对不合格的试用员工进行淘汰，形成良性循环用人机制。

第2条　适用范围

本制度适用于公司所有试用期人员。

第3条　原则

1. 以考核试用期人员的胜任力为导向，遵循多角度考核原则。

2. 在公平、公正、公开原则下，采用定量考核与定性考核相结合原则。

第2章　管理职责

第4条　行政事业部职责

本制度由行政事业部管理，负责组织、实施试用期员工绩效考核，并对试用期员工的绩效考核结果与员工所在部门主管进行沟通，做出处理意见。

第5条　各部门职责

各个部门作为试用期员工绩效考核的主体，应根据本制度客观、真实、及时地对本部门试用期员工进行绩效考核，并将绩效考核结果与试用期员工沟通后上报至行政事业部。

第6条　试用期员工职责

试用期员工应积极配合部门主管完成绩效考核工作。

第3章　绩效考核

第7条　考核周期

试用期员工每月考核一次。每月15日前入职的员工参与当月绩效考核，15日后入职的员工不参与当月绩效考核。

第8条　考核流程

1. 员工所在部门直接上级每月2日前与员工沟通后制定《试用期员工绩效考核表》，报行政事业部。

续表

2. 每月3日前，员工做上一月度工作总结，并填写《试用期员工绩效考核表》自评部分，交于直接上级。

3. 员工所在部门直接上级据实填写《试用期员工绩效考核表》，计算员工绩效考核结果，于5日前交给行政事业部。

4. 行政事业部汇总绩效考核结果，根据公司相关规定做出相应的处理。

第9条　考核维度

考核维度是考核对象考核的不同角度和不同方面，包括业绩维度、行为态度维度、出勤考核。

1. 业绩维度，业绩指被考核人员所取得的工作成果，考核范围包括每个岗位的岗位职责指标，任务目标完成情况，对下属的管理和工作指导情况（管理人员）。业绩考核的指标由员工的直接上级制定。考核比重占总绩效的70%。

2. 行为态度维度，指对员工在工作过程中表现出来的行为情况的考核。考核比重占总绩效的20%。

3. 出勤考核，指对员工在考核周期内出勤情况（包括迟到早退、旷工、请假）进行考核。考核比重占总绩效的10%。

第10条　考核方式

考核方式为员工自评加上级考评。员工自评绩效结果占总绩效结果的10%，上级考评绩效结果占总绩效的90%。

第11条　等级划分

绩效等级	优秀	良好	合格	差
绩效得分	90—100分	80—90分	60—70分	60分以下

第12条　考核申诉

若员工对于绩效考核结果有疑义的，可以在绩效考核结果公布后2日内向行政事业部提出考核申诉。行政事业部根据员工反映情况进行调查，于收到申诉后2日内做出申诉处理意见。

第4章　附则

第13条　本制度自发布之日起开始执行。

第14条　本制度的编写、修改及解释权归人力资源部所有。

执行部门		监督部门		编修部门	
编制日期		审核日期		批准日期	

Chapter 4

2. 试用期员工转正申请审批表

试用期员工转正申请审批表					
姓　名		部　　门		岗　位	
学　历		毕业院校		专　业	
试用期	年　月　日至　　年　月　日				
试用期自我评价（由本人填写）					
主要工作业绩：					

考评内容（由直接上级填写）						
出勤状况（天、次）	病　假	事　假	迟　到	早　退	处　罚	奖　励

考核内容 / 考核项目	要　点	优	良	合　　格
品德项 30%	诚实 10%	能够坦诚布公、实事求是、诚实地待人处事	偶有撒谎现象和不守信誉，基本上能够以诚待人	时有不实语言，不能获得同事与上级信赖，虚假汇报，掩盖工作失误
		□100　□90	□80　□70　□60	□50　□40　□30
	责任心 10%	可以放心交付工作，能够彻底完成目标和任务，工作认真负责，问题意识较强	具有责任心，可以交付工作，但须督导方可完成	责任心不强，须常督促，尚不能完成任务
		□100　□90	□80　□70　□60	□40　□30　□20
	职业道德 10%	严守公司机密，保持高度警觉，严格遵守公司管理制度及掌握公司工作尺度、原则，坚决服从公司决定	能够遵守企业秘密条例，遵守公司规章制度，偶有破坏情况，理解公司的决定	对外传播公司机密和不宜外传事宜，制造同事或上下级矛盾，随意破坏公司制度，不服从公司决定
		□100　□90	□80　□70　□60	□40　□30　□20

续表

考核内容 考核项目	要　点	优	良	合　格
能力项 70%	专业知识能力 20%	能够运用专业知识及时、有效地解决各类问题，圆满完成各项工作任务	能够运用专业知识解决问题，完成工作任务	专业知识明显不足，影响工作进展
		□100　□90	□80　□70　□60	□40　□30　□20
	服务意识和亲和能力 20%	能够主动积极了解服务需求并提供有效服务，与客户亲和力强，不暴躁，工作差错率较少	能够提供服务，亲和力一般，偶尔有不耐烦现象或偶尔出现差错	服务意识不够，有衙门作风，员工亲和力不足，常有不耐烦现象，工作经常出现差错
		□100　□90	□80　□70　□60	□40　□30　□20
	学习和进取能力 10%	能主动学习和进取，掌握较快并且很快能运用到工作	学习意识和能力一般，掌握较慢，但基本上能够领悟学习内容	不善于学习，不思进取，被迫学习
		□100　□90	□80　□70　□60	□40　□30　□20
	自律能力 10%	能够严格遵守公司的规定及制度，忠于职守，从不擅自离岗	有自律意识和能力，能够遵守公司考勤规定，但偶尔有窜岗现象和违规现象	自律意识和能力不足，常有擅离岗位现象及违规现象
		□100　□90	□80　□70　□60	□40　□30　□20
	协作能力 10%	能够积极与他人顺利达成工作任务和要求	尚能与人合作，能够达成工作任务与要求	协作不善，常常致使工作无法进行和开展
		□100　□90	□80　□70　□60	□40　□30　□20
综合得分：__________分（加权平均计算） 注：考核结果综合得分低于 80 分为不合格，不予录用。				

续表

部门经理简评	试用期考核情况： □试用期不合格 □按期转正 □提前转正，转正日期：____年__月__日。其他：________
主管副总意见	
人力资源部意见	
总经理审批	

4.2.5 销售人员绩效考核制度与图表

1. 销售人员绩效考核制度

制度名称	销售人员绩效考核制度	受控状态	
		编　　号	

第1章　总则

第1条　目的

为鼓舞销售人员工作热情，提高工作绩效，积极拓展市场，促进公司产品的营销，维护公司的正常发展，特制定本制度。

第2条　原则

本制度采用定性与定量相结合的方法，用公平、公正、合理的方式来评估考核公司各销售人员工作绩效及绩效工资，以提倡竞争、激励先进、鞭策落后。

第3条　适用范围

本制度适用于公司全体销售人员。

续表

第 2 章　销售考核原则与标准

第 4 条　考核原则

1. 业绩考核（定量）+ 行为考核（定性）。

2. 定量做到严格以公司收入业绩为标准，定性做到公平客观。

3. 考核结果与员工收入挂钩。

第 5 条　考核标准

1. 销售人员业绩考核标准为公司当月的营业收入指标和目标，公司将会每季度调整一次。

2. 销售人员行为考核标准。

（1）执行遵守公司各项工作制度、考勤制度、保密制度和其他公司规定的行为表现。

（2）履行本部门工作的行为表现。

（3）完成工作任务的行为表现。

（4）遵守国家法律法规、社会公德的行为表现。

（5）其他。

其中，当月行为表现合格者为 0.6 分以上，行为表现良好者为 0.8 分以上，行为表现优秀者为满分 1 分。如当月能有少数突出表现者，突出表现者可以最高加到 1.2 分。

如当月有触犯国家法律法规、严重违反公司规定、发生工作事故、发生工作严重失误者，行为考核分数一律为 0 分。

第 3 章　销售考核相关内容

第 6 条　考核内容与指标

销售人员绩效考核表如下表所示。

销售人员绩效考核表

考核项目		考核指标	权重	评价标准	评分
工作业绩	定量指标	销售完成率	35%	实际完成销售额 ÷ 计划完成销售额 ×100% 考核标准为 100%，每低于 5%，扣除该项 1 分	
		销售增长率	10%	与上一月度或年度的销售业绩相比，每增加 1%，加 1 分，出现负增长不扣分	
		销售回款率	20%	超过规定标准以上，以 5% 为一档，每超过一档加 1 分，低于规定标准的，为 0 分	
		新客户开发	15%	每新增一个客户，加 2 分	

续表

考核项目		考核指标	权重	评价标准	评分
工作业绩	定性指标	市场信息收集	5%	1. 在规定的时间内完成市场信息的收集，否则为0分 2. 每月收集的有效信息不得低于____条，每少一条扣1分	
		报告提交	5%	1. 在规定的时间之内将相关报告交到指定处，未按规定时间交者，为0分 2. 报告的质量评分为4分，未达到此标准者，为0分	
		销售制度执行	5%	每违规一次，该项扣1分	
		团队协作	5%	因个人原因而影响整个团队工作的情况出现一次，扣除该项5分	
工作能力		专业知识	5%	1分：了解公司产品基本知识 2分：熟悉本行业及本公司的产品 3分：熟练的掌握本岗位所具备的专业知识，但对其他相关知识了解不多 4分：掌握熟练的业务知识及其他相关知识	
		分析判断能力	5%	1分：较弱，不能及时地做出正确的分析与判断 2分：一般，能对问题进行简单的分析和判断 3分：较强，能对复杂的问题进行分析和判断，但不能灵活地运用到实际工作中 4分：强，能迅速的对客观环境做出较为正确的判断，并能灵活运用到实际工作中取得较好的销售业绩	
		沟通能力	5%	1分：能较清晰地表达自己的思想和想法 2分：有一定的说服能力 3分：能有效地化解矛盾 4分：能灵活运用多种谈话技巧和他人进行沟通	
		灵活应变能力	5%	应对客观环境的变化，能灵活地采取相应的措施	

续表

考核项目	考核指标	权重	评价标准	评分
工作态度	员工出勤率	2%	1. 月度员工出勤率达到 100%，得满分，迟到一次，扣 1 分（3 次及以内） 2. 月度累计迟到三次以上者，该项得分为 0	
	日常行为规范	2%	违反一次，扣 2 分	
	责任感	3%	0 分：工作马虎，不能保质、保量地完成工作任务且工作态度极不认真 1 分：自觉地完成工作任务，但对工作中的失误，有时推卸责任 2 分：自觉地完成工作任务且对自己的行为负责 3 分：除了做好自己的本职工作外，还主动承担公司内部额外的工作	
	服务意识	3%	出现一次客户投诉，扣 3 分	

第 7 条　考核方法

1. 员工考核时间：下一月的第一个工作日。

2. 员工考核结果公布时间：下一月的第三个工作日。

3. 员工考核挂钩收入的额度：月工资的 20%；业绩考核额度占 15%；行为考核额度占 5%。

4. 员工考核挂钩收入的计算公式为：$Z=A\times\frac{X}{C}+B\times Y$

公式中具体指标含义如下表所示。

公式中具体指标含义	
指标	含义
A	不同部门的业绩考核额度
B	行为考核额度
C	当月业绩考核指标
X	当月公司营业收入
Y	当月员工行为考核的分数
Z	当月员工考核挂钩收入的实际所得

5. 员工考核挂钩收入的浮动限度：为当月工资的 80%—140%。

续表

<table>
<tr><td colspan="6">6. 员工挂钩收入的发放：每月员工考核挂钩收入的额度暂不发放，每季度发放 3 个月的员工考核挂钩收入的实际所得。
第 8 条　考核程序
1. 业绩考核，按考核标准由财务部根据当月公司营业收入情况统一执行。
2. 行为考核，由销售部经理进行。
第 9 条　考核结果
1. 业绩考核结果每月公布一次，部门行为考核结果（部门平均分）每月公布一次。
2. 员工行为考核结果每月通知到被考核员工个人，员工之间不应互相打听。
3. 每月考核结果除了与员工当月收入有挂钩以外，其综合结果也是公司决定员工调整工资级别、职位升迁和人事调动的重要依据。
4. 如对当月考核结果有异议，请在考核结果公布之日起一周内向本部门经理或行政人力资源部提出。
第 4 章　附则
第 10 条　本制度自发布之日起开始执行。
第 11 条　本制度的编写、修改及解释权归人力资源部所有。</td></tr>
<tr><td>执行部门</td><td></td><td>监督部门</td><td></td><td>编修部门</td><td></td></tr>
<tr><td>编制日期</td><td></td><td>审核日期</td><td></td><td>批准日期</td><td></td></tr>
</table>

2. 销售人员绩效考核表

<table>
<tr><th colspan="10">销售人员绩效考核表
姓名　　负责区域　　入职时间　　考核期限</th></tr>
<tr><th colspan="2">考核项目</th><th>编号</th><th>考核指标</th><th>权重</th><th>分值</th><th>绩效表现</th><th>得分</th><th>合计</th><th>备注</th></tr>
<tr><td rowspan="10">工作绩效（70%）</td><td rowspan="10">定性指标（70%）</td><td>1</td><td>个人原因客户投诉</td><td>10%</td><td>10</td><td></td><td></td><td rowspan="10"></td><td></td></tr>
<tr><td>2</td><td>销售费用节省率</td><td>5%</td><td>5</td><td></td><td></td><td></td></tr>
<tr><td>3</td><td>市场调查及信息收集</td><td>10%</td><td>10</td><td></td><td></td><td></td></tr>
<tr><td>4</td><td>市场开拓</td><td>10%</td><td>10</td><td></td><td></td><td></td></tr>
<tr><td>5</td><td>报告提交</td><td>5%</td><td>5</td><td></td><td></td><td></td></tr>
<tr><td>6</td><td>实施客户培训</td><td>5%</td><td>5</td><td></td><td></td><td></td></tr>
<tr><td>7</td><td>销售政策执行</td><td>10%</td><td>10</td><td></td><td></td><td></td></tr>
<tr><td>8</td><td>经销商评价</td><td>5%</td><td>5</td><td></td><td></td><td></td></tr>
<tr><td>9</td><td>学习与发展</td><td>5%</td><td>5</td><td></td><td></td><td></td></tr>
<tr><td>10</td><td>团队协作</td><td>5%</td><td>5</td><td></td><td></td><td></td></tr>
</table>

续表

<table>
<tr><th>考核项目</th><th>编号</th><th>考核指标</th><th>权重</th><th>分值</th><th>绩效表现</th><th>得分</th><th>合计</th><th>备注</th></tr>
<tr><td rowspan="4">工作能力（20%）</td><td>1</td><td>专业知识</td><td>5%</td><td>5</td><td></td><td></td><td rowspan="7"></td><td rowspan="7">人力资源部提供数据</td></tr>
<tr><td>2</td><td>工作效率</td><td>5%</td><td>5</td><td></td><td></td></tr>
<tr><td>3</td><td>解决问题能力</td><td>5%</td><td>5</td><td></td><td></td></tr>
<tr><td>4</td><td>沟通能力</td><td>5%</td><td>5</td><td></td><td></td></tr>
<tr><td rowspan="3">工作态度（5%）</td><td>1</td><td>考勤情况（部门1.5%，个人1.5%）</td><td>1%</td><td>1</td><td></td><td></td></tr>
<tr><td>2</td><td>制度遵守情况（部门1.5%，个人1.5%）</td><td>2%</td><td>2</td><td></td><td></td></tr>
<tr><td>3</td><td>责任感</td><td>2%</td><td>2</td><td></td><td></td></tr>
<tr><td rowspan="3">客观评价（5%）</td><td>1</td><td>内部同事评价</td><td>2%</td><td>2</td><td></td><td></td><td rowspan="4"></td><td rowspan="4">人力资源部组织</td></tr>
<tr><td>2</td><td>外部同事评价</td><td>2%</td><td>2</td><td></td><td></td></tr>
<tr><td>3</td><td>自我评价</td><td>1%</td><td>1</td><td></td><td></td></tr>
<tr><td>奖罚评分±5%</td><td>1</td><td>突出贡献或重大损失</td><td>±5%</td><td>5</td><td></td><td></td></tr>
<tr><td>总计</td><td colspan="7">0</td><td></td></tr>
</table>

<table>
<tr><td rowspan="3">绩效考核结果</td><td>评定等级</td><td>优秀</td><td>良好</td><td>合格</td><td>一般</td><td>不称职</td><td>考核人确认</td><td>时间</td><td>被考核人确认</td></tr>
<tr><td>部门初评</td><td></td><td></td><td></td><td></td><td></td><td></td><td></td><td rowspan="2"></td></tr>
<tr><td>公司审核确定</td><td></td><td></td><td></td><td></td><td></td><td></td><td></td></tr>
</table>

<table>
<tr><td rowspan="3">绩效考核确认</td><td></td><td>部门确认</td><td>中心总经理</td><td>人力资源部</td><td>人事行政中心总经理</td><td>总经理</td></tr>
<tr><td>签名</td><td></td><td></td><td></td><td></td><td></td></tr>
<tr><td>时间</td><td></td><td></td><td></td><td></td><td></td></tr>
</table>

4.2.6 财务人员绩效考核制度与图表

1. 财务人员绩效考核制度

<table>
<tr><td rowspan="2">制度名称</td><td rowspan="2">财务人员绩效考核制度</td><td>受控状态</td><td></td></tr>
<tr><td>编　　号</td><td></td></tr>
</table>

第1章　总则

第1条　目的

为了客观、全面地评价财务人员的工作表现，提升其绩效水平，鼓励财务人员积极做好本职工作，不断提升公司财务工作水平，特制定本制度。

第2条　考核范围

本制度适用于公司所有财务人员。

第3条　考核管理

财务人员由财务经理、财务主管、人力资源部相关工作人员组成的绩效考核工作小组进行考核，其各自的职责是有所不同的，具体内容如下表所示。

考核职责一览表

人　　员	职　　责
财务经理	1. 具体组织、实施本部门的员工绩效考核工作，客观公正地对下属进行评估 2. 与下属进行沟通，帮助下属认识到工作中存在的问题，并与下属共同制订绩效改进计划和培训发展计划 3. 对考核结果进行审核、审批
被评估者	1. 学习和了解公司的绩效考核制度 2. 积极配合部门主管讨论并制订本人的绩效改进计划和标准 3. 就绩效考核中出现的问题主动与财务主管或人力资源部进行沟通
人力资源部工作人员	1. 绩效考核工作前期的宣传、培训、组织 2. 考核过程中的监督、指导 3. 考核结果的汇总、整理 4. 应用绩效评估结果进行相关的人事决策

第2章　考核内容

第4条　财务人员考核内容分为工作业绩考核、工作能力考核和工作态度考核。

第5条　工作业绩考核

对财务人员进行的工作业绩考核，其考核要点如下表所示。

续表

财务工作人员工作业绩考核表		
考核项目	考核指标	评价标准
1. 编制各项财务报表	财务报表按时完成率	(1) 及时完成各项财务报表，得______分 (2) 未及时完成各项财务报表，但不影响报表提交部门的正常工作进度，得______分 (3) 未及时完成各项财务报表，且引起报表提交部门的不满，扣______分
	财务报表的编制质量	(1) 各项财务报表真实可靠、全面完整，编制报表的会计方法前后一致，得______分 (2) 各项财务报表真实可靠、内容基本完整，但编制报表的会计方法前后不一致，得______分 (3) 各项财务报表不全面不完整，编制方法不一致，报表数据出现差错，扣______分
2. 税金管理	税金缴纳及时性	及时、足额、准确缴纳各项税金，不得出现缴纳滞纳金现象，每出现一次扣______分，扣完为止
3. 会计核算与账务处理	各类账面登账、对账、结账及时	按照企业规定及时组织各类账目登记、账务处理工作，未在规定时间内完成扣______分，扣完为止
	各类资产账实相符	(1) 各类资产账实相符，得满分 (2) 每出现一次账实不相符的情况，扣______分 (3) 账实不相符累计次数达______次，此项不得分
4. 现金、账簿管理	管理的准确性、安全	管理无差错，得______分，每出现一次差错，扣______分
5. 财务分析报告	提交的及时性	未在规定时间内完成报告。每出现一次，扣______分，扣完为止
	报告的质量	(1) 报告真实可靠，论点明确，论据充分，能为高层领导正确决策提供有力依据，得______分 (2) 报告真实可靠，对高层领导作出正确决策具有一定的参考性，得______分 (3) 财务报告真实可靠性受到质疑，没有太大的使用价值或错误引导高层领导决策，得______分
6. 财务资料归档	资料的安全完整性	财务资料内容完整，归档规范，并及时更新档案。未及时归档造成资料丢失的，每出现一次，扣______分

续表

第 6 条　工作能力考核

对财务人员进行的工作能力考核主要包括财务知识掌握程度、统计分析能力、成本核算能力、成本预算能力等内容。

第 7 条　工作态度考核

对财务人员进行的工作态度考核，其考核要点如下表所示。

财务人员工作态度考核表

考核项目	考核内容	得　分
诚信正直	工作中有无缺失诚信行为	
认真负责	工作中是否认真、错误概率是否在可控范围内	
个人信用	考核期限内，个人有无不良信用记录	
责任心	工作是否积极，对工作是否具有责任心	
协作性	与同事配合是否良好	
学习性	在工作中是否积极主动学习新的专业知识	

第 3 章　考核实施与申诉

第 8 条　月度考核

被考核者于当月最后一个工作日将个人《本月工作总结》和《下月工作计划》交给直接上级，直接上级将按照其当月的工作表现进行评价，并于下月 5 日前将相关资料交到人力资源部。

第 9 条　年度考核

被考核者于每年 12 月 25 日前将个人《全年工作总结》及《下年度个人工作计划》交给直接上级，直接上级对其当年的工作表现进行评价，并于 12 月 30 日前交到人力资源部，人力资源部于次年 1 月 5 日前对年度绩效考核资料进行整理汇总，并报总经理审核。

第 10 条　员工对自己的考核结果不满的，可在考核结束后的一周之内，向人力资源部申诉。

第 11 条　人力资源部接到员工申诉后，会同财务经理或考核负责人对考核者再次进行评估。

第 12 条　员工的考核结果以第二次考核为准。

第 4 章　附则

第 13 条　本制度自发布之日起开始执行。

第 14 条　本制度的编写、修改及解释权归人力资源部所有。

执行部门		监督部门		编修部门	
编制日期		审核日期		批准日期	

2. 财务人员绩效考核表

财务人员绩效考核表

姓　　名		岗　　位		任务期间				
考核项目	考核指标	指标定义	考核目标	分值	评分标准	考核结果	得分	考核者
满意度	财务满意度	相关部门对财务部门工作的满意度	80%	5	每少3个百分点扣1分，每增3个百分点加1分			
及时性	财务结算及时性	不得延期结算。每月8日报送各项汇总报表	100%	5	每迟延两天扣1分			
	费用报告及时率	及时向分管领导提供公司及部门费用报告表	100%	5	每迟延两天扣1分			
合法性	工作合法性	财务审批合法单据÷财务审批全部单据×100%	100%	10	每少1个百分点扣1分			
	1. 保证合理的资金需求		100%	5				
	2. 提高资金使用效率		100%	5				
	3. 节约资金使用成本		100%	5	直接上级的评价			
	4. 合理提高现金收款效率，尽可能延缓现金支出时间		100%	5	直接上级的评价			
核算管理	核算简单清楚，手续齐备，财务安全高效		100%	10	直接上级的评价			
税收筹划	合法，省税		100%	10	直接上级的评价			
财务管理制度	制度科学，可行性强，不断补充完善		100%	5	直接上级的评价			
资产管理	记录清晰，及时知道资产状况，不定抽查各分店存货和现金账实相符		100%	10	直接上级的评价			

续表

<table>
<tr><th>考核项目</th><th>考核指标</th><th>指标定义</th><th>考核目标</th><th>分值</th><th>评分标准</th><th>考核结果</th><th>得分</th><th>考核者</th></tr>
<tr><td>成本费用管理</td><td colspan="2">合理控制成本，费用</td><td>100%</td><td>5</td><td>直接上级的评价</td><td></td><td></td><td></td></tr>
<tr><td>沟通</td><td colspan="2">及时发现问题，随时保持和分管领导有效沟通</td><td>100%</td><td>5</td><td>直接上级的评价</td><td></td><td></td><td></td></tr>
<tr><td rowspan="2">团队管理</td><td>部门内部合理分工</td><td>各司其职，工作内容不交叉重复</td><td>100%</td><td>5</td><td>直接上级的评价</td><td></td><td></td><td></td></tr>
<tr><td>下属满意度</td><td>下级对上级考核表</td><td>100%</td><td>5</td><td>每低 5% 扣 1 分</td><td></td><td></td><td></td></tr>
<tr><td colspan="2">合　计</td><td></td><td></td><td>100</td><td></td><td></td><td></td><td></td></tr>
<tr><td>目标下达者</td><td></td><td>目标接受者</td><td></td><td colspan="2">考核者</td><td colspan="3"></td></tr>
</table>

4.2.7　客服人员绩效考核制度与图表

1. 客服人员绩效考核制度

<table>
<tr><td rowspan="2">制度名称</td><td rowspan="2">客服人员绩效考核制度</td><td>受控状态</td><td></td></tr>
<tr><td>编　　号</td><td></td></tr>
</table>

第 1 章　总则

第 1 条　目的

1. 客观公正评价员工的工作业绩、工作能力及工作态度，促使员工不断提高工作绩效和自身能力，提升企业的整体运行效率和经济效益。

2. 为员工的薪酬决策、培训规划、职位晋升、岗位轮换等人力资源管理工作提供决策依据。

第 2 条　适用对象

本制度适用于公司所有客服人员，但考评期内未到岗累计超过 2 个月（包括请假及其他原因缺岗）的员工不参与当期考核。

第 2 章　绩效考核内容

第 3 条　工作业绩

工作业绩主要从月销售额和对上级主管安排的任务的完成情况来体现。

续表

第 4 条　工作能力

根据本人实际完成的工作成果及各方面的综合素质来评价其工作技能和水平，如专业知识掌握程度、学习新知识的能力、沟通技巧及语言文字表达能力等。

第 5 条　工作态度

主要对员工平时的工作表现予以评价，包括客户纠纷、积极性、主动性、责任感、信息反馈的及时性等。

第 3 章　绩效考核实施

第 6 条　考核周期

根据岗位需要，对员工实施月度考核，其实施时间分别是下一个月的 5—10 日。

第 7 条　考核实施

1. 考核者依据制定的考核指标和评价标准，对被考核者的工作业绩、工作能力、工作态度等方面进行评估，并根据考核分值确定其考核等级。

2. 考核者应熟悉绩效考核制度及流程，熟练使用相关考核工具，及时与被考核者沟通，客观公正地完成考评工作。

第 4 章　考核结果应用

第 8 条　根据员工的考核结果，将其划分为五个等级，主要应用于职位晋升、培训需求、绩效提成发放、岗位工资调整等方面，具体应用如下表所示：

考核结果应用表

评估等级	考核得分	所需培训强度	职位晋升	岗位级别	岗位工资调整
卓越	95—100	无	推荐	资深客服	1800 元
优秀	85—94	一般	储备	二级客服	1700 元
良好	75—84	较强	……	一级客服	1600 元
一般	65—74	强	……	初级客服	1500 元
不及格	65 以下	很强	……	见习客服	1400 元

第 9 条　个人销售绩效提成计算方法：

销售额	绩效提成
15000 元以下	1.5%
15000—20000 元	超出 15000 元部分 ×2% +150 元
20001—25000 元	超出 20000 元部分 ×4% +250 元
25000 以上	2%

第 10 条　公共销售绩效提成计算方法：

公共销售绩效提成 = 公共销售业绩总额 ×0.5% ÷ 客服人数

续表

<table>
<tr><td colspan="6">第 11 条　最终工资计算方法
当月工资 = 岗位工资 + 个人绩效提成 + 公共绩效提成 + 工龄工资
第 12 条　连续 3 个月考核排名第一的，将给予一次性 200 元的奖励；连续 3 个月考核不及格的，自动请辞。
第 5 章　附则
第 13 条　本制度自发布之日起开始执行。
第 14 条　本制度的编写、修改及解释权归人力资源部所有。</td></tr>
<tr><td>执行部门</td><td></td><td>监督部门</td><td></td><td>编修部门</td><td></td></tr>
<tr><td>编制日期</td><td></td><td>审核日期</td><td></td><td>批准日期</td><td></td></tr>
</table>

2. 客服部专员月度绩效考核表

<table>
<tr><th colspan="7">客服部专员月度绩效考核表</th></tr>
<tr><td rowspan="2">评价因素</td><td rowspan="2">对评价期间工作成绩的评价要点</td><td colspan="5">评价尺度</td></tr>
<tr><td>优</td><td>良</td><td>中</td><td>可</td><td>差</td></tr>
<tr><td rowspan="4">1. 勤务态度</td><td>（1）把工作放在第一位，努力做好本职工作。</td><td>5</td><td>4</td><td>3</td><td>2</td><td>1</td></tr>
<tr><td>（2）部门工作主动热情，受到其他部门好评。</td><td>5</td><td>4</td><td>3</td><td>2</td><td>1</td></tr>
<tr><td>（3）忠于职守，严守岗位。</td><td>5</td><td>4</td><td>3</td><td>2</td><td>1</td></tr>
<tr><td>（4）乐于接受新的工作任务，并提出合理化建议，尽职尽责地做好本部门工作。</td><td>5</td><td>4</td><td>3</td><td>2</td><td>1</td></tr>
<tr><td rowspan="4">2. 业务工作</td><td>（1）正确理解工作指示和方针，制订适当的实施计划。</td><td>5</td><td>4</td><td>3</td><td>2</td><td>1</td></tr>
<tr><td>（2）按时完成上级交办的工作任务。</td><td>5</td><td>4</td><td>3</td><td>2</td><td>1</td></tr>
<tr><td>（3）主动努力改善工作和提高效率。</td><td>5</td><td>4</td><td>3</td><td>2</td><td>1</td></tr>
<tr><td>（4）在工作中始终保持协作态度，顺利推动工作。</td><td>5</td><td>4</td><td>3</td><td>2</td><td>1</td></tr>
<tr><td rowspan="4">3. 纪律素养</td><td>（1）在人事关系方面部门之间没有不满或怨言。</td><td>5</td><td>4</td><td>3</td><td>2</td><td>1</td></tr>
<tr><td>（2）成本意识强烈，能积极节省，避免浪费。</td><td>5</td><td>4</td><td>3</td><td>2</td><td>1</td></tr>
<tr><td>（3）十分注意生产现场的安全卫生和整理整顿工作。</td><td>5</td><td>4</td><td>3</td><td>2</td><td>1</td></tr>
<tr><td>（4）遵守公司各项规章制度，无迟到早退。</td><td>5</td><td>4</td><td>3</td><td>2</td><td>1</td></tr>
</table>

续表

评价因素	对评价期间工作成绩的评价要点	评价尺度				
		优	良	中	可	差
4. 协调沟通	（1）积极配合其他部门的工作。	5	4	3	2	1
	（2）与领导、其他部门的协调沟通性强。	5	4	3	2	1
	（3）积极训练、教育部下，提高他们的技能和素质。	5	4	3	2	1
	（4）妥善处理工作中的失败和临时追加的工作任务。	5	4	3	2	1
	（5）正确认识工作意义，努力取得最好成绩。	5	4	3	2	1

4.3 绩效考核实施细则

<table>
<tr><td rowspan="2">制度名称</td><td rowspan="2">绩效考核实施细则</td><td>受控状态</td><td></td></tr>
<tr><td>编　　号</td><td></td></tr>
</table>

第1章　总则

第1条　目的

1. 公平、公正、科学地评价管理人员工作绩效，完善激励与约束机制，充分调动管理人员的工作积极性，合理配置人力资源，有效促进工作绩效改进。

2. 创建规范的考核平台，进一步规范、统一、完善部门考评体系，更好地指引公司开展考评工作。

第2条　原则

严格遵循公平、公正、公开、科学的原则，真实地反映被考核人员的实际情况，避免因个人和其他主观因素影响绩效考核结果。

第3条　适用范围

本细则适用于本部门全体管理人员。

第2章　考核体系

第4条　考核内容

1. 考核内容表

<table>
<tr><th colspan="3">考核内容表</th></tr>
<tr><td rowspan="2">工作业绩考核（占80%）</td><td>专项工作</td><td>日常工作</td></tr>
<tr><td>指管理人员月（季）度工作计划中的工作内容，包括临时增加的计划外的工作。此种考核根据管理人员月（季）度工作计划或临时工作计划完成的进度、质量及完成率等进行的综合评价。</td><td>指每月（季）例行的工作，日常工作的考核根据日常工作完成的质量、进度及相关指标达成情况进行考核。由于日常工作考核所占的比重最好结合各岗位工作要求及实际工作情况进行划分。</td></tr>
<tr><td>工作能力和态度考核（占20%）</td><td colspan="2">指考核人员为达到工作目标所需的各项知识、技能以及管理人员的敬业、团队精神和执行力、快速反应能力等。</td></tr>
<tr><td rowspan="2">其他</td><td>加分项</td><td>减分项</td></tr>
<tr><td>对管理人员创新、自主学习、特殊贡献等进行考核，符合公司奖励规定，获得公司表彰及书面认可的予以加分，如表扬、记功等。</td><td>违反公司劳动纪律及规章制度，受到处罚、批评的，在受处罚月（季）度内给予考核扣分。如迟到、早退、脱岗、违规、请假等。</td></tr>
</table>

续表

2. 考核分值组成情况表

月（季）度考核分值组成情况表			
考核内容		权　　重	综合考核得分
工作业绩	专项工作	两项比例将根据各岗位工作要求及实际工作情况进行划分，但总和为 70 分不变。	得分 = 工作业绩 + 工作能力和态度 + 加分项 − 减分项
	日常工作		
工作能力和态度		30 分	
加分项		—	
减分项		—	

3. 年度考核

年度考核得分取考核年度 12 个月考核成绩之总和。得分计算方法如下：

年度考核得分 = 考核年度内每月考核成绩 × 12

第 5 条　考核方式

考核以各被考核人员每月工作实施计划为基础，依据考核标准对照进行逐项打分，采取三级考核的方式进行评分：

1. 部门经理：先自评，考核季度下属管理人员平均成绩作为二级考核成绩（计算方法：二级得分 = 直接下属管理人员考核季度成绩总和 ÷ 下属管理人员人数，属一般管理人员者，考核季度成绩取该季度 3 个月的平均成绩），再由部门主管（指公司级领导）考核，自评与二级考核评分作为参考，以部门主管考核评分作为最终考核结果。

2. 部门副经理：先自评，后由直接主管（指部门经理）评分作为二级考核成绩，最后由部门主管（指公司级领导）考核，自评与二级考核评分作为参考，以部门主管考核评分作为最终考核结果。

3. 一般管理人员：先自评，后由部门副经理或经理评分作为二级考核成绩，最后由部门主管（指部门经理）考核，自评与二级考核评分作为参考，以部门主管考核评分作为最终考核结果。

第 6 条　考核评分标准

根据本部门各岗位管理人员工作性质、分工的不同以及所占权重比例，分别制定评分标准。

第 7 条　考核周期

根据公司《绩效考核实施细则》要求，一般管理人员每月考核一次，部门正、副经理每季度考核一次；以年度考核时间：当年的 11 月 1 日至次年的 10 月 31 日为基准，进行月、季度考核，季度考核从当年的 11 月开始计，每 3 个月为一个季度。

续表

为提高绩效考核的透明度，每月、每季度或每年度公布考核结果的时间为：每月5日前公布上月度考核结果，每年的2、5、8、11月份的5日前公布上季度考核结果，每年12月15日公布上年度考核结果。

第8条　考核档案管理

考核结果由本部门自行存档，并复印一份送财务核算绩效工资及奖金。考核档案的保存期为两年。

第9条　绩效考核流程

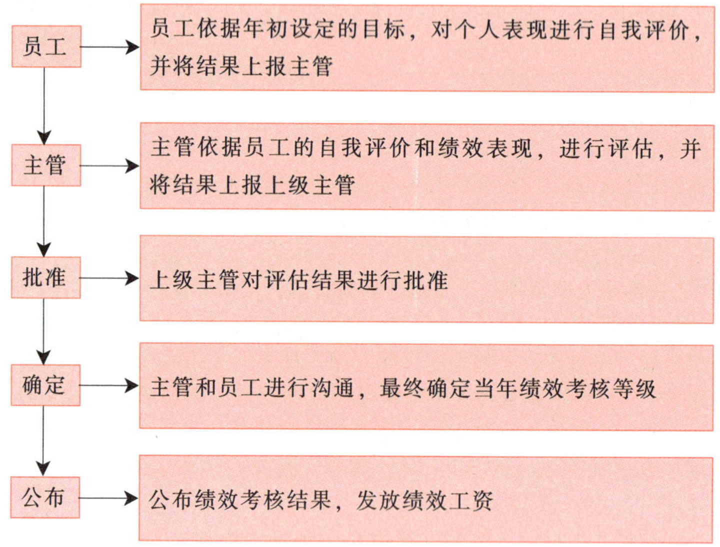

第3章　考核结果的应用

第10条　考核结果等级分布

本部门根据公司《员工绩效考核实施办法》规定，结合部门管理情况，将考核结果等级分布细化为以下四个等级：

等级	A	B	C	D
参考分数段	95—100	90—94	80—89	0—79
意义	优秀	称职	基本称职	不称职
分布比例	1	3	5	1

考核结果A、B、C、D比例控制在1∶3∶5∶1范围内，在计算考核结果等级各级别人数时采取四舍五入法。

续表

<table>
<tr><td colspan="6">
第 11 条　绩效提升
1. 本部门全体管理人员应以工作岗位要求为基准，结合自身考核情况，根据工作实际，认真、有效地制订工作计划，积极参与绩效考核，发现工作中的不足之处，提出绩效改进计划，并采取自主学习或参加培训等方式，努力提高自身素质，提高工作效率，提升工作绩效。
2. 工作计划有变动的，要及时对其进行调整，并报直接主管备案，以此来提升对工作的掌控能力与协调能力，使绩效工作得到更深层次的提升。
3. 考核成绩一次为 D 者或考核成绩连续三次为 C 者，须填写《绩效改进计划表》制订书面改进计划，由部门主管/经理与其进行绩效面谈并提出绩效改进思路，若仍无改进将予以培训或调岗。
4. 人员绩效考核评定结果将作为评选“五好员工”“五好员工标兵”，晋升或岗位轮换的重要参考依据。
第 12 条　绩效工资
根据公司绩效工资发放要求配合执行。
第 4 章　考核面谈
第 13 条　考核面谈主要以考核成绩为 C、D 级人员为主，由被考核人员的直接主管领导进行。
第 14 条　考核面谈需贯穿于考核的全过程，通过面谈达到让被考核者了解自身工作的优、缺点，并对下一阶段工作的期望达成一致意见。
第 15 条　部门主管应指导绩效考核结果为连续三次为 C 或一次为 D 的人员编制绩效改进计划，并监督执行。
第 5 章　考核申诉
第 16 条　如被考人员对考核结果有异议，可向直接主管领导提出，并给予答复。
第 17 条　若被考人员对部门主管的答复仍有异议，则可向部门上级领导提出申诉，并给予答复。
第 6 章　附则
第 18 条　本细则由人力资源部制定，其解释权和修订权归人力资源部所有。
第 19 条　本细则自发布之日起正式实施。
</td></tr>
<tr><td>执行部门</td><td></td><td>监督部门</td><td></td><td>编修部门</td><td></td></tr>
<tr><td>编制日期</td><td></td><td>审核日期</td><td></td><td>批准日期</td><td></td></tr>
</table>

Chapter 4

4.4　绩效面谈实施细则与图表

1. 绩效面谈实施细则

<table>
<tr><td rowspan="2">制度名称</td><td rowspan="2">绩效面谈实施细则</td><td>受控状态</td><td></td></tr>
<tr><td>编　　号</td><td></td></tr>
</table>

第 1 章　总则

第 1 条　目的

1. 充分发挥各部门负责人在绩效管理工作中的指导、支持作用，使绩效管理工作开展得更加规范、高效。

2. 掌握员工工作执行过程中出现的问题以及员工发展的需要，制订有针对性的培训计划。

3. 通过向员工反馈工作执行情况和执行结果，为员工创造了解自身优缺点的机会，培养员工以自我认知为基础的自我发展态度。

4. 帮助员工订立自我发展目标，加深员工对工作的关心，培养员工的责任感。

5. 保持公司与员工的良好沟通，从而形成公司良好的协调、沟通氛围。

第 2 条　适用范围

本细则适用于公司所有员工的绩效反馈与面谈工作。

第 3 条　各部门的管理职责

1. 人力资源部负责公司绩效面谈的组织实施与培训指导工作。

2. 被考核者的上级主管在人力资源部的协助、监督下，与被考核者进行绩效面谈。

第 4 条　绩效面谈的原则

1. 直接、具体的原则。面谈交流要直接而具体，不能做泛泛的、抽象的、一般性的评价。

2. 互动原则。面谈是一种双向的沟通，为了获得对方的真实想法，上级主管应当鼓励员工多说话，让其充分表达自己的观点。

3. 基于工作的原则。绩效面谈中涉及的是工作绩效，是工作的一些事实表现，面谈的内容应该为员工是怎么做的，采取了哪些行动和措施，效果如何，而不应该讨论员工个人的性格。

4. 分析原因原则。绩效面谈需要指出员工的不足之处，但不需要批评。面谈应立足于帮助员工改进不足之处，指出绩效未达成的原因。

5. 互相信任原则。绩效面谈是上级主管与员工进行双向沟通的过程，双方若要达成理解、达成共识，就必须建立互相信任的关系。

续表

第 2 章 绩效面谈的内容划分与组织实施

第 5 条 绩效面谈内容

绩效面谈包括绩效计划面谈、绩效指导面谈和绩效反馈面谈，在不同的面谈类别中，面谈的内容也是不同的。具体如下表所示。

面谈类型及面谈内容

面谈类型	面谈实施	面谈时间	面谈重点
绩效计划面谈	在工作的初期，上级主管与员工就本期内绩效计划的目标、内容以及实现目标的措施、步骤和方法进行面谈	工作初期	业绩目标、内容、实施步骤和方法
绩效指导面谈	在绩效管理活动的过程中，根据员工不同阶段的表现，上级主管与员工围绕思想认识、工作程序、操作方法、新技术应用、新技能培训等方面的问题进行面谈	绩效管理活动的过程中	工作态度、工作能力、所需技能、遇到的困难及解决办法
绩效反馈面谈	在整项考核工作完成之后，上级主管根据员工绩效计划的贯彻执行情况及其工作表现和业绩进行全面回顾、总结和评估，并将考核结果以及相关信息反馈给员工	整项考核工作完成之后	工作业绩、工作表现、改进措施、新的目标

第 6 条 面谈人绩效面谈准备

1. 上级主管应提前确定面谈的时间和地点，并告知员工。

2. 上级主管应提前准备好面谈资料，如员工评级表、员工的日常表现记录、岗位说明书、薪金变化情况等资料，并告知员工准备相关的面谈资料。

3. 上级主管应事先了解员工的个性特点，以及自己管理或沟通方面的能力限制。

4. 上级主管应详细阅读员工的绩效自评表，了解员工需要讨论和指导的行为事宜。

5. 上级主管应事先拟定好面谈程序，计划好如何开始、如何结束，面谈过程中先谈什么，后谈什么，以及各阶段的时间分配。

第 7 条 被考核者绩效面谈准备

1. 员工应提前填写自我评价表。员工要客观地做好自我评价，这样便于与主管考核结果达成一致，有利于面谈的顺利进行以及个人发展目标的切实制定。

2. 员工应提前准备好个人的发展计划。面谈时提出个人发展计划，有利于上级主管有针对性地进行下期的工作安排。

续表

3. 员工应提前准备好向上级主管提出的问题，这一过程是员工改变上级主管对自己评价和下期计划的关键时刻。

4. 员工应提前安排好自己的工作，避免因进行面谈而影响正常的工作。

第 8 条　绩效面谈的实施

1. 面谈人应营造一种和谐的面谈气氛。

2. 面谈人应说明面谈的目的、步骤和所用时间。

3. 面谈人根据预先设定的绩效指标谈论员工的工作完成情况，并分析其成功与失败的原因。

4. 双方讨论员工的行为表现与公司价值观相符的情况，以及员工在工作能力上的强项和有待改进的方面。

5. 双方为员工下一阶段的工作设定目标和绩效指标，并讨论员工需要的资源和帮助。

6. 双方经协商达成一致意见后签字确认。

第 9 条　确定绩效面谈结果

1. 上级主管设定员工下阶段工作改进计划及时间表。

2. 依公司管理制度，上级主管对员工晋升、调薪或调职提出合理建议。

第 10 条　绩效面谈的工作技巧和注意事项

面谈人员在绩效面谈过程中，需要掌握的技巧及需要明确的注意事项如下表所示。

绩效面谈工作技巧与注意事项

序号	面谈阶段	工作技巧与注意事项
1	面谈前的准备阶段	（1）需预先安排合适的时间、场所，给员工一种平等、轻松的感觉 （2）材料准备充分，并在面谈前进行熟悉，做到心中有数，不至于在面谈时手忙脚乱、尴尬冷场
2	暖场阶段	（1）创造轻松、融洽的气氛，让员工心情放松 （2）设计一个缓冲带，时间不宜太长，可以先谈谈工作以外的其他事情
3	员工自评阶段	（1）认真倾听员工的解释，撇开偏见，控制情绪，耐心听取员工讲述 （2）不时地概括或重复对方的谈话内容，鼓励员工讲下去，帮助分析原因
4	面谈人员评价阶段	（1）对业绩进行评价，指出成绩和不足 （2）对能力进行评价，指出优势和劣势

续表

序号	面谈阶段	工作技巧与注意事项
5	评论并确定评价结果阶段	先从共识的地方谈起，在遇到意见不一致时，不与员工形成对立，耐心沟通，并关注绩效标准及相关事实而不是其他方面
6	针对不足制订改善计划	先让员工提出改善方案，并需注意计划的可衡量性和可行性
7	确定下阶段工作目标阶段	确认目标的实现期限，并注意目标的可衡量性和可行性
8	结束阶段	给员工以鼓励并表达谢意

第 3 章　附则

第 11 条　本细则由人力资源部制定，其解释权和修订权归人力资源部所有。

第 12 条　本细则自发布之日起正式实施。

执行部门		监督部门		编修部门	
编制日期		审核日期		批准日期	

2. 绩效面谈记录表

绩效面谈记录表

编号：　　　　日期：____年__月__日

面谈员工姓名		岗　位	
部　门		考核期	
面谈内容		信息记录	
1. 您在上一工作阶段中，取得了哪些成绩			
2. 您工作中有哪些需要改进的地方			
3. 是否需要接受一定的培训			

续表

4. 您认为自己的工作在本部门和公司处于什么状况	
5. 您对本次考核有什么意见或建议	
6. 您认为本部门员工谁的工作表现比较好	
7. 您下一步的工作计划是什么	
……	
面谈实施者签字	
备　注	

4.5 绩效奖金管理办法与图表

1. 绩效奖金管理办法

制度名称	绩效奖金管理办法	受控状态	
		编　号	

第1章　总则

第1条　目的

为规范员工绩效奖金的发放程序，配合员工绩效考核和奖惩工作，达到激励员工、提高工作效率的目的，根据公司的实际情况，特制定本办法。

第2条　适用范围

本办法适用于公司除总经理和各位副总以外的所有员工。

第3条　各部门职责

1. 人力资源部的职责

（1）负责奖金总额的归口预算、报批和控制工作。

（2）负责各期奖金的核算和统计工作。

2. 部门经理的职责

（1）充分发挥奖金的激励作用，对考核评分的结果负责。

（2）对部门奖金总额的浮动负责。

（3）有停发员工奖金的权力。

第2章　奖金总额和奖金基数规定

第4条　每年一月份，人力资源部核定上年奖金总额报公司总经理审批，同时将本年度奖金总额预算报公司总经理审批。

第5条　本年度奖金总额预算以上一年度12月份工资总额为基数，根据上一年度公司的经营业绩，由人力资源部上报总经理。

第6条　每季度开始的第一周，人力资源部核定上季度的奖金总额，报公司总经理审批。

第7条　员工季度奖金基数是固定比例，一般是该员工月工资的25%，并随季度考核成绩的排名有所不同，排名靠后的员工没有季度奖金。

第8条　员工年终奖金基数为浮动比例，与部门年终考核成绩（A、B、C三等）挂钩，具体奖金基数如下表所示。

续表

绩效奖金基数对照表			
部门年度考核等级	部门年度考核得分（x）	员工季度奖金基数	员工年终奖金基数
A	$x \geqslant 85$ 分	上月本人工资额 ×25%	以本年度本人月平均工资 ×125%
B	70 分 $\leqslant x < 85$ 分	上月本人工资额 ×25%	以本年度本人月平均工资 ×75%
C	$x < 70$ 分	上月本人工资额 ×25%	以本年度本人月平均工资 ×25%

第 3 章　季度奖金发放管理

第 9 条　季度奖金按季度发放，在每季度发放第一个月工资的同时发放上个季度的季度奖金。

第 10 条　季度奖金的发放依据为《员工季度考核表》中的考核成绩及考核等级。

第 11 条　考核成绩合格（即季度考核得分不低于 70 分）的员工享有季度奖金，试用期间的员工不发放季度奖金。

第 12 条　在季度中出现公司内部跨部门调动的，于第二个月 15 日及以前调入的，视为调入部门员工，于第二个月 15 日以后调入的，视为调出部门员工。

第 13 条　人力资源部根据各部门员工的季度考核成绩核算季度奖金。季度奖金发放标准如下表所示。

季度考核结果与员工季度奖金对应表			
季度奖金基数	员工考核结果等级	考核得分	员工季度奖金额（元）
本人月工资的 25%	A	90 分及以上	季度奖金基数 ×130%
本人月工资的 25%	B	80（含）—90 分	季度奖金基数 ×110%
本人月工资的 25%	C	70（含）—80 分	季度奖金基数 ×90%
本人月工资的 25%	D	70 分以下	0

第 4 章　年终奖金发放管理

第 14 条　公司规定每年一月底发放上一年度的年终奖金。

第 15 条　年终奖金的发放依据为部门年度考核结果和员工在年度考核中的成绩及考核等级。

第 16 条　在当年 10 月（含）以后到岗的新员工，不享有年终奖金。

第 17 条　人力资源部根据各部门员工的年终考核成绩核算年度奖金，具体如下表所示。

续表

考核系数与员工年终奖金对应表			
部门考核成绩	员工年终奖金基数	员工年度考核等级	员工年终奖金额
A	员工本人月平均工资的125%	A	年终奖金基数×150%
		B	年终奖金基数×125%
		C	年终奖金基数×100%
		D	年终奖金基数×50%
B	员工本人月平均工资的100%	A	年终奖金基数×150%
		B	年终奖金基数×125%
		C	年终奖金基数×100%
		D	年终奖金基数×25%
C	员工本人月平均工资的75%	A	年终奖金基数×100%
		B	年终奖金基数×80%
		C	年终奖金基数×50%
		D	年终奖金基数×10%

第5章　绩效奖金发放程序管理

第18条　部门经理将《部门季度（年终）奖金核算表》（如下表所示）提交人力资源部，要认真填写序号、姓名、考核成绩。

部门季度（年终）奖金核算表 （第　季度） 部门：　核定季（年）度奖金总额：　元							
序号	员工姓名	岗位	考核成绩	考核等级	部门考核结果	奖金基数	奖金金额
1							
2							
合计							
部门经理签字：　人力资源部经理签字： 主管副总经理签字： 财务经理签字：　总经理签字：							

续表

第 19 条　人力资源部负责核算各部门员工奖金，填写《部门季度（年终）奖金核算表》，提交主管副总、总经理审批。 第 20 条　总经理批复后，人力资源部将《部门季度（年终）奖金核算表》交财务部。 第 21 条　财务部经理在《部门季度（年终）奖金核算表》上签字确认后，在规定时间内发放奖金。 **第 6 章　附则** 第 22 条　本规定的解释权归人力资源部所有。 第 23 条　本规定经总经理审批后自发布之日起开始执行。					
执行部门		监督部门		编修部门	
编制日期		审核日期		批准日期	

2. 绩效奖金考核表

绩效奖金考核表								
序号	日期	姓名	工号	质量异常	工作态度	备注	扣款金额	应得金额
1								
2								
…								
50								
实际考核人数：____人　　考核金额：____元/人 总计金额：____元　　扣款金额：____元　　合计金额：____元 质量经理审核：　　日期：								

4.6 绩效改进、提升办法与图表

1. 绩效改进、提升办法

制度名称	绩效改进、提升办法	受控状态	
		编　　号	

第1章　总则

第1条　目的

为了提高各岗位人员的工作绩效，规范绩效管理工作，完善公司绩效管理体系，不断增强公司的核心竞争力，依据公司绩效管理制度，特制定本办法。

第2条　适用范围

本办法适用于公司所有人员的绩效改进与提升的相关工作事项。

第3条　绩效改进与提升的指导思想

1. 绩效改进与提升是绩效考核的后续工作，其出发点是提高员工的考核成绩，不能将这两个环节割裂开来进行。

2. 绩效改进与提升必须自然地融入部门日常管理工作之中，才有其存在的价值。

3. 帮助下属改进绩效、提升能力是管理人员义不容辞的责任。

第4条　绩效改善与提升的工作重点

绩效改善与提升的工作重点包括绩效诊断、绩效改进计划的制订、绩效改进计划的实施和评价，具体可分为三个阶段，即绩效计划阶段、绩效辅导阶段、绩效考核及反馈阶段。

第2章　考核及反馈阶段的绩效改善与提升

第5条　绩效考核及反馈阶段是绩效诊断与分析的阶段。绩效诊断与分析是绩效改进过程中的第一步，也是绩效改进最基本的环节，公司各级管理人员需重视本阶段的绩效改善与提升工作。

第6条　绩效管理人员综合收集到的考核信息，客观、公正地评价员工，并在经过充分准备后，就绩效改进考核情况向员工进行反馈。

第7条　考核者与被考核者实行绩效反馈面谈工作，肯定成绩，指出不足，进行充分沟通与协商，找出关键绩效问题和产生绩效问题的原因，制定一致的未来绩效目标和绩效改善提升措施。

第8条　绩效问题诊断的分析角度

1. 考虑影响团队或个人绩效的四大因素，即知识、技能、态度、环境。

2. 考虑绩效考核工作涉及的三大因素，即员工本人、主管（直接上级）、绩效周遭环境。

Chapter 4

续表

第9条　绩效改进工作重点及措施如下表所示。

绩效改进工作要点及措施		
绩效分类	不易改变	容易改变
急需改进	将其列入长期改进计划，或者与绩效薪酬一同进行	最先做
不急需改进	暂时不列入改进计划	第二选择（有助于其他困难的绩效改进）

第10条　解决绩效问题的方法

1. 员工：向主管或有经验的同事学习，观摩他人的做法，参加公司内外的有关培训及相关领域的研讨会，阅读相关书籍，选择某一实际的工作项目，在主管的指导下进行训练。

2. 经理/主管（直接上级）：参加公司内外关于绩效管理、人员管理等方面的培训，向公司内有经验的管理人员学习，向人力资源管理专家咨询等。

3. 公司环境：适当调整部门内人员分工或进行部门间人员交流，以改善部门内的人际关系氛围，在公司资源允许的情况下，尽量改善工作环境和工作条件。

第11条　绩效考核反馈时，无论被考核者是否认可考核结果，都必须在考核表上签字。签字不代表被考核者认可考核结果，只代表被考核者知晓考核结果。

第12条　被考核者如果对绩效考核结果不认可，可进行绩效申诉，具体请参考公司制定的绩效评议与申诉制度。

第13条　面谈时，需及时掌握培训需求，考核者与被考核者可制定有针对性的培训措施，在人力资源部的协助下开展培训。

第3章　绩效改进计划阶段的绩效改善与提升

第14条　制订绩效改进计划

在这一阶段，各部门经理应与员工进行充分地沟通，就绩效目标达成共识，具体包括以下内容。

1. 员工的基本情况、直接上级的基本情况以及该计划的制订时间和实施时间。

2. 上周期的绩效评价结果和绩效反馈情况，确定需要改进的方面，明确需要改进和发展的原因。

3. 明确员工现有绩效水平和经过改进之后的绩效目标。

4. 针对存在的问题制订合理的绩效改进计划或方案等。

第15条　拟订绩效改进计划的注意事项

1. 计划内容要有实际操作性，即拟订的计划内容需与员工待改进的绩效工作相关联，且可以实现。

2. 计划要获得管理人员与员工双方的认同，即管理人员与员工都应该接受这个计划并保证实现它。

续表

<table>
<tr><td colspan="6">3. 符合 SMART 原则，即绩效改进计划要满足具体、可衡量、可达到、相关联、有时限性五点要求。
第 16 条　在绩效改进过程中可使用《绩效改进计划表》进行具体的绩效改进计划工作。
第 4 章　绩效辅导阶段的绩效改善与提升
第 17 条　绩效辅导阶段即绩效改进计划的实施与评估阶段，管理人员应该在考核周期内，通过绩效监控和沟通，实现对绩效改进计划实施过程的控制。
第 18 条　绩效管理人员需监督绩效改进计划能否按照预期进行，收集、整理绩效过程中的问题，记录绩效改进实际工作情况，及时修订和调整不合理的改进计划。
第 19 条　各部门应注重在部门内建立、健全“双向沟通”机制，包括周/月例会制度，周/月总结制度、汇报/述职制度、观察记录制度、周工作记录制度等。
第 20 条　绩效管理人员对于被考核者的绩效改进方面的问题，应及时、准确地记录在绩效改进计划表中。
第 21 条　公司需通过前后两次绩效考核结果对绩效改进计划的完成情况进行评价，如果员工在后一次的绩效评价中有显著提高，在一定程度上说明绩效改进计划取得了一定的成效。
第 5 章　附则
第 22 条　本办法由人力资源部制定、解释和修订。
第 23 条　本办法自发布之日起正式实施。</td></tr>
<tr><td>执行部门</td><td></td><td>监督部门</td><td></td><td>编修部门</td><td></td></tr>
<tr><td>编制日期</td><td></td><td>审核日期</td><td></td><td>批准日期</td><td></td></tr>
</table>

2. 绩效改进计划表

<table>
<tr><td colspan="6">绩效改进计划表
编号：　　　　　　　　　　　　　　　　　日期：　　年　月　日</td></tr>
<tr><td>姓　　名</td><td></td><td>所在岗位</td><td></td><td>所属部门</td><td></td></tr>
<tr><td>直接上级</td><td></td><td>考核期</td><td></td><td>考核结果</td><td></td></tr>
<tr><td colspan="2">1. 绩效不符合工作标准描述</td><td colspan="4"></td></tr>
<tr><td colspan="2">2. 原因分析</td><td colspan="4"></td></tr>
<tr><td colspan="2">3. 改善目标及措施</td><td colspan="4"></td></tr>
<tr><td colspan="2">4. 改进措施记录</td><td colspan="4"></td></tr>
<tr><td colspan="2">5. 改进效果评价及后续措施</td><td colspan="4"></td></tr>
<tr><td>被考核者
签名</td><td></td><td>直接上级
签名</td><td></td><td>部门负责人
签名</td><td></td></tr>
<tr><td>备　　注</td><td colspan="5"></td></tr>
</table>

4.7 绩效评议、申诉制度与图表

1. 绩效评议、申诉制度

<table>
<tr><td rowspan="2">制度名称</td><td rowspan="2">绩效评议、申诉制度</td><td>受控状态</td><td></td></tr>
<tr><td>编　号</td><td></td></tr>
</table>

第 1 章　总则

第 1 条　目的

1. 全面、客观、公正地评议各部门及其人员的工作表现、工作实绩。
2. 拓宽监督、评议的渠道，公司全员共同参与，增加绩效考核工作的透明度。
3. 使绩效考核工作更加民主化、科学化、规范化。
4. 为了确保绩效考核质量，保障员工的合法权益，对有偏差的绩效考核及时纠正。
5. 加强企业文化建设，构建互相促进、良性竞争、和谐向上的工作氛围。

第 2 条　适用范围

本制度适用于公司各部门所有岗位人员的绩效考核。

第 3 条　工作原则

1. 坚持客观公正、公开、竞争择优、注重实效的原则。
2. 坚持考核与评议、申诉管理相结合的原则。
3. 坚持考核标准设定的可比性、可操作性原则，便于评估和核实。
4. 坚持分级负责的原则。
5. 加强协作的原则。

第 4 条　绩效考核工作小组的组成

公司设绩效考核工作小组，公司总经理任组长，主管副总为副组长，各部门经理为成员，全面负责各时期的绩效考核工作。

第 2 章　绩效评议的内容及方法

第 5 条　评议内容

公司考核评议工作将结合年度考核，在全面考核员工绩效的基础上，重点评议员工特别是基层、中层管理人员的工作作风、工作能力和工作实绩。

第 6 条　分级评议

公司考核评议工作根据部门职能和管理权限，实行分级分类考评，考评中药注重上下结合与内外结合。

第 7 条　分阶段评议

考核评议工作分为平时考核评议、年度考核评议。

1. 平时考核评议由人力资源部牵头，绩效考核工作小组监督，其他部门配合，根据工作纪律及日常表现进行，考评结果要有明确记录。

续表

2. 年度考核评议工作由公司统一组织，绩效考核工作小组负责，以平时考核评议为基础。

第 3 章　考核评议的程序

第 8 条　自查并修正

部门和个人根据实际情况，对照考核管理目标及考核评议内容进行自查，写出总结和述职报告，接受上级领导和其他员工的评议和监督。

第 9 条　民主、公正评估

在自查的基础上，考核评议小组负责组织各部门及员工进行述职，同时其他员工进行评议。

1. 一般工作人员在本部门进行述职，由部门其他员工评议。

2. 部门负责人在一定范围内（一般为业务关联部门/员工）进行总结、述职，其他员工评议。

第 10 条　公司范围内调查评估

考核评议小组通过调查、访问、征求意见、举报箱、公示栏等形式，广泛征询公司各方面尤其是评议对象的意见和建议。公司考核评议工作监督电话为：__________

第 11 条　综合评定

考核评议小组根据平时考核、述职及民主评估等情况对各部门及个人进行综合评定，确定考评等级。

1. 一般人员由部门考核小组写出评语，提出考评等级，报考核评议小组审核。

2. 部门和部门负责人由主管领导写出评语，提出考评等级，由考核评议小组审查、总经理审批。

第 4 章　评议结果管理与工作整改

第 12 条　评议结果公布

考核评议结果由人力资源部通知部门及本人，并存入档案。

第 13 条　考核评议结果划分

1. 部门考核评议结果分为优秀、良好、合格和不合格四个等级。

2. 员工考核评议结果分为优秀、合格、基本合格和不合格四个等级。

第 14 条　评议结果奖惩

1. 评议结果为“优秀”的部门或员工，给予通报表彰，公司宣传、推广其工作经验和做法。

2. 评议结果为“不合格”的部门或员工，公司提出整改意见，限期整改并予以通报批评。

第 15 条　整改与督导

1. 对存在问题且具备整改条件的，相关负责人要立即进行整改。

2. 当时不具备整改条件的，相关负责人要作出合理解释，待条件成熟时再进行整改。

续表

3. 整改情况以公告、座谈会等方式反馈，与会人员包括考核评议小组、人力资源部及责任部门人员。

第 16 条　责任追究

对在考核和评议中存在的严重问题未整改或整改不力的，按责任追究相关部门或人员的责任。

第 17 条　异议处理

各部门及个人对考核评议结果如有异议，可在接到考核评议结果通知之日起 10 日内衣书面形式考核评议小组申请复核，复核意见经考核评议小组批准后以书面形式通知本人。

第 18 条　考核评议工作审核备案

公司建立考核评议工作审核备案制度，年度考核评议结束后，部门要将考核结果和工作总结按要求报人力资源部，进行审核备案。

第 5 章　申诉范围与条件

第 19 条　申诉范围

在绩效考核过程中，员工可对以下方面进行申诉。

1. 对自己的考核结果不满或者有异议的。
2. 对自己的考核过程不满或者有异议的。
3. 对他人的考核结果不满或者有异议的。
4. 考核者考核操作不规范的。

第 20 条　申诉方式

员工可采取匿名或者实名的方式进行申诉。

第 21 条　申诉途径

1. 员工可直接向人力资源部提交申诉书进行申诉。
2. 员工也可通过公司公布的申诉电话和申诉信箱进行申诉。

第 6 章　申诉流程

第 22 条　申诉有效期

申诉有效期为绩效考核沟通结束后的五个工作日内，遇节假日顺延。

第 23 条　提交申诉

员工如对考核结果不满，可以采取书面形式向人力资源部提交《绩效考核申诉表》，员工应将申诉人姓名、部门、申诉事项、申诉理由填写清楚。

第 24 条　申诉受理

1. 受理的申诉事件，由人力资源部作为独立的第三方向申诉者直接上级的上级领导、申诉者的直接上级和申诉者本人了解情况，对员工申诉的内容进行调查核实。

2. 人力资源部将根据核实结果，与该员工所在的部门经理、员工本人三方共同协商并寻求解决纠纷的办法。

3. 若三方达成一致协议，进行签字确认，人力资源部将申诉解决结果报人力资源部

续表

<table>
<tr><td colspan="6">总监审批。
第 25 条　二次申诉
1. 若三方仍未达成一致协议，员工可进行二次申诉。二次申诉由人力资源总监负责处理。
2. 在二次申诉中，三方若达成一致协议，申诉解决结果由人力资源总监报总经理审批。
第 26 条　申诉的回复。
如属匿名申诉无法直接回馈申诉人受理及处理情况的，以月申诉汇总公告表的方式公告回复申诉人。
第 7 章　申诉相关事项说明
第 27 条　申诉期内考核结果的效力
员工对绩效考核结果不满而提出申诉的，申诉期间，原考核结果及处理决定依然有效，相关部门必须按规定执行。
第 28 条　申诉的驳回
员工申诉过程中出现以下行为，人力资源部将驳回申诉，并视影响程度对申诉人员予以处理。
1. 无适当理由，超过申诉期限的。
2. 对于申诉事项无客观事实依据，仅凭主观臆断的。
3. 故意捏造事实，诬陷他人的。
4. 其他违背申诉公平的。
第 29 条　对申诉人的保护
任何人不得以任何借口对申诉人进行打击报复。如发现对申诉人进行打击报复的，公司将依制度严惩相关人员。
第 30 条　保密规定
对于泄露、散布申诉事件或者申诉人的相关信息，造成不良影响或申诉人受到报复的，应给予信息泄露人相应的处罚。将造成严重后果者（如恶性报复、打架滋事等）送公安机关处理。
第 8 章　附则
第 31 条　本制度由人力资源部制定，其解释权和修订权归其所有。
第 32 条　本制度自发布之日起正式实施。</td></tr>
<tr><td>执行部门</td><td></td><td>监督部门</td><td></td><td>编修部门</td><td></td></tr>
<tr><td>编制日期</td><td></td><td>审核日期</td><td></td><td>批准日期</td><td></td></tr>
</table>

Chapter 4

2. 绩效考核申诉表

绩效考核申诉表					
申诉人		岗　　位		所在部门	
考核者		考核期间		考核成绩	
申诉理由	申诉人：　　　　日期：				
申诉证据 调查纪要					
考核者说明 （提供证据）	考核者：　　　　日期：				
申诉处理 意见人	人力资源部：　　　　日期：				
审批栏	人力资源总监：　　　　日期：				

·部门季度奖金核算表
·财务人员绩效考核制度
·出差旅费清单
·定期考绩汇总表
·高级管理人员绩效考核表
·管理才能考核表
·绩效改进、提升办法
·绩效改进计划表
·绩效管理工作制度
·绩效奖金管理办法
·绩效奖金考核表
·绩效考核分类制度
·绩效考核管理制度
·绩效考核申诉表
·绩效考核实施细则
·绩效考评样本
·绩效面谈记录表
·绩效面谈实施细则
·绩效评议
·技术人员能力考核表
·间接员工考绩表
·考核表范例
·考核面谈表
·客服部专员绩效考核表
·客服人员绩效考核制度
·年度绩效考核表
·普通员工考核制度
·试用期员工绩效考核制度
·试用期员工转正申请审批表
·下级对上级综合能力考核表
·销售人员绩效考核表
·销售人员绩效考核制度
·业务人员考核表
·员工出勤记录表
·员工考核表
·员工请假单
·员工通用项目考核表
·员工月度绩效考核表
·员工自我鉴定表
·中高层人员绩效考核管理制度
·重要任务考评表
·综合能力考核表

Compe

薪酬与福利

激励员工的有效手段之一

nsation

薪酬与福利，是员工因向所在的组织提供劳务而获得的各种形式的酬劳，包括折成金额的有形肯定与非现金形式的无形奖励，是物质与精神层面的有效结合，也是激励员工的最有效手段之一。

5.1 薪酬管理制度与图表

1. 薪酬管理制度

制度名称	薪酬管理制度	受控状态	
		编　　号	

第1章　总则

第1条　目的

为体现集团公司“任人唯贤”“德才兼备”“公开、公平、公正”的纳贤机制及“事业留人、待遇留人、感情留人、环境留人、信用留人”的留人机制，切实建立起一套“选人、育人、用人、留人”的人力资源管理体系，激发起各级干部员工勤奋工作和学习创新的热情，充分实现激励和约束相结合的目的，特制定本制度。

第2条　遵循原则

1. 公平性原则：外部公平性、内部公平性、个人公平性。

2. 竞争性原则：与同地区同行业同等要求同等职位相比，薪酬福利具有竞争力。

3. 激励性原则：结构和指标比较合理，能最大限度调动广大员工的积极性。

4. 经济性原则：按“所产生的价值比成本更重要”的原则，用最少的钱办最多的事。

5. 合法性原则：符合国家《劳动法》和其他相关法律法规。

6. 简单实用性原则：集团公司总部主要采用岗位职能等级新资制，并附以生产经营实际需要的其他薪资分配办法。

第3条　制定依据

1. 依据公司的历史、现状和未来战略发展定位的需要。

2. 依据同行业、同地区、同等职位的薪酬福利水平。

3. 依据员工付出劳动量的大小。

4. 依据职务的高低。

5. 依据技术与训练水平的高低。

6. 依据工作的复杂程度。

7. 依据年龄与工龄。

8. 依据劳动力和人才市场的供求状况。

第4条　适用范围

本制度适用于集团总部全体员工及下属公司的高层管理人员，但特殊岗位需另行制定的除外。

续表

第5条　管理机构

1. 本制度由公司人力资源部负责制定、实施、调整、修改、解释。

2. 如遇公司重大的年度调薪、年度效益奖金分配等问题时，需由人力资源部牵头成立薪资管理委员会共同处理。

3. 在日常工资核算中，由人力资源部负责员工出勤统计及考勤卡收发，行政办负责打卡管理及打卡钟管理，财务部负责工资计算。

第2章　薪酬福利管理

第6条　薪资结构

1. 基本薪资：由岗位职能等级薪资、学历薪资、技能薪资、工龄工资、特聘薪资组成。

2. 津贴：电话津贴、夜班津贴、兼职津贴组成。

3. 奖金：由全勤奖金、绩效奖金、效益奖金组成。

4. 超时工资：加班费。

第7条　基本薪资

1. 集团总部职务体系如下：各职务体系的员工除在本职务体系内可晋升外，也可晋升为主管职务体系。

(1) 主管职务体系：总裁、副总裁；总裁助理、总监、下属公司总经理；副总监、下属公司副总经理；部长（行政办主任）、厂长、总经理助理；副部长（行政办副主任）、副厂长；部门主管；分管主任；职员、组长；班长；员工。

(2) 技能职务体系：高级会计师、高级工程师；会计师、工程师；助理会计师、助理工程师。

(3) 事物职务体系：高级秘书；秘书。

(4) 技术工种职务体系：高级技师；技师；技工。

2. 集团总部确定岗位职位等级共11个级别。

(1) 第一层级：总裁。

(2) 第二层级：副总裁。

(3) 第三层级：总裁助理；集团总监；下属公司总经理。

(4) 第四层级：集团副总监；下属公司副总经理。

(5) 第五层级：集团部门部长、集团办公室主任；下属公司厂长；下属公司总经理助理。

(6) 第六层级：集团部门副部长、副主任；下属公司副厂长。

(7) 第七层级：集团主管级、高级工程师、高级会计师。

(8) 第八层级：分管主任级；公司专员级；工程师；会计师；高级秘书；高级技师。

(9) 第九层级：职员级、助理工程师；助理会计师；秘书；技师；组长。

(10) 第十层级：班长；技工。

续表

（11）第十一层级：普通员工。

3. 各职务体系对应的岗位基本薪资规定如下：

（1）岗位职能等级薪资：每一岗位均根据岗位所处级别及岗位固有特点给予固定薪资，同一级别因岗位的工作性质不同及工作复杂程度的不同设置高、中、低三个等级。

级别	一级	二级	三级	四级	五级	六级
级别薪资（高）	60000 元	30000 元	14000 元	7000 元	5000 元	3000 元
级别薪资（中）	50000 元	25000 元	13000 元	6000 元	4000 元	2500 元
级别薪资（低）	40000 元	20000 元	12000 元	5000 元	3000 元	2000 元
级别	七级	八级	九级	十级	十一级	
级别薪资（高）	2500 元	1500 元	1200 元	900 元	800 元	
级别薪资（中）	2000 元	1250 元	1000 元	800 元	700 元	
级别薪资（低）	1500 元	1000 元	800 元	700 元	600 元	

（2）技能薪资：根据员工对本岗位工作的工作经验、工作技能共同确定：员工技能薪资的等级由人力资源部及用人单位根据员工的实际情况确定。

技能等级	高级	中级	初级	技术员
技能薪资	1000 元	800 元	600 元	400 元

（3）学历薪资：按员工的学历情况确定。

技能等级	博士（含双硕士）	硕士（含双学士）	本科	大专
技能薪资	800 元	600 元	400 元	200 元

（4）工龄工资：以为公司服务的年限和调薪时的职位高低确定，2004 年后每年的工龄工资按当时相应级别及年度考核情况加薪。

级别	一级	二级	三级	四级	五级	六级
工龄薪资	300 元/年				200 元/年	
级别	七级	八级	九级	十级	十一级	
工龄薪资	150 元/年	120 元/年	80 元/年	50 元/年	30 元/年	

（5）特聘薪资：招聘公司急需的高级人员或特别技能人员所设的特别薪资，需经总裁特别批转，数额根据洽谈商定。

第 8 条　基本薪资计算与调整

1. 基本薪资 = 岗位职能等级薪资 + 技能薪资 + 学历薪资 + 特聘薪资 + 工龄薪资

2. 员工的调动、升迁、降职主要调整岗位职能等级薪资。

3. 年终考核提薪主要调整工龄薪资。

续表

第 3 章　津贴

第 9 条　夜班津贴

仅适用于上夜班的员工，如保安员，夜班指 0：00—8：00 时，每班每人补贴 5 元。

第 10 条　电信津贴

级别	一级	二级	三级	四级	五级	六级	七级
电信津贴	实报实销	800 元	500 元	400 元	200 元	100 元	
注：本项费用不计入工资总额，凭单据报销，超标自付，欠标不补。特殊情况特批。							

第 11 条　兼职津贴

被兼职位	三级及以上级	四级	五级	六级	七级及以下级
兼职津贴	1000 元	800 元	600 元	400 元	200 元

第 4 章　奖金

第 12 条　全勤奖金

适用于部门经理及以下员工：

1. 为鼓励员工满勤工作，特设全勤奖金 50 元/月。
2. 全月病事假超过半天或以上者，扣发全部全勤奖金。
3. 只要有旷工，扣发全部全勤奖。
4. 中途入职者，依日数比给付。
5. 中途离职者，不予给付。
6. 当月累计迟到、早退三次以上者，不予给付。

第 13 条　绩效奖金

适合于全体人员。

1. 员工绩效奖金根据月度绩效考核成绩分配。
2. 员工试用期不予评定绩效奖金。
3. 绩效奖金分配方案如下表。

等级	绩效考核成绩	工资所得额
A	96—100 分	原工资总额 ×120%
B	91—95 分	原工资总额 ×110%
C	86—90 分	原工资总额 ×105%
D	76—85 分	原工资总额 ×100%
E	71—75 分	原工资总额 ×95%
F	60—70 分	原工资总额 ×90%
G	60 分（不含）以下	原工资总额 ×80%

续表

第14条　年度效益奖金

适用于集团总部人员。

1. 对于工作未满半年的员工不予发放年度效益奖金。

2. 对于年度工作受到3次（含3次）以上警告处分且全集团通报批评的员工不予发放年度效益奖金。

3. 对于年度工作受到1次（含1次）以上记过处分且全集团通报批评的员工不予发放年度效益奖金。

4. 对于年度累计旷工超过3天（含3天）的员工，不予发放年度效益奖金。

5. 对于年度累计请假超过15天（含15天）的员工，不予发放年度效益奖金。

6. 对于年度考核平均成绩低于70分（含70分）的员工，不予发放年度效益奖金。

7. 年度效益奖金只对集团主管级（含主管级）以上员工发放。

8. 年度效益奖金发放办法如下：

（1）集团公司视年度效益情况，拿出部分利润作为年度集团总部人员效益分配奖金。

（2）分配办法为：主管级为1股；部、办负责人级为1.5股；总监、总裁助理、组总监级为2.0股；副总裁级为2.5股；总裁级为3.0股，总股数之和除以总奖金，分别计算出每一个人员的效益奖金分配额度。

（3）年度效益奖金在次年一月工资中发放。

第15条　年度效益奖金

适用于下属公司高层管理人员

按目标指标完成情况进行分配，实施目标责任制的人员实行保底预支70%，完成多少拿多少，超额完成部分按20%提取作为年度效益奖金。

第5章　其他薪资

第16条　超时薪资

1. 按国家相关规定执行。即平时加班费按小时工资1.5倍计算，休息日加班费按小时工资2倍计算，节假日加班费按小时工资3倍计算。

2. 加班费计算以批准之加班单及考勤卡为依据。

3. 部门经理及以上级别人员加班不计算加班费。

第17条　业务提成

因总公司员工无市场开拓人物，因此，无此项提成，但在工作中帮助下属各公司找到业务者，按其业务提成方案由下属公司支付。

第18条　特殊情况下薪资计发：

1. 有薪假期：公司按薪资标准发放。

2. 病假：假期薪资、津贴减半发放，病假半日（含半日）以上扣发当月全部全勤奖金。

续表

3. 事假：扣发假期薪资、津贴。事假半日以上扣发当月全部全勤奖金。
4. 旷工：扣发当日薪资、津贴，扣发当月全部全勤奖金，并按规定罚款处分。
5. 迟到、早退：每迟到或早退一次罚款 10 元，当月迟到或早退超过三次者按旷工一天处理。
6. 新进员工工作未满 5 个工作日自动辞职者，不予结算工资。
7. 连续旷工 3 日或一个月内累计旷工 3 日（含 3 日）以上者按自动离职处理，不予结算当月工资。
8. 未按规定提前申办离职手续，减扣薪资，具体见《用工管理规定》。

第 6 章　薪资支付

第 19 条　支付时间
1. 公司采用月薪制，薪资计算时间由当月 1—31 日。
2. 当月薪资于下月 15—20 日发放，如遇节假日顺延。
3. 公司因特别原因不得已延缓工资支付的，应通知员工，并确定延缓支付的日期。

第 20 条　支付形式
1. 采取银行转账的形式。
2. 工资计算时如产生小数，四舍五入取整数。

第 21 条　支付责任
1. 薪资要求付给员工本人或受其委托的本公司员工、本人亲属以及持有员工本人委托书的其他相关人员。
2. 公司为员工设立独立的薪资支付清单，薪资支付清单每年一张，长期保存。
3. 领取薪资时发现错误，应于发薪当月向人力资源部提出书面申请，经人力资源部重新核算纠正后于下月发薪时多退少补，过期申请者不予受理。

第 22 条　代扣款项
1. 工资个人所得税。
2. 劳保费及团体意外保险费。
3. 员工向公司借款。
4. 违规罚款，损坏赔偿。
5. 其他应扣款项。

第 23 条　最低薪资标准
在员工正常到岗并完成本职工作前提下，月薪资支付总额不低于当地政府规定的最低薪资标准。

第 24 条　薪资提前支付
1. 员工死亡。
2. 辞职、离职。
3. 员工或其亲属患病、死亡或遭受意外灾害。
4. 其他公司认可的事由。

续表

5. 薪资提前支付以不超过未结算薪资为准。

第 25 条　薪资计算

1. 应付基本薪资 = 工作日数 × 基本薪资 ÷21.75。（病假、事假、公假等按规定计算）

2. 津贴：各项津贴按上班日数计算。

3. 奖金、提成：见上述条款规定。

4. 应补款项。

5. 应扣款项。

6. 其他。

第 7 章　调薪

第 26 条　试用期调薪

员工试用并考核合格后，如试用期满在 15 日（含 15 日）以上者，当月工资按调整后工资执行；如试用期满在 15 日（不含 15 日）以后者，工资于次月予以调整。

第 27 条　岗位异动调薪

1. 升迁调薪：在升迁次月予以调薪，主要调整岗位职能等级薪资。

2. 平调调薪：在调动次月予以调薪，按新岗位薪资标准执行，如新岗位工资标准低于原工资则不予调整。

3. 降职调薪：在降职次月予以调薪，主要调整岗位职能等级薪资。

第 28 条　年终普调

1. 公司原则上每年 12 月 31 日前经公司正式任用的在职员工都具有调薪资格。

2. 调薪原则上以员工的考核成绩作为工资调整依据。

3. 调薪基数为员工所处级别之工龄工资。

4. 按年终考核成绩调薪方法：成绩优秀者（91 分及以上）调薪额度为：岗位工资薪资基数 ×120%；良好者（81 分及以上）调薪额度为：岗位工资薪资基数 ×100%；合格者（71 分及以上）调薪额度为：岗位工资薪资基数 ×80%；70 分以下者不升不降，不及格者可考虑辞退处理。特别优异者经总经理批准，可特别调整。

5. 没有达到调薪资格的范围：停职达到 6 个月以上者；服务年资未满 6 个月者；调薪当月正办理离职手续者；受处分者；考核不及格者。

第 8 章　试用及新到岗人员的薪资待遇

第 29 条　公司新进员工薪资

公司新进人员在试用期内薪资标准按本岗位本等级薪资标准的 80% 以上执行或按本岗位最低薪资标准执行，具体可由人力资源部及用人单位按具体情况确定，试用考核合格予以升至岗位标准工资。

第 30 条　新升迁员工的薪资

新升迁到岗人员薪资标准，按本岗位最低等级执行，如升迁后岗位工资低于原岗位薪资水平，则执行原岗位薪资标准。

第 31 条　同级别转岗员工薪资

续表

同级别转岗人员，执行原岗位薪资标准。

第 9 章　薪资政策说明

第 32 条　岗位职能等级薪资

同一级别的岗位薪资共分高、中、低三个等级，虽属同一级别，但由于不同岗位的工作强度不同，对岗位工作人员的要求不同，因此实际使用时要灵活处理。

1. 按年产值的大小划分大、中、小型企业：年产值 5000 万元以下者为小型企业；年产值 5000 万—15000 万元者为中型企业；年产值 15000 万元以上者为大型企业。对于三种类型的公司总经理，大型公司可以领取该级别的高等工资，中型公司可以领取该级别的中等工资，小型公司可以领取该级别的低等工资；集团总监、总裁助理可以领取该级别的最低工资。

2. 对于三种类型的公司副总经理，大型公司可以领取该级别的高等工资，小型公司的常务副总 = 中型公司的副总，中型公司的常务副总 = 大型公司的副总。集团副总监、可领取该级别的最低工资。

3. 其他级别的岗位职能工资视岗位和个人能力确定。

4. 技能津贴和学历津贴旨在配合集团公司建立学习型组织的战略决策，对获得一定技能和学历的员工所付出努力的一种肯定和嘉奖，旨在鼓励员工勤于学习，善于思考，努力提升自身素质，提升工作能力和水平。

5. 工龄工资主要考虑到位公司工作了这么多年，并作出过重大贡献的老员工的利益问题，旨在激励员工树立以公司为家，长期服务公司的思想，保持员工的稳定性。

6. 年度奖金旨在激励员工勤奋工作，为公司创造更多的利润和价值；月绩效奖金旨在激励员工认真完成职责工作及公司或部门交给的各项任务。

第 10 章　相关资料的保管

第 33 条　月度考勤统计报表

每月月初由集团人力资源部制定，经总监审批签字后，原件报财务部核算工资并存档，复印件由人力资源部薪资管理人员存档。

第 34 条　月度薪资调查报表

每月月底前对于新进员工及薪资调整的员工统一报集团总裁审批，原件报财务部核算工资并存档，复印件由人力资源部薪资管理人员存档。

第 11 章　附则

第 35 条　本制度由人力资源部负责解释、修订。

第 36 条　本制度经总经理批准后执行。

执行部门		监督部门		编修部门	
编制日期		审核日期		批准日期	

2. 薪资变动申请表

<table>
<tr><th colspan="7">薪资变动申请表</th></tr>
<tr><td>姓　　名</td><td></td><td colspan="2">部　　门</td><td></td><td>职　　务</td><td></td></tr>
<tr><td>性　　别</td><td></td><td colspan="2">入职日期</td><td></td><td>调整日期</td><td></td></tr>
<tr><td>变动原因</td><td colspan="6">□报到定薪　□试用合格调薪　□岗位变动调薪　□其他</td></tr>
<tr><td>调
薪
原
因</td><td colspan="6">□工作能力及效率提升，晋级
□降级
□转岗调职
□工龄工资
□试用期转正
□其他，请说明：____________
____
____________</td></tr>
<tr><td>变动项目</td><td>基本工资</td><td>保密工资</td><td>绩效工资</td><td>岗位津贴</td><td>其他补贴</td><td>金额总计</td></tr>
<tr><td>变动前</td><td></td><td></td><td></td><td></td><td></td><td></td></tr>
<tr><td>变动后</td><td></td><td></td><td></td><td></td><td></td><td></td></tr>
<tr><td>行政人力资源部审批意见</td><td colspan="6"></td></tr>
<tr><td>总经理
审批意见</td><td colspan="6"></td></tr>
<tr><td>财务部</td><td colspan="6">调整后薪资发放执行日期：____年__月__日　签名：__________</td></tr>
<tr><td>备　　注</td><td colspan="6"></td></tr>
</table>

3. 薪酬管理流程图

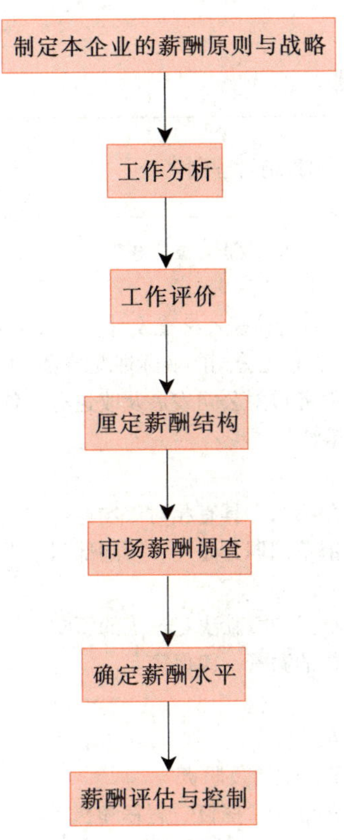

5.2 薪酬激励管理制度与图表

1. 薪酬激励管理制度

制度名称	薪酬激励管理制度	受控状态	
		编　　号	

第1章　总则

第1条　目的

1. 为了规范公司各部门、各岗位薪资标准及计算、发放管理，增强激励和考核功能，充分发挥薪酬体系的激励作用，根据公司的实际情况结合管理需要，特制定本制度。

2. 为了奖励为公司长期服务或对公司发展及改进有特殊功绩者，需要给予激励，以此增加公司的向心力和创新精神。

第2条　制定原则

1. 竞争原则：公司保持薪酬水平具有相对市场竞争力。

2. 公平原则：是公司内部不同职务序列、不同部门、不同职位员工之间的薪酬相对公平合理。

3. 激励原则：公司根据员工的贡献决定员工的薪酬。

4. 保密原则：各岗位人员的薪资一律保密。

第3条　适用范围

本制度适用于公司全体员工。

第4条　人力资源部关于薪酬所负职责

1. 薪酬制度与激励制度的制定、修订、解释和执行。

2. 薪资、奖励的计算、审核、发放和解释。

3. 员工薪酬水平调查、员工薪酬标准的建议和核定。

第2章　薪酬构成

第5条　公司薪酬设计按人力资源的不同类别实行分类管理，着重体现岗位价值和个人贡献。

第6条　公司正式员工薪酬构成

1. 公司高层薪酬构成＝基本年薪＋年终效益奖＋股权激励＋福利

2. 员工薪酬构成＝岗位工资＋绩效工资＋工龄工资＋各种福利＋津贴或补贴＋奖金

第3章　工资系列

第7条　公司根据不同职务的性质，将公司的工资划分为行政管理、技术、生产、营销、后勤五个系列。

续表

工资系列适用范围表	
工资系列	适用范围
行政管理系列	1. 公司高层领导 2. 各职能部门经理 3. 行政部（勤务人员除外）、人力资源部、财务部、审计部所有职员
技术系列	产品研发部、技术工程部所有员工（各部门经理除外）
生产系列	生产部门、质量管理部门、采购部门所有员工（各部门经理除外）
营销系列	市场部、销售部所有职员
后勤系列	一般勤务人员，如司机、保安、保洁员等

第 8 条　高层管理人员工资标准确定

1. 基本年薪

（1）基本年薪是高层管理人员的一个稳定收入来源，它是由个人资历和职位决定的。该部分薪酬应占高层管理人员全部薪酬的 30%—40%。

（2）薪酬水平由薪酬委员会确定，确定的依据是上一年度的企业总体经营业绩以及对外部市场薪酬调查数据的分析。

2. 年终效益奖

年终效益奖是对高层管理人员经营业绩的一种短期激励，一般以货币的形式于年底支付，该部分应占高层管理人员全部薪酬的 15%—25%。

3. 股权激励

这是非常重要的一种激励手段。股权激励主要有股票期权、虚拟股票、限制性股票等方式。

第 9 条　一般员工工资标准的确定

1. 岗位工资

岗位工资主要根据岗位在企业中的重要程度确定工资标准。公司实行岗位等级工资制，根据各岗位所承担工作的特性及对员工能力要求的不同，将岗位划分为不同的级别。

（1）影响职务等级工资高低的因素包括工作的目标、任务与责任，工作的复杂性，劳动强度，工作环境。

（2）公司职务等级划分标准，将岗位职务工资划分为 15 个等级，具体如下表。

续表

<table>
<tr><th colspan="7">公司职务等级划分表</th></tr>
<tr><td>职务等级</td><td>决策类</td><td>管理类</td><td>技术类</td><td>生产类</td><td>营销类</td><td>勤务表</td></tr>
<tr><td>十五</td><td rowspan="4">总经理
副总经理</td><td></td><td></td><td></td><td></td><td></td></tr>
<tr><td>十四</td><td></td><td></td><td></td><td></td><td></td></tr>
<tr><td>十三</td><td></td><td></td><td></td><td></td><td></td></tr>
<tr><td>十二</td><td></td><td></td><td></td><td></td><td></td></tr>
<tr><td>十一</td><td></td><td rowspan="7">总经理
副总经理
各职能部门
经理</td><td></td><td></td><td></td><td></td></tr>
<tr><td>十</td><td></td><td></td><td></td><td></td><td></td></tr>
<tr><td>九</td><td></td><td rowspan="5">高级工程师
工程师</td><td></td><td></td><td></td></tr>
<tr><td>八</td><td></td><td></td><td></td><td></td></tr>
<tr><td>七</td><td></td><td rowspan="5">车间主任</td><td></td><td></td></tr>
<tr><td>六</td><td></td><td></td><td></td></tr>
<tr><td>五</td><td></td><td rowspan="5">高级业务员</td><td></td></tr>
<tr><td>四</td><td></td><td></td><td></td><td></td></tr>
<tr><td>三</td><td></td><td></td><td></td><td></td></tr>
<tr><td>二</td><td></td><td></td><td></td><td></td><td rowspan="2">保安、
司机等</td></tr>
<tr><td>一</td><td></td><td></td><td></td><td></td></tr>
</table>

2. 绩效工资

(1) 绩效工资根据公司经营效益和员工个人工作绩效计发。公司将员工绩效考核结果分为五个等级，具体如下表。

绩效考核标准划分					
等级	S	A	B	C	D
说明	优秀	良	好	合格	差

(2) 绩效工资分为月度绩效工资、年度绩效奖金两种。其中月度绩效工资是指员工的月度绩效工资同岗位工资一起按月发放，月度绩效工资的发放额度依据员工绩效考核结果确定。年度绩效奖金指公司根据年度经营情况和员工一年的绩效考核成绩，决定员工的年度奖金的发放额度。

3. 工龄工资

工龄工资是对员工长期为企业服务所给予的一种补偿。其计算方法为从员工正式进

续表

入公司之日起计算，工龄每满一年可得工龄工资______元/月；工龄工资实行累计计算，满______年不再增加。其发放方式为按月发放。

4. 奖金

奖金是企业向做出重大贡献或优异成绩的集体或个人发放的奖励。

第 4 章　员工福利

第 10 条　福利是在基本工资和绩效工资以外，企业为解决员工后顾之忧而提供的一定保障。

第 11 条　公司按照国家和地方相关法律规定为员工缴纳各项社会保险。

第 12 条　公司按照《劳动法》和其他相关法律规定，为职员提供相关假期。法定假日共 11 天，具体如下表。

节假日表

节　日	放假天数
元　旦	1 天
春　节	3 天
清明节	1 天
劳动节	1 天
端午节	1 天
国庆节	3 天
中秋节	1 天

第 13 条　员工在公司工作满一年可以享受五个工作日的带薪休假，以后在公司工作每增加一年，可以增加一个工作日的带薪休假，但最多不超过______天。

第 14 条　员工享有婚假、丧假、产假、哺乳假等有薪假。

第 15 条　津贴或补贴

1. 住房津贴，公司为员工提供宿舍，因为公司原因而未能享受公司宿舍的员工，公司为其提供每月______元的住房补贴。

2. 加班津贴

（1）凡制度工作时间以外的出勤均为加班。其主要指休息日、法定休假日加班，以及八小时工作日的延长作业时间。

（2）加班时间必须经主管认可，加点、加班时间不足半小时的不予计算。加班津贴计算标准如下。

续表

加班津贴支付标准	
加班时间	加班津贴
工作日加班	每小时加点工资＝正常工作时间每小时工资×150%
休息日加班	每小时加班工资＝正常工作时间每小时（日）工资×200%
法定节假日加班	每小时加班工资＝正常工作时间每小时（日）工资×300%

3. 午餐补助

公司一般会根据具体情况，为公司正式员工提供____元/天的午餐补助。

4. 其他津贴

为鼓励员工不断学习，提高工作技能，公司还为员工设立各种津贴，如学历、职务、小语种等。具体可以参考下表：

津贴参考表		
津贴类型		支付标准
学历津贴	本　科	____元
	硕　士	____元
	博士及以上	____元
职务津贴	初　级	____元
	中　级	____元
	高　级	____元
小语种津贴	日　语	____元
	俄　语	____元
	德　语	____元

第5章　薪酬计算与发放

第16条　薪酬制度

员工薪酬实行月薪制度，每月15日支付上月薪酬，以人民币支付，如果遇到支付薪酬的日期为法定节假日，则调整至休假日的前一天发放。

第17条　薪酬发放

薪酬的计算由公司人力资源部负责，经总经理批准。

第18条　薪酬核定工作

人力资源部根据公司具体情况制定各职等、各职位的员工薪酬标准，以此规范薪酬管理工作。

续表

<table>
<tr><td colspan="6">第 19 条　薪酬中公司代扣款项
1. 员工个人所得税。
2. 员工个人缴纳的社会保险。
3. 法律、法规以及公司规章制度中规定的应从员工薪酬中扣除的款项。
4. 与公司签订协议时同意的从个人薪酬中扣除的款项。
第 6 章　薪酬调整
第 20 条　薪酬调整分类
薪酬调整有整体调整和个别调整两种。
1. 整体调整包括薪酬水平调整和薪酬结果调整，是公司人力资源部根据公司具体经营状况，结合国家政策和物价水平、行业及地区竞争状况等进行的调整。
2. 个别调整是公司根据员工年度考核结果评定出来的个人薪酬调整，是对工作中成绩特别优异、对公司有特殊贡献的员工进行的一种奖励。
第 21 条　薪酬调整原则
薪酬调整一般每季度受理一次，以每季度最后一个月份办理有关调薪申请事宜，调薪原则以不超过部门人力成本费用或工资总额控制范围为准。
第 7 章　薪酬保密
第 22 条　薪酬保密的目的
为了培养员工的进取精神，避免各员工之间互相攀比，特制定薪酬保密制度。
第 23 条　薪酬发放方式
所有员工的薪酬以银行卡或现金方式发放，同时公司人力资源部以“核薪通知单”书面通知员工本人，并要求员工本人签字确认。
第 24 条　薪酬保密要求
公司各级主管、薪酬管理人员以及各员工之间，均不得私自泄露、打探薪酬情况，否则公司有权依照情节严重程度及影响程度做出一定的惩罚，如罚款、降薪、降职等。
第 8 章　附则
第 25 条　本制度由人力资源部制定，其解释权和修订权归人力资源部所有。
第 26 条　本制度自发布之日起正式实施。</td></tr>
<tr><td>执行部门</td><td></td><td>监督部门</td><td></td><td>编修部门</td><td></td></tr>
<tr><td>编制日期</td><td></td><td>审核日期</td><td></td><td>批准日期</td><td></td></tr>
</table>

Chapter 5

2. 员工工资汇总表

员工工资汇总表														
序号	部门	工号	姓名	应发				应扣			本月实发	领取时间	领取人
				基本工资	津贴	提成	其他应发	借支	保险	其他			
1													
2													
3													
4													
5													
合计													

3. 员工工资明细表

员工工资明细表														
序号	姓名	编码	基本底薪	标准工资	出勤天数	请假天数	加班工资	应发工资	罚款	代扣代缴	补款	实发工资	签名	序号
1														1
2														2
3														3
4														4
5														5
6														6
7														7
8														8
9														9
10														10

5.3 不同员工薪酬福利管理制度与图表

5.3.1 新员工薪酬管理制度与图表

1. 新员工薪酬管理制度

<table>
<tr><td rowspan="2">制度名称</td><td rowspan="2">新员工薪酬管理制度</td><td>受控状态</td><td></td></tr>
<tr><td>编　号</td><td></td></tr>
<tr><td colspan="4">

第1章　总则

第1条　目的

为进一步规范员工试用期薪酬管理，合理确定试用期工资和区分不同岗位技能、知识水平、综合素质人员的岗位工资，充分发挥各岗位人员的工作积极性和创造性，根据国家有关劳动工资发放政策和公司内部管理制度，制定员工试用期工资的规定，并对有关毕业前提前进入企业的在校实习生有关待遇问题作出规定。

第2条　适用范围

1. 通过招聘进入本公司的试用期员工。

2. 通过本公司招聘并与公司达成就业意向，在毕业前进入公司实习的大中专生、技校生。

第3条　岗位类别和岗位级别

公司岗位类别分营销类、技术类、生产类、管理类、后勤类和其他类六种。定岗位类别和特征的要素主要包括知识要求、技术技能要求、劳动强度、责任、综合素质。

第2章　新员工薪资系列

第4条　试用期工资

1. 公司根据六种工资类别分别设六个工资系列，根据不同的岗位级别设置不同薪级。试用期人员入职时，公司在符合《劳动法》的前提下，根据任职资格和公司工资标准确定其试用期工资。

2. 试用期工资主要采用固定岗位工资。试用人员可申请某一岗位级别参加考核，岗级考核由人力资源部组织实施，由生产部门领导进行作业考核，结论需经部门经理审核，总经理审批。

3. 试用期员工不享受学历补贴。

4. 员工在试用期间，可依照公司相关规定，办理相关手续后，享受公司提供的相应待遇。

5. 对企业急需的特殊人才，试用期工资可突破上述规定，但需经人力资源部、部门经理审核，总经理批准确定。

</td></tr>
</table>

续表

第 5 条　薪级调整 试用期满，试用考核合格，符合转正条件的，应办理转正手续，重新确定薪级。有关试用期工资，公司将根据国家政策规定作调整。 **第 3 章　附则** 第 6 条　本制度自发布之日起开始执行。 第 7 条　本制度的编写、修改及解释权归人力资源部所有。					
执行部门		监督部门		编修部门	
编制日期		审核日期		批准日期	

2. 新员工工资核定表

新员工工资核定表 年　月　日					
部　　门			职　　位		
姓　　名			入司日期		
学　　历			毕业学校		
工作经验	相关　年，非相关　年，共　年				
能力说明					
要求待遇			公司标准		
按核工作			生效日期		
批　　示		单位主管		人事经办	

3. 新员工录用工资确认表

<table>
<tr><th colspan="6">新员工录用工资确认表</th></tr>
<tr><td>新员工姓名</td><td></td><td>录用部门</td><td></td><td>录用岗位</td><td></td></tr>
<tr><td>上岗时间</td><td></td><td>薪资发放时间</td><td colspan="3"></td></tr>
<tr><td rowspan="3">薪酬标准选择第____种执行，本岗位工资按公司规定实行考核发放</td><td>①月薪制</td><td colspan="4">试用期工资____元/月；转正后工资____元/月</td></tr>
<tr><td>②年薪制</td><td colspan="4">年薪____元，试用期工资____元/月；转正后工资____元/月</td></tr>
<tr><td colspan="5">注：其他事项说明按公司具体规章制度实行</td></tr>
<tr><td rowspan="2">福利待遇</td><td>①社会保险</td><td colspan="4">自____年__月开始缴纳社会保险</td></tr>
<tr><td>②其他补助</td><td colspan="4"></td></tr>
<tr><td colspan="6">以上信息由人力资源部填写，填写人签字确认：　　____年__月__日</td></tr>
<tr><td colspan="6">本人签字：　　____年__月__日</td></tr>
<tr><td colspan="6">财务签字：　　____年__月__日</td></tr>
<tr><td colspan="6">董事长签字：　　____年__月__日</td></tr>
<tr><td colspan="6">以下信息由新入职员工填写</td></tr>
<tr><td colspan="2">新入职员工身份证号码</td><td colspan="4"></td></tr>
<tr><td colspan="2">银行卡卡号</td><td colspan="4"></td></tr>
<tr><td colspan="2">开户行</td><td colspan="4"></td></tr>
<tr><td colspan="6">以上薪资及福利内容本人已经知晓，身份证号码、银行卡号、开户行信息由本人自己填写，并确保信息准确无误；因自己填写错误造成的损失由本人承担一切责任。同时本人承诺对自己的薪酬福利绝对保密。如自己泄露，愿接受公司的一切处理，直至解除劳动合同时予以开除。
确认签字：
____年__月__日</td></tr>
<tr><td>备注说明</td><td colspan="5">本表仅供人力资源部与新录用员工核对薪资福利信息，在经人力资源部核定并经新录用员工签字确认后作为发放工资的依据。</td></tr>
</table>

5.3.2 计件员工薪酬计算方法与图表

1. 计件员工薪酬计算方法

<table>
<tr><td rowspan="2">制度名称</td><td rowspan="2">计件员工薪酬计算方法</td><td>受控状态</td><td></td></tr>
<tr><td>编　　号</td><td></td></tr>
<tr><td colspan="4">

第 1 章　总则

第 1 条　目的

1. 为了提高员工工作效率和质量，更好地体现按劳分配原则，激励员工的工作积极性。

2. 使公司适应现代生产模式，在生产成本增长的情况下仍能快速稳定地发展壮大。

第 2 条　适用范围

本方法适用于参与生产作业人员薪资的计算与发放工作。

第 3 条　原则

以多劳多得、数量质量并重为原则。

第 2 章　计件人员各职责划分

第 4 条　人力资源部职责

人力资源部的职责主要是根据标准工时、考勤记录计算出员工的计件工资、奖金、加班费或者罚款等，并定期对计件工资进行核查与调整。

第 5 条　车间主任

车间主任的职责主要是汇总统计各生产车间当日产品的产量。

第 6 条　质检部

质检部的职责主要是确认、分析产品和定额。

第 7 条　财务部

财务部的职责主要是负责计件工人的工资及时发放。

第 8 条　其他部门

其他相关部门的职责主要是对生产异常的原因进行跟踪、核算。

第 3 章　计件工资核算

第 9 条　计件工资的组成

计件工资由固定工资和浮动工资组成。根据公司具体情况和员工完成计件产品的数量，确定固定工资占工资总额的______%—______%，浮动工资占工资总额的______%—______%。

第 10 条　固定工资

固定工资根据员工工作技能、工作年限、工作环境、学历状况等进行综合评定，具体评定标准见下表：

</td></tr>
</table>

续表

固定工资评定标准表			
核算内容	所占比例	评定级别	工资标准（元）
工作技能	50%	初级	500
		中级	600
		高级	700
工作年限	20%	2 年以下	100
		2—5 年	200
		5 年以上	300
工作环境	20%	良好	100
		一般	200
		差	300
学历状况	10%	专科以上	200
		专科以下	100

第 11 条　浮动工资

根据当月车间整体经济收入来确定单位产品的计件单价，然后结合员工个人产量计算出应得工资。因为每个月车间收入是变动的，所以产品的计件单位也是相应浮动的。

1. 定额产量

利用统计分析法，将公司______至______年生产部门的平均产量定为定额产量。

2. 计件单价标准

计件单价根据公司各订单的产品类型差异、员工轮班时间确定，具体标准见下表：

续表

计件单价标准表			
型号 / 班次	早班	中班	晚班
A 型	______元/件	______元/件	______元/件
B 型	______元/件	______元/件	______元/件
C 型	______元/件	______元/件	______元/件
D 型	______元/件	______元/件	______元/件

3. 计算方式

浮动工资计算方式根据实际产量、定额产量来确定，具体如下表所示：

计算方式参照表	
具体情况	计算方式
实际产量≤定额产量	浮动工资 = 计件单价 × 实际产量
实际产量 > 定额产量	浮动工资 = 计件单价 × 定额产量 + 计件单价 × （实际产量 - 定额产量） × 生产效率

第 4 章　计件工资发放

第 12 条　计件工资制定依据

生产部负责统计员工生产记录表，经部门主管审批后交由人力资源部，然后人力资源部据此制定工资报表，报财务部审核通过后，于每月______日发放工资。

第 13 条　不合格规定

因为操作或其他原因造成计件产品质量不合格，其比率应该控制在______% 以内，如果不合格率超过______%，发放工资时具体扣发______元。

第 5 章　附则

第 14 条　本方法自发布之日起开始执行。

第 15 条　本方法的编写、修改及解释权归人力资源部所有。

执行部门		监督部门		编修部门	
编制日期		审核日期		批准日期	

2. 计件工资计算表

计件工资计算表					
产品名称 工程名称					
	人数	时间	件数	件薪	日产量

3. 生产计件月工资表

生产计件月工资表								
姓名 型号	分货日期	客户名称	单价/元	张三	李四	王一	……	合计
……								
总计/个								
应发工资								
应扣款项								
实发工资								
员工签字								

5.3.3 兼职员工薪酬管理制度与图表

1. 兼职员工薪酬管理制度

制度名称	兼职员工薪酬管理制度	受控状态	
		编　号	

第1章　总则

第1条　目的

为提高兼职人员的工作积极性，规范有关兼职员工的薪酬支付事宜，特制定本制度。

第2条　适用范围

本制度适用于公司全体兼职员工。

第3条　薪酬体系

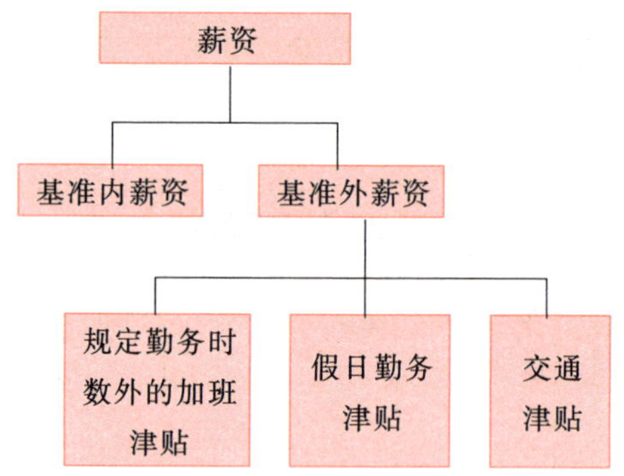

第2章　薪酬计算及发放

第4条　计算期间

薪酬计算期间一般以一个月的16日起至下月15日止（具体时间根据公司具体情况制定）。

第5条　时薪计算标准

时薪计算的基础应考虑兼职人员的职务内容、技能、经验及资历，并衡量其工作时数后决定，原则上不得低于劳动部门规定的最低薪金标准。

第6条　规定工作时数外的加班津贴

因业务上的需要，必须延长其规定工作之外的加班时间依下列规定计算支付：

1. 规定工作之外的加班津贴计算公式为：时薪×工作之外的加班时数。

续表

2. 若因规定时间外的工作使当日的工作时间超过 8 小时以上者，其超时的工作津贴，计算公式为：时薪 ×1.3 × 超过 8 小时以外之工作时数。

第 7 条　假日工作津贴

兼职员工于休假日返回公司执行未完成的工作时，依下列方式计算休假日工作津贴：时薪 ×1.5 × 休假日工作时数。

第 8 条　交通津贴

兼职员工从住宅到公司上班时单程距离超过 5000 米以上者，依照公司所制定的交通津贴规定和员工的具体情况支付相应的津贴。

第 9 条　支薪日期

薪资于每月 25 日支付，如果遇到支薪日适逢节假日时，则应提前一日发放。

第 10 条　支付方式

薪金须以现金或打卡方式交付本人。

第 11 条　薪资扣除

一般来说，兼职员工的薪资扣除包括个人所得税和其他应扣费用，支付薪资时由公司代扣代缴。

第 12 条　奖金支付时间

奖金支付时间视公司的营业额增长比例确定，一般于每年 7 月、12 月定期发放。

第 13 条　奖金支付标准

奖金支付标准应按奖金计算期间（一般从 5 月开始，到 11 月为止）内各兼职人员的工作绩效、出勤状况等情况，由人力资源部评定之后再决议。

第 3 章　附则

第 14 条　本制度自发布之日起开始执行。

第 15 条　本制度的编写、修改及解释权归人力资源部所有。

执行部门		监督部门		编修部门	
编制日期		审核日期		批准日期	

2. 兼职员工工作合约

兼职员工工作合约

甲方：________________公司

乙方：姓名：________

住址：________________

身份证号码：________________

1. 甲方自______年____月____日起录用乙方为兼职员工，并依据人事管理规章及甲方所订之规则办理。

2. 甲乙双方经共同协议并取得同意时，乙方须遵守上列第一项之规定。

3. 雇用时间：自______年____月____日起，至______年____月____日止。

4. 契约期满时，双方若希望继续维持契约关系，则须另行订立新契约。

5. 勤务时间：上午____时____分至下午____时____分止。

6. 休息时间：自____时____分至____时____分止。

7. 薪资：□时薪　　□日薪

8. 奖金：采用不定额（具体情况视工作绩效表现决定）发放。

9. 异动：若因业务上有执行必要，可予以调整。

10. 年度有薪休假：服务年资满一年以上者为6日，每服务满一年时，则增加1日，直至增加至20日为限。

甲方：________（签章）

乙方：________（签章）

______年____月____日

5.3.4　员工提薪管理制度与图表

1. 员工提薪管理制度

制度名称	员工提薪管理制度	受控状态	
		编　　号	

第1章　总则

第1条　目的

为了规范公司提薪制度，提高员工的工作积极性，充分发挥薪酬的激励作用，特制定本制度。

第2条　适用范围

本制度适用于公司所有员工提薪工作的管理。

第3条　各部门的职责划分

1. 人力资源部主要负责员工提薪的调查、审定以及提薪结果确定后通知到每个被提薪的员工。

续表

2. 各部门负责人主要负责为部门员工提出提薪申请，并配合人力资源部做好提薪调查。

3. 财务部主要负责根据提薪申请审批结果办理提薪手续。

第 4 条　提薪范围

公司的提薪有一定范围，具体来说，表现好的员工才满足提薪的申请条件，有以下情况者，则不予提薪。

1. 提薪调查时，发现缺勤天数平均每月超过 5 天者。

2. 员工迟到、早退超过 4 次，视为缺勤 1 天，累计缺勤天数平均每月超过 5 天者。

3. 在提薪调查时员工受到批评超过 2 次，或者受到降薪、停职处分者。

4. 提薪当月正式办理离职手续者。

第 5 条　提薪预算

总体来说，公司的提薪预算根据公司具体情况来定，除此之外，还可以综合考虑以下几点：

1. 提薪预算总额由各不同等级岗位的提薪预算额相加得出。

2. 公司可以提取提薪预算额的 3% 作为提薪额外预算。

3. 提薪调查日后提薪人数发生增减，提薪预算也应相应地增减。

第 2 章　定期提薪

第 6 条　定期提薪规定

一般来说，公司会根据公司具体情况，综合考虑市场变化水平、盈利状况等，于每年 3 月对员工的总体薪酬水平进行调整，调整幅度在______%—______%。

第 7 条　年终考核提薪

1. 提薪时间及对象

每年 1 月 1 日—12 月 31 日为年终考核提薪的考核期限，主要考核对象为在公司任职满 6 个月以上（含 6 个月）的员工。

2. 定期提薪审批步骤

提薪审批时，由人力资源部发出《员工考核评价表》，各相关部门主管或负责人客观地根据被考核者的工作能力与工作表现进行评价，并根据公司制定的年终绩效考核提薪标准提交《员工调薪申请表》，送交人力资源部，由人力资源部汇总提薪申请表，呈报总经理最终核准。

第 3 章　临时提薪

第 8 条　员工转正

员工试用期满并考核合格转正后，根据正式员工转正后的待遇执行，并在员工转正的当月予以临时提薪。

第 9 条　职位晋升

在公司工作期满______个月以上，对本职工作表现优异者，经部门推荐、员工自荐或考核晋升等途径申请提薪，提薪成功后从次月起享受调整后的工资福利待遇。

续表

第10条　满足其他提薪情况 1. 平调新岗位，但是新岗位工资比原岗位工资高，按新岗位工资执行临时提薪。 2. 取得了更高的学历，临时提薪以满足该学历的初期任职工资。 第11条　临时提薪审批步骤 符合临时提薪规定者，需经主管副总审批通过；属于预算外的临时提薪，需经总经理审批通过；其他临时提薪由人力资源部调查实际情况后具体处理。 **第4章　附则** 第12条　本制度自发布之日起开始执行。 第13条　本制度的编写、修改及解释权归人力资源部所有。					
执行部门		监督部门		编修部门	
编制日期		审核日期		批准日期	

2. 员工调薪单

员工调薪单						
员工个人信息	姓名		部　　门		职　　务	
	年龄		工作编号		入职时间	年　月　日
	现有薪酬情况					
调薪原因	□年度调薪　□调职调薪　□试用合格调薪　□临时调薪　□调整津贴					
调薪情况	调整部分	调整前		调整后		
	职　　称					
	基本薪资					
	津贴项目					
	年终奖金					
	转正薪资					
合　　计						
备注						
总经理批复：		人力资源部经理批复：		部门批复：		

5.4 福利管理制度与图表

1. 员工福利管理制度

制度名称	员工福利管理制度	受控状态	
		编　　号	

第1章　总则

第1条　目的

为了增强公司员工归属感，提高员工的满意度及对公司的认同度，特制定本制度。

第2条　适用范围

本制度适用于公司全体员工福利管理的全过程。

第3条　术语解释

1. 法定福利是指公司为员工提供国家或地方政府规定的各项福利。
2. 统一福利是指公司全体员工都有权利享受的共有福利。
3. 专项福利是指公司为特殊条件职位的员工提供的专门福利。

第4条　各部门职责

1. 人力资源部负责本制度的具体执行和统一福利的发放。
2. 财务部负责对公司福利进行综合预算。
3. 总经理负责福利费用的审批与核定。

第2章　员工福利

第5条　社会保险

1. 社会保险是国家通过立法的形式，由社会集中建立基金，以使劳动者在年老、患病、工伤、失业、生育等丧失劳动能力的情况下能够获得国家和社会补偿和帮助的一种社会保障制度。

2. 社会保险包括养老保险、医疗保险、失业保险、工伤保险、生育保险五种保险。

3. 公司按当地政府规定为员工办理基本社会保险，并承担公司应缴纳部分，个人应缴纳部分由公司代缴并从员工薪资中扣除。

第6条　午餐补助

公司员工每天可享有______元午餐补助，并按实际出勤与当月薪资一起发放。

第7条　生日福利

生日福利以员工法定身份证为准。逢员工生日时，公司为员工举办生日庆祝活动，

续表

标准为____元/人，以等额生日蛋糕、礼品等方式发放或集体举办庆祝活动，原则上不予现金形式发放。

第8条　年节礼品

元旦、春节、中秋节、端午节等法定节假日，员工均享有节日礼品。

第9条　健康保障

公司工作满一年的员工可享受公司每年提供的常规体检。同时在公司准备医药箱，准备基本常用药品，满足突发疾病的需求。

第10条　员工业余生活

1. 公司定期利用非工作时间组织各类活动增进员工之间的交流如郊游、踏青、集体文娱活动、岁末聚餐联谊年会等。

2. 公司组织各种培训进修，提高员工的知识技能及开发其潜力。同时设立图书角，为员工征订有意义的杂志图书。

第11条　休假福利

1. 婚假。入职一年以上员工可享有婚假待遇。法定婚龄（男满22周岁，女满20周岁）员工，凭合法结婚证，婚假7天。婚假期间发放基本工资，无其他福利。

2. 产假。女员工单胎顺产可享有98天产假待遇，产假期间发放生育津贴，具体待遇在符合《劳动法》的前提下，按照公司根据具体情况执行。

3. 护理假。正常生产享受3天带薪假，剖腹产享受7天带薪假。

4. 丧假。员工直系亲属（父母、配偶、子女）去世可以享有3天带薪丧假；员工祖父、祖母、外祖父、外祖母去世，可以享有2天带薪丧假。

第12条　专项福利

1. 通信津贴

（1）公司员工按职级享有一定的通信补贴。部门经理每月享有______元通信津贴，总监每月享有______元通信津贴，特殊人员每月享有______元通信津贴。

（2）其他特殊岗位可根据工作性质申请适当的通信津贴。

（3）每月____日前向财务部提交正规发票后方可享有通信津贴。

2. 特殊津贴

（1）结婚礼金。公司工作满2年且婚假获批准的员工（首次结婚），可享有结婚礼金，标准为______元/人，夫妻同在公司工作的领取一份。

（2）慰唁金。有父母、子女及配偶去世的员工可领取吊唁金，标准为______元/人。

续表

第 3 章　附则					
第 13 条　本制度自发布之日起开始执行。 第 14 条　本制度的编写、修改及解释权归人力资源部所有。					
执行部门		监督部门		编修部门	
编制日期		审核日期		批准日期	

2. 员工福利申请表

员工福利申请表 填表日期：　　年　月　日					
填制部门		填制人员		所属岗位	
申请事项	□婚假　□产假　□丧假　□残障　□休假　□探亲　□其他＿＿＿＿				
申请金额及说明					
人力资源部意见	签字： ＿＿年＿月＿日				
财务部意见	签字： ＿＿年＿月＿日				
公司领导意见	签字： ＿＿年＿月＿日				

Chapter 5

5.5 保险管理制度与图表

1. 员工保险管理制度

<table>
<tr><td rowspan="2">制度名称</td><td rowspan="2">员工保险管理制度</td><td>受控状态</td><td></td></tr>
<tr><td>编　　号</td><td></td></tr>
</table>

第 1 章　总则

第 1 条　目的

为建立完善的员工保险（含住房公积金）体系，确保公司保险福利制度方案的有效实施，保障员工的合法权益，特制定本制度。

第 2 条　适用范围

本制度适用于公司全体员工的各类型保险（含住房公积金）的管理。

第 3 条　人力资源部职责

1. 人力资源部根据国家和当地政府的有关规定为公司员工购买各类型保险，审核保险费用预算，并对员工保险进行办理、管理、转移等提供指导和服务。

2. 人力资源经理负责审核员工保险费用，总经理负责批准。

第 2 章　社会保险分类办理

第 4 条　保险分类及购买条件（见下表）

保险分类	购买条件
养老保险	为所有转正后的员工购买
医疗保险	
失业保险	
工伤保险	
生育保险	
住房公积金	
意外伤害保险	公司为危险工作岗位的员工向当地商业保险机构办理有关意外伤害的保险手续，并自行确定意外伤害保险的投保范围
其他保险	为公司某些特殊或重要人员购买

第 5 条　社会保险（含住房公积金）的办理和报销

1. 各类员工社会保险由公司人力资源部在确定保险购买对象后，咨询当地社保机构、住房公积金管理机构或其他保险机构后统一为员工购买，编制员工购买社会保险一

续表

览表，经公司人力资源部经理审核，报总经理审批，交财务部支付保险费用。 2. 员工社会保险的办理一般按员工所在公司属地的原则执行。如果公司属地办理社保需当地户口，但员工没有当地户口的，集中到所属市办理。 3. 员工社会保险如确实因客观原因不能转移到公司，由本人提出书面申请，经总经理批准后，可以凭原先缴纳社会保险的单位出具的缴纳凭证到公司报销。报销原则是如原单位缴纳总金额低于按公司标准计算的总金额，按原单位缴纳总金额报销；如原单位缴纳总金额高于按公司标准计算的总金额，按公司标准计算的总金额报销。 4. 保险报销时间一般是在下一年度的6月30日前报销上一年度的社会保险。 **第3章　社会保险具体办理事宜** 第6条　养老保险的办理规定 1. 公司所有员工按国家规定，均应办理强制性养老保险社会统筹。 2. 实行公司缴费与个人缴费相结合的缴费原则，具体缴费比例由当地政府文件规定。 3. 养老保险购买满15年后，根据当地政府社会保险部门文件规定计发养老金。 4. 新入职员工应在转正后将养老保险转移单由原单位转入公司，并将转移单分别交至公司人力资源部。员工离职时，分别由总公司人力资源部或分公司人力资源部办理养老金转移手续。 5. 公司从员工人事档案转入公司指定存档单位之月起，为员工办理养老保险的缴纳。每月15日之后（不含15日）入职的员工，公司不予补缴当月的养老保险。 6. 员工达到国家规定的离、退休年龄时，按照国家和当地政府的有关规定执行。 第7条　医疗保险的办理规定 1. 当地政府有医疗保险社会统筹时，公司应按规定为全体员工办理相应的手续，具体缴费比例由当地政府文件规定。 2. 公司从员工人事档案转入公司指定存档单位之月起，为员工办理医疗保险的缴纳。每月15日之后（不含15日）入职的员工，公司不予补缴当月的医疗保险。 3. 员工达到国家规定的离、退休年龄时，可按照当地大病统筹的规定到指定的大病统筹医院就医，公司不再报销医疗费用。 第8条　失业保险的办理规定 1. 公司按政府有关规定，为员工办理失业保险有关手续，具体缴费比例由当地政府文件规定。 2. 公司从员工人事档案转入公司指定存档单位之月起，为员工办理失业保险的缴纳。每月15日之后（不含15日）入职的员工，公司不予补缴当月的医疗保险。 3. 失业保险领取或失去资格按国家和当地政府的规定执行。 （1）领取资格包括按照规定参加失业保险，所在单位和本人已按照规定履行缴费义务满一年；非因本人意愿中断就业；已办理失业登记，并有求职要求；省级劳动保障行政部门规定的其他材料在规定时间内交齐。

续表

(2) 失去资格包括领取期限届满，参军或出国定居，重新就业，无正当理由两次拒绝接受就业机构介绍的工作，在领取期间被劳教或被判刑。

第9条　工伤保险的办理规定

1. 工伤保险的范围如下：

(1) 患职业病者。

(2) 在工作时间和工作场所内因工作原因受到事故或暴力伤害者。包括工作时间前在工作场所内从事与工作有关的预备性或者收尾性工作受到事故或暴力伤害者。

(3) 因工外出期间，由于工作原因受到伤害或者发生事故以及因此导致下落不明者。

(4) 在上下班途中受到机动车事故伤害者。

(5) 在工作时间和工作岗位突发疾病死亡或者再48小时之内抢救无效死亡者。

(6) 在抢险救灾等维护国家利益、公共利益活动中受到伤害以及为维护公司公共财产受到伤害者。

(7) 职工原在军队服役，因战、因公负伤致残，已取得革命伤残军人证，到用人单位后旧伤复发者。

(8) 法律、行政法规规定应当认定为工伤的其他情形，按照国家和当地政府的有关规定执行。

2. 工伤保险待遇如下：

(1) 职工住院治疗工伤时，由所在单位按照本单位因工出差伙食补助标准的70%发放住院伙食补助费；经医疗机构出具证明，工伤职工到统筹地区以外就医的，所需交通、食宿费用由所在单位按照本单位职工因公出差标准报销。

(2) 员工因工死亡，直系亲属可从工伤保险基金领取6个月的统筹地区上年度职工平均工资的丧葬补助金，供养亲属抚恤金按照职工本人工资的一定比例发给因工死亡职工生前提供主要生活来源、无劳动能力的亲属。

(3) 员工患职业病被确诊，按照国家有关规定的工伤保险待遇或职业病待遇发放工伤保险。

(4) 员工因工伤残，经劳动鉴定委员会确认的，按照伤残等级发给证书并享受相应待遇。

(5) 其他符合工伤保险待遇者，按照国家和当地政府的有关规定执行。

第10条　生育保险的办理规定

1. 尽量不安排女员工从事不利于身体健康的工作。

2. 划定女员工经期、已婚待孕期、怀孕期、哺乳期禁忌从事的劳动范围，并严格遵守。

3. 女员工在怀孕期、产期、哺乳期享有基本工资，不得解除劳动合同，允许在劳动期间内进行产前检查。

续表

4. 女员工单胎顺产产假为98天，包括产前休假的15天，不包括难产、晚育需要增加的休假15天。具体休假多少天，在符合国家政策的同时，按照公司具体情况执行。

5. 生育保险待遇按照国家和当地政府的有关规定执行。

第11条　住房公积金的办理规定

1. 职工个人缴存的住房公积金和职工所在单位为职工缴存的住房公积金，属于职工个人所有。

2. 住房公积金的管理实行住房公积金管理委员会决策、住房公积金管理中心运作、银行专户存储、财政监督的原则。

3. 住房公积金应当用于职工购买、建造、翻建、大修自住住房，任何单位和个人不得挪作他用。

4. 公司按政府有关规定为员工办理住房公积金有关手续，具体缴费比例按当地政府文件规定执行。

第12条　意外伤害保险的办理规定

1. 公司为危险工作岗位的员工或全体员工，向当地商业保险机构办理有关意外伤害保险的手续。公司自行确定意外伤害保险的投保范围。

2. 在选择保险机构和保险品种时，公司应该精心选择，全面比较，以求获得低成本、高效益、有保障的保险效果。

3. 公司人力资源部及时办理与员工新聘用、调岗和辞退相关的保险关系的初建、增减、企业间转移、撤保、续约等事务。

4. 在意外伤害保险执行过程中，公司要按照国家和所在地区政府的保险法规、政策动态等及时作出相应的调整。

5. 意外伤害保险的制定与国家、当地政策相抵触时，以国家和当地政府规定为准。

第4章　公司内部保险待遇及措施

第13条　疾病保险医疗期

1. 疾病保险医疗期是指企业职工因患病或非因工负伤停止工作治病休息，企业不得解除劳动合同的时限。

2. 企业职工因患病或非因工负伤，需要停止工作医疗时，根据本人实际参加工作年限和在本单位工作年限，给予3—24个月的医疗期，具体期限如下：

（1）一般实际工作年限10年以下的，在本单位工作年限5年以下的为3个月；5年以上的为6个月。

（2）实际工作年限10年以上的，在本单位工作年限5年以下的为6个月；5年以上10年以下的为9个月；10年以上15年以下的为12个月；15年以上20年以下的为18个月；20年以上的为24个月。

第14条　病假工资待遇

在疾病保险医疗期内，工资按照以下标准发放：

续表

病假工资 / OEE 工龄	医疗期			
	3 个月以下	4—6 个月	6—12 个月	12—24 个月
3 年以下	基本工资的 60%	基本工资的 50%	当地最低工资标准	当地最低工资标准
4—10 年	基本工资的 70%	基本工资的 60%		
10 年以上	基本工资的 80%	基本工资的 70%		

病假医疗期满仍不能从事原工作或调换的工作，按劳动法和公司有关规定解除劳动合同。

第 5 章　附则

第 15 条　本制度自发布之日起开始执行。

第 16 条　本制度的编写、修改及解释权归人力资源部所有。

执行部门		监督部门		编修部门	
编制日期		审核日期		批准日期	

2. 员工保险记录表

员工保险记录表					
员工参保情况确认 日期：　　年　月　日					
姓　　名		性　　别		员工编号	
隶属公司		隶属一级单位		岗位/职务	
入职时间		正常转正日期		联系电话	
户口关系	□城镇　□农村	身份证号码			
社会保险经历					
是否曾参加过社会保险：（必填）	□否　　□是，参保起始时间：　　年　月				

续表

申请在本公司参加社会保险：（必填）	□是	申请本公司参保时间：　　年　月　日	
		申请参保单位（必填）： □总部　□下属分支机构	
	□否	原因：	
一级单位人事行政部门		填表人	

注：

1. 本表中表一栏由转正员工本人亲笔填写，同时由所在一级单位人事行政部门审核后签字确认，于每月 20 日前附于《超大员工转正审批表》交至集团人力资源部；表二栏由人力资源部审核后填写。

2. 若继续在其他单位参保的人员，为避免因在两个单位重复参保，造成企业及个人损失，请将自愿放弃在本单位参保的证明原件和已办理参保的证明、近年对账单复印件等附于本表后，一并交至集团人力资源部备档，逾期将视为同意在本公司参保，造成损失由员工本人自行承担。

3. 原则上工资关系在总部的员工在总部相应单位参保，工资关系不在总部的员工则在相应所在分支机构参保。

人力资源部确认（第二联）

姓　　名		员工编号		隶属一级单位	
参加险种	□ 社会保险	公司参保起始日期		社保基数	

人力资源部回执单（第三联）

姓　　名		员工编号		隶属一级单位	
参加险种	□ 社会保险	公司参保起始日期		社保手册办理情况	

注：此回执单经由人力资源部确认后，交由参保员工本人留存。

人力资源部确认：

5.6 员工日常行为规范制度与图表

1. 员工日常行为规范制度

<table>
<tr><td rowspan="2">制度名称</td><td rowspan="2">员工日常行为规范制度</td><td>受控状态</td><td></td></tr>
<tr><td>编　　号</td><td></td></tr>
</table>

第 1 章　总则

第 1 条　目的

为严明纪律，奖励先进，处罚落后，调动员工积极性，提高工作效益和经济效益，特制定本制度。

第 2 条　原则

对员工的奖惩实行以精神鼓励和思想教育为主、经济奖惩为辅的原则。

第 3 条　适用范围

本制度适于公司全体员工，适用于未注明条款的其他各项规章制度。

第 2 章　奖励

第 4 条　奖励方法

常见奖励方法有大会表扬、奖金奖励、晋升提级。

第 5 条　有下列表现之一的员工，予以奖励：

1. 遵纪守法，执行公司规章制度，思想进步，文明礼貌，团结互助，事迹突出。
2. 一贯忠于职守、积极负责，廉洁奉公，全年未出现事故。
3. 完成计划指标，经济效益良好。
4. 积极向公司提出合理化建议，为公司采纳。
5. 全年无缺勤，积极做好本职工作。
6. 维护公司利益，为公司争得荣誉，防止或挽救事故与经济损失有功。
7. 维护财经纪律，抵制歪风邪气，事迹突出。
8. 节约资金，节俭费用，事迹突出。
9. 领导有方，带领员工良好完成各项任务。
10. 坚持自学，不断提高业务水平，任职期内取得中专以上文凭或获得其他专业证书。
11. 其他对公司作出贡献，董事会或总经理变为应当给予奖励的。

第 6 条　奖励程序

1. 员工推荐、本人自荐或单位提名。
2. 经理店长进行审核。
3. 总经理或店长批准。

续表

<table>
<tr><td>

第3章　处罚

第7条　有下列行为之一的员工，罚款10元：
1. 随意吐痰，丢纸屑果皮者。
2. 早会迟到者。
3. 营业时间内聚众聊天、看小说、吃零食、打瞌睡、抄写非公事文件者。
4. 岗位卫生检查不合格者。
5. 当班期间未佩戴工牌、未穿着制服、衣冠不整者、未根据公司要求化淡妆者。
6. 礼仪、称呼不规范者（包括对主管、摄影师、化妆师、设计师的称呼）。
7. 填写各种工作表格不认真、漏填者。
8. 当班期间当众化妆、修剪指（趾）甲者。
9. 打卡后吃早餐者。
10. 下班后自己工作岗位未整理者。包括整理卫生，关闭电脑、空调等。
11. 未按公司规定使用公司设备（如电脑等）者。
12. 上下班忘记打卡者（须有主管开单证明确有准时上下班）。
第8条　有下列行为者罚款20元：
1. 未经许可而无故不列席公司会议者。
2. 未经许可而私自带人进入工作场所者。
3. 离开工作岗位未办理代班手续者。
4. 安排任务未及时完成者。
5. 窜岗、随便进入其他部门工作室者。
6. 上班时间吵闹、大声喧哗而不听劝阻者。
7. 利用公司设备电脑上网聊天、玩游戏、看电影者。
8. 上班时间洗头洗自己私人衣服等。
第9条　有下列行为者罚款50元：
1. 未经主管同意外出者。
2. 态度恶劣，傲慢，不接受管理，当众顶撞上司者。
3. 利用公司设备（如电话、打印机、复印机等）做私人事件者。
4. 在顾客面前吵架、说粗话，有损公司声誉形象者。
5. 服务态度欠佳，经顾客检举属实者。
6. 有意破坏公司财物者。
7. 出席各种会议或者工作，代他人签到者，如代打卡。
第10条　有下列行为者罚款100—500元：
1. 与顾客或员工发生斗殴吵架事件者，由部门主管根据情节作出处理。
2. 工作未交接清楚造成公司重大损失者。
3. 私拉电源影响公共安全、公司正常作业者。

</td></tr>
</table>

续表

第 11 条　有以下行为者，给予记过或开除处分：

1. 利用私人对公司不满，煽动员工情绪制造事端者。

2. 不服从公司工作安排、职务调动者。

3. 在外散布谣言，制造事端，严重影响公司形象者。

4. 泄露公司营业机密，如效益，拍照对数，促销计划与发展营运计划严重者。

第 12 条　有以下行为者视情况严重报送司法机关追究法律责任：

1. 私自偷取公司产品与顾客产生交易者。

2. 盗取、偷窃顾客、同事、公司财物者。

3. 盗取、泄露公司内部高级文件、机密者。

第 4 章　考勤制度

第 13 条　考勤规定

员工上下班必须打卡，每日 2 次或 4 次，上班前和下班后，不得无故不打卡，不得代他人打卡，因故不能打卡或忘打卡者，必须有部门主管批准签字，每月不能超过两次，主管月底把公文整理后统一交予会计。

第 14 条　考勤处罚

1. 忘打卡，一般每人次处以 2 元罚款，以每一次递增 1 元（即第一次忘记打卡 2 元，第二次忘记打卡 3 元，第三次 4 元以此例推）。

2. 员工应遵守上、下班时间，不得无故迟到早退。凡迟到一分钟 3 元扣罚，每月迟到超过 5 次在原有罚款上再罚款 100 元。

3. 员工无故不上班或外出时不办理任何手续，作旷工处理。旷工按 3 倍扣除当天工资。连续旷工 3 天或一年内累计旷工达 30 天者，公司将予以除名。

第 15 条　考勤工作管理

1. 考勤工作由会计负责，考勤员应有较强的责任心，坚持原则。

2. 每月考勤报表与考勤记录在发工资前应进行仔细核对，核对无误后方可计算工资。

3. 员工请事假、病假、公假等，必须到前台领取统一公文，正确填写，报有关主管签字后，然后再及时送回前台。

第 16 条　员工请假辞职规定

1. 员工无特殊情况，不得随意请假，如必须请假，应先办理请假手续，得到批准后，做好交接工作方可离开岗位。

2. 如因突发事件不能到岗者，须立即托人带信或打电话通知部门主管说明原由，由部门主管当日下班前补办手续上交人力资源部。

3. 请假，病假工资 = 计算基数 ÷ 21.75 × 计算系数 × 病假天数；事假工资在符合劳动法的前提下，根据公司具体情况执行。不足 1 天的，以所属岗位每日上班时间钟头数，按比例扣发当日部分工资，并扣除当月满勤奖金。

续表

<table>
<tr><td colspan="6">4. 员工请事假在 3 天以内由经理（主管）批准，超过 3 天者须报总经理批准。
5. 部门经理（主管）请假必须报总经理批准。
6. 员工请假，必须在批准的期限到时上班。特殊情况超假，应申述充分理由和出示证明，以补办续假手续，未经请假或请假未准便离开工作岗位，按旷工论处。
7. 如请假必须提前一天进行申请。如有突发事件可及时向部门主管说明原因，临时请假，返岗后补办请假手续，否则按旷工处理。
8. 员工在一年内累计或一次性事假超过 30 天者，一年内累计或一次性病假 30 天者或病事假 40 天者，不能享受年终福利、奖励待遇。
9. 因参加社会活动、工作、业务需要或会议必须离开工作岗位者，经部门负责人批准，给予公假，工资照发。
10. 因某些原因想辞职的，必须提前提出书面申请，总经理签字后生效，签字时间往后推 30 天才可以正式辞职。
第 5 章　附则
第 17 条　本制度自发布之日起开始执行。
第 18 条　本制度的编写、修改及解释权归人力资源部所有。</td></tr>
<tr><td>执行部门</td><td></td><td>监督部门</td><td></td><td>编修部门</td><td></td></tr>
<tr><td>编制日期</td><td></td><td>审核日期</td><td></td><td>批准日期</td><td></td></tr>
</table>

2. 员工请假申请单

<table>
<tr><th colspan="6">员工请假申请单</th></tr>
<tr><td>请假事由</td><td colspan="5"></td></tr>
<tr><td>请假日期</td><td colspan="5">____年__月__日__时至____年__月__日__时　共计__天__时</td></tr>
<tr><td>所属类别</td><td colspan="5">□事假　□病假　□婚假　□产假　□其他</td></tr>
<tr><td>部门主管审批</td><td></td><td>人力资源部审批</td><td></td><td>总经理审批</td><td></td></tr>
<tr><td>备注</td><td colspan="5"></td></tr>
</table>

Chapter 5

5.7 员工出差管理制度与图表

1. 员工出差管理制度

<table>
<tr><td rowspan="2">制度名称</td><td rowspan="2">员工出差管理制度</td><td>受控状态</td><td></td></tr>
<tr><td>编　　号</td><td></td></tr>
</table>

第 1 章　总则

第 1 条　目的

为统一、规范员工出差流程管理，明确出差费用预算，特制定本制度。

第 2 条　适用范围

本制度适用于本公司所有员工。

第 2 章　员工出差管理办法

第 3 条　公司员工出差分类

公司出差分为省内出差、省外出差。

第 4 条　出差登记

出差人员须在出差前 3 个工作日填写《出差登记表》，若因特殊原因无法提前填写的，须在到达出差目的地开展工作后的 3 个工作日内补填，出差结束后须在返回工作岗位的 3 个工作日内完成实际出差结束时间的填写。

第 5 条　出差交接

员工出差时间达到 3 个工作日以上，须办理交接工作，在出差前一个工作日填写好《工作交接表》提交至办公室主任处。

第 6 条　出差考勤

出差期间的休息日（包括双休日和法定节假日）如需加班也必须打卡，若因个人原因未打卡，加班视为无效，不予发放出差补贴；若因工作原因或者其他不可预见性的原因无法打卡，出差地考勤负责人需要及时跟相关上级主管确认其加班事宜。

第 7 条　出差费用报销要求

出差员工在生活费用、交通费用、住宿费用报销过程中应实报实销，不得损公肥私，牟取私利。

第 8 条　出差员工补休规定见下表：

<table>
<tr><th colspan="3">出差员工补休规定表</th></tr>
<tr><td>返回派出地时间</td><td>乘车时间</td><td>补休时间</td></tr>
<tr><td rowspan="3">返回派出地时间≥14：00</td><td>乘车时间 <6 小时</td><td>0 天</td></tr>
<tr><td>6 小时≤乘车时间 <12 小时</td><td>半天</td></tr>
<tr><td>乘车时间≥12 小时</td><td>1 天</td></tr>
</table>

注：

1. 出差员工返回到派出地的时间以实际到达派出地车站时间为准。

2. 在 14：00 之前到达派出地的不管乘车时间是多长，都不能再补休，到达当天休息但按正常出勤算。

续表

第 3 章　生活费管理规定

第 9 条　员工出差前可向公司借支生活费，以保障出差基本生活。省内出差可向公司借支生活费的限额为 500 元，省外出差可向公司借支生活费的限额为 1000 元。

第 10 条　出差人员如需借支生活费，须在出差前 3 个工作日填写的《出差登记表》中填写借支金额，经部门领导审核后，出纳人员确认审批结果，办理费用借支手续即可。

第 11 条　出差需借大笔现金时，须在出差前 3 个工作日向财务部申请；大额开支，应按银行的有关规定用支票支付。

第 12 条　员工出差结束后须在返回工作岗位的 3 个工作日内，持生活费有效凭证（国家认定的统一发票）到财务部办理生活费报销手续。

第 4 章　交通费管理规定

第 13 条　员工出差交通工具的使用须严格按公司规定执行，未按规定执行者，超标准部分将自行承担。出差员工交通工具的使用标准见下表：

火车乘坐规定	1. 出发地与到达地相隔 400 公里以上。 2. 员工出差启程时间在晚上 8 时至次日早上 7 时之间且乘坐时间 6 小时以上。 3. 员工出差连续乘车时间在 12 个小时以上的。 符合以上三个条件中任一个皆可乘坐卧铺票，不符合者皆买坐票。 注：火车票统一由公司安排购买，若有特殊情况无法购买卧铺票，则须服从公司其他安排。
汽车乘坐规定	1. 出发地与到达地相隔 400 公里以上。 2. 员工出差启程时间在晚上 8 时至次日早上 7 时之间且乘坐时间 6 小时以上。 3. 员工出差连续乘车时间在 12 个小时以上的。 符合以上三个条件中任一个皆可购买卧铺票，不符合者皆买坐票。 注：汽车票统一由公司安排购买，若有特殊情况无法购买卧铺票，则须服从公司其他安排。
飞机乘坐规定	经理级员工省外出差可乘坐飞机，其他级别员工出差一般不可乘坐飞机，出差路途较远且出差任务紧急的，须经总经理批准方可乘坐飞机。 注：飞机票统一由公司安排购买。
其他情况	员工在出差地处理事务主要以乘坐公共交通工具为主，可凭据报销市内交通费，路途较远或任务紧急的，经上级领导批准方可乘坐出租车。

第 14 条　出差员工在出差前，至少需提前 5 个工作日告知办公室主任出差目的地，以便办公室主任有足够时间去订购车/机票，出差前一个工作日到办公室主任处领取车/机票。

续表

第 15 条　交通费报销规定

1. 员工出差结束后须在回到工作岗位的 3 个工作日内，持交通费有效凭证（国家认定的统一发票）到财务部办理交通费用报销手续，若因个人原因延误报销，公司将不予受理报销事宜，所有交通费用员工自行承担。

2. 符合购买火车卧铺票的条件而无法购买火车卧铺票的员工，除凭车票报销车费外，乘坐慢车和直快列车的员工，分别按慢车或直快列车软（硬）席坐位票价的 60% 发给补助；乘坐特快列车的员工，按特快列车软（硬）席坐位票价的 50% 发给补助；乘坐新型空调特快列车和新型空调直达特快列车的员工，分别按其软（硬）席座位票价的 30% 发给补助。

3. 符合购买汽车卧铺票的条件而无法购买汽车卧铺票的员工，除凭车票报销车费外，乘坐慢车班次的员工，按慢车坐票票价的 60% 发给补助；乘坐直达快班的员工，按直达快班坐票票价的 50% 发给补助。

4. 出差期间因工作需要而延长出差时限的，出差员工须立即向上级领导上报申请；因病或其他不可抗力因素需要延长出差时限的，出差员工须及时上报上级领导并在出差结束后回到工作岗位后一个工作日内提供相关证明。

第 5 章　住宿费管理规定

第 16 条　全国各类城市等级划分标准

类　别	城　市
A 类（特大型城市）	上海、北京、广州、深圳
B 类（大型城市）	重庆、天津、杭州、南京、哈尔滨
C 类（中大型城市）	武汉、沈阳、济南、长春、石家庄、长沙、成都、西安、昆明、郑州、福州、南昌、南宁、合肥、乌鲁木齐、大连、青岛
D 类（中型城市）	柳州、太原、呼和浩特、贵阳、兰州、海口、宁波、温州、厦门、珠海、中山、东莞、台州、泉州、汕头、无锡、苏州、徐州、湖州、湛江、烟台、淄博、潍坊、济宁、唐山、保定、大同、吉林、鞍山、齐齐哈尔、包头、株洲、常德、洛阳、宜昌、绵阳、襄樊、荆州、南阳
E 类（小型城市）	除以上城市外的其他边远小型城市及地区，在此不一一列举

第 17 条　员工出差的住宿标准须严格按公司规定执行，未按规定执行者，超标准部分将自行承担，住宿费用标准见下表：

续表

住宿费用标准表									
项目／等级标准／职务	火车	轮船	飞机	其他交通工具	住宿费标准元/人·天				
					本区			外省一般地区	深圳、珠海、厦门、汕头、广州、海南
					其他县（市）	南宁、柳州、桂林、梧州、河池、百色、玉林、钦州、凭祥等九市	北海市、防城港市的港区及东兴区		
局正副局长、正副书记、工会主席及三总师	软席车	二等舱位	一等舱位	按实报销	45—95	55—110	60—120	65—200	105—250
局三副总师、局机关正副主任：工程经理部（管理部、厂、公司）、正副职领导及三总师（不含副总师）；技能工资在330元以上并且年龄在50岁以上的被聘为高级工程师、高级经济师、高级会计师及相当以上技术职务人员，以及相当以上行政职务的人员	软席车	二等舱位	一等舱位	按实报销	35—80	45—95	50—105	55—180	85—210
其余人员	硬席车	三等舱位	普通舱位	按实报销	25—65	35—80	40—90	45—160	65—180

第18条　出差员工住宿管理规定

1. 总裁、总经理住宿标准为三星级酒店标准套房，环境优雅须带有会客室，所在区域交通便利且便于停车。

2. 副总经理、总监住宿标准为三星级酒店标准间。

3. 经理级住宿标准为普通商务酒店。

续表

4. 各区办公室主任可根据实际需要与当地商务酒店签定长期合作协议。

5. 当两个或两个以上的员工出差时，除男女有别可分开住宿外，无特殊情况不可独自开房住宿；当两个或两个以上不同岗位级别员工同住一间房间时，以岗位级别高的员工住宿费用可报销额度作为标准，不累加住宿人员可报销额度。

第 19 条　住宿费用报销规定

1. 员工出差结束后回到工作岗位的 3 个工作日内，持住宿费有效凭证（国家认定的统一发票）到财务部办理住宿费用报销手续，若因个人原因延误报销，公司将不予受理报销事宜，所有住宿费用员工自行承担。

2. 出差员工住在亲友家，一律不予报销住宿费。

3. 出差人员外出期间生病，确需住院治疗，应立即向上级领导申请休假，住院期间不予报销住宿费，不享有出差补贴。

第 6 章　补贴规定管理办法

第 20 条　出差员工在启程日的 0∶00—24∶00 分任何一时刻出发皆可享有出差补贴，出差返回到派出地的当天不享有出差补贴。

第 21 条　出差补贴费随当月工资一齐发放，享有出差补贴的天数要扣除出差期间休假的天数；出差期间因工作需要加班，只享有出差补贴，不同时享有加班补贴。

第 22 条　员工出差补贴规定如下：

出差补贴表

城市等级	A 类城市	B 类城市	C 类城市	D 类城市	E 类城市
补贴额度	市场部员工 90 元/天	市场部员工 70 元/天	市场部员工 50 元/天	市场部员工 40 元/天	市场部员工 35 元/天
	其他员工 70 元/天	其他员工 50 元/天	其他员工 40 元/天	其他员工 30 元/天	其他员工 25 元/天

第 7 章　附则

第 23 条　以上工作失误内容未详尽完善，在实际工作中如未列入失误行为，公司有权决定失误等级予以相应处罚，经公司研究后增补的条款，将自动成为员工行为规则的一部分。

第 24 条　本制度自发布之日起开始执行。

第 25 条　本制度的编写、修改及解释权归人力资源部所有。

执行部门		监督部门		编修部门	
编制日期		审核日期		批准日期	

2. 出差申请表

<table>
<tr><th colspan="6">出差申请表
申报日期：</th></tr>
<tr><td>申报部门</td><td colspan="2"></td><td>出差人</td><td colspan="2"></td></tr>
<tr><td>出差日期</td><td colspan="5">____年___月___日___时至____年___月___日___时，共____天</td></tr>
<tr><td>出差省市与地区</td><td colspan="5"></td></tr>
<tr><td>出差事由</td><td colspan="5"></td></tr>
<tr><td>交通工具安排</td><td colspan="5">□飞机　□火车　□汽车　□动车　□其他</td></tr>
<tr><td>申请费用</td><td colspan="5">____万____仟____佰____拾____元整（____元）</td></tr>
<tr><td>部门审核</td><td></td><td>财　务</td><td></td><td>总（副）经理审核</td><td></td></tr>
<tr><td>审核费用</td><td colspan="5">____元</td></tr>
<tr><td colspan="6">说明：1. 此申请表作为出差申请、借款、核销必备凭证。
2. 如出差途中变更行程计划，需及时汇报。
3. 本表共两联，第一联交行政部存档，第二联交财务部。</td></tr>
</table>

Chapter 5

5.8 员工休假管理制度与图表

1. 员工休假管理制度

制度名称	员工休假管理制度	受控状态	
		编　　号	

第1章　总则

第1条　目的

为体现企业对员工的关心关爱，保障员工合法休息休假的权益，规范员工休假管理，根据国家政策法规及有关规定，特制定本管理制度。

第2条　原则

1. 严格执行国家法律法规。
2. 假期安排应与公司经营生产实际要求相结合。
3. 劳动纪律管理、工时管理与休假管理相结合。
4. 统筹安排、规范管理。

第3条　适用范围

本制度适用于公司所有在岗员工。

第2章　公共假期规定

第4条　公司实行每周六、日为员工正常休息日。

第5条　根据国家的现行规定，全年有薪节假日共11天：

1. 元旦，放假1天（1月1日）。
2. 春节，放假3天（除夕、初一、初二）。
3. 清明节，放假1天（清明）。
4. 劳动节，放假1天（5月1日）。
5. 端午节，放假1天（农历五月初五）。
6. 中秋节，放假1天（农历八月十五）。
7. 国庆节，放假3天（10月1日、2日、3日）。

第6条　公司在上述国家法定休假日安排员工工作的，应按规定支付员工工资报酬。

第3章　年休假

第7条　正式职工在本公司工作满一年的，每年可享受年休假。年休假天数如下：

累计工龄	年休假天数（工作日）
满1年未满10年	5天
满10年未满20年	10天
满20年	15天

注：国家法定休假日、休息日不计入年休假的假期。

续表

第 8 条　当年按规定享受婚假、丧假、产假及计划生育假的员工，不影响享受下年度年休假；员工如请扣薪事假，不影响享受下年度年休假。

第 9 条　有下列情形的，不享受当年的年休假

1. 累计工作满 1 年不满 10 年的职工，请病假累计 2 个月以上的；
2. 累计工作满 10 年不满 20 年的职工，请病假累计 3 个月以上的；
3. 累计工作满 20 年以上的职工，请病假累计 4 个月以上的。

如已享受年休假，年度内又出现 1、2、3 情形之一的，不享受下一年度的年休假。

第 10 条　年休假在 1 个年度内可以集中安排休假，也可以分段安排休假，一般不跨年度安排。

员工当年度的年休假应尽量在当年 12 月 31 日前安排休假，员工如因工作原因未能安排休完当年休假的，经分管领导批准，可结转至下一年度休假，仍不休完的将按自动放弃休假处理。

第 11 条　因工作需要，部门负责人或以上领导有权对员工的休假申请不予以批准；特殊情况下，可直接对员工的年休假做出安排。

第 4 章　病假（日历日）

第 12 条　员工请病假者，需提供市内区级以上医院病假证明，并按请假权限办理告假手续。

第 13 条　员工因患病或者非因工负伤需要停止工作医疗时，可根据本人实际参加工作年限和在本公司工作年限按下表给予 3 个月到 24 个月的病伤医疗假，可请病伤医疗假的累积计算时间也按下表执行。

病假年限表

实际工作年限	本企业工作年限	病伤医疗期	医疗期对应的连续累积计算时间
10 年以下	5 年以下	3 个月	6 个月
	5 年以上	6 个月	12 个月
10 年以上	5 年以下	6 个月	12 个月
	5 年以上 10 年以下	9 个月	15 个月
	10 年以上 15 年以下	12 个月	18 个月
	15 年以上 20 年以下	18 个月	24 个月
	20 年以上	24 个月	30 个月

第 14 条　凡传染病患者，在病愈返回工作时，必须持有医院开出的健康证明，交人力资源部鉴定后方能上岗。

Chapter 5

续表

第5章　事假（工作日）

第15条　个人事假是在所有年休假休完的情况下，由员工本人以充分理由提出申请。

第16条　事假必须事前请准，不得事后补请，如因特殊原因须申述充足理由并补办请假手续，否则按旷工论处。

第17条　事假每月不得超过5天，全年累计不得超过15天，如有特殊情况者，须按请假权限办理特批手续。

第6章　婚假（日历日）

第18条　正式职工初婚按法定结婚年龄（指男满22周岁、女满20周岁）可享受婚假3天，晚婚初婚者（指男满25周岁初婚者、女满23周岁初婚者）可享受15天晚婚假（包含3天法定婚假）。再婚享受法定婚假，不享受晚婚假。

第19条　婚假必须在领取结婚证的6个月内一次性休完，否则休假权利自动取消。

第7章　丧假（日历日）

第20条　正式职工直系亲属（具体包括父母、配偶、子女及配偶的父母）死亡，可给予3天的丧假。

第21条　员工按规定休丧假的，可以视路程远近另行给予路程假，路程假的计酬分别参照丧假处理。

第8章　产假或看护假（日历日）

第22条　正式女职工单胎顺产，可以享受产假98天（包括产前假15天）；多胞胎生育的，每多生育一个婴儿增加产假15天；实行晚育者（指24周岁后生育第一胎）增加产假15天；领取《独生子女优待证》者增加产假35天；难产者并提供医院有效证明的增加产假15天。

第23条　正式女职工符合计划生育规定怀孕不满四个月自然流产或人工引产的，可以根据医务部门的意见，给予15—30天的产假；怀孕满四个月以上自然流产或人工引产的，给予42天产假。

第24条　正式女职工生育后，已按规定实施节育措施，但避孕失败引至流产、引产的，凭节育证明和医务部门流产、引产证明享受产假。未按规定实施节育措施引至流产、引产的，其休假按事假处理；如流产、引产后及时（给假期间）实施节育手术的，所休假期作病假处理。

第25条　正式男职工符合计划生育规定，其配偶生育第一胎并领取《独生子女优待证》的，可在配偶产假期间给予男职工10天的看护假。

第26条　正式职工休产假期满确有困难需停工在家哺乳、照顾婴儿的，经公司批准，可请哺乳假至婴儿满周岁，其哺乳假计酬参照事假处理。

第27条　正式女职工有周岁以下婴儿需要在工作时间哺乳的，每天给予两次哺乳时间，每次时间为一小时（含路途往返），两次哺乳时间可合并使用，哺乳时间的计酬参照产假处理。

续表

第 9 章　计划生育假（日历日）
第 28 条　节育手术假 接受节育手术的正式职工，经医生证明，分别给予以下计划生育假： 1. 放置宫内节育器的，自手术之日起休息 3 天，手术后 7 天内不从事重体力劳动。 2. 经计划生育部门批准取宫内节育器的，休息 1 天。 3. 输精管结扎的，休息 7 天；输卵管结扎的，休息 21 天。 4. 同时施行两种节育手术的，可以合并计算假期。
第 10 章　探亲假（日历日）
第 29 条　境内探亲 享受范围：正式职工在企业工作满一年，其配偶或父母不在工作所在地工作或居住，而且不能在休息日内回家居住一个白天和一个晚上的，可享受探亲假待遇。 1. 已婚职工探亲：探望配偶每年给探亲假一次，假期 30 天；探望父母，每四年给探亲假一次，假期 20 天。 2. 未婚职工探亲：探望父母，每年给假一次，假期 20 天；如果因工作需要，当年不能安排，或者职工自愿两年探亲一次的，可以两年给假一次，假期 45 天。 3. 职工配偶死亡或离婚尚未再婚的，可按未婚职工享受探亲假；职工的配偶、父母均死亡，又未重新结婚而且身边没有子女者，如有 16 周岁以下未成年子女寄养在外地的，每年给假一次，假期 20 天。 第 30 条　境外探亲 享受范围：正式职工在本企业工作满一年，有配偶或父母定居境外的，可根据情况享受探亲假待遇。 1. 已婚职工探亲：探望配偶 4 年以上（含 4 年）一次的，给假半年，不足 4 年的，按每年给假一个月计算；探望父母每四年给假一次，假期 40 天，不予累计。 2. 未婚职工探亲：探望父母 4 年以上（含 4 年）一次的，给假 4 个月；3 年一次的，给假 70 天；一年或两年一次的，按境内探亲给假。 3. 职工居住在国外的父母已经去世后出国探望胞兄妹的，每四年给假一次，假期 40 天，不予累计。 第 31 条　职工一年只能享受一次探亲假，如职工符合享受探亲假条件，且夫妻双方均为独生子女的，可在探望父母的假期里选择探父母或配偶父母。 第 32 条　员工按规定休探亲假的，可以视路程远近另行给予路程假，路程假的计酬分别参照探亲假处理。 第 33 条　员工按规定休探亲假的，可享受探亲路费报销，具体的费用报销规定执行公司的相关报销规定。
第 11 章　工伤假（日历日）
第 34 条　员工经确认为因工受伤（由工作所在地相关劳动保障部门鉴定）需治疗休息的，按工伤假处理；未确认为因工受伤的，按病假处理；工伤痊愈上班后，属旧伤

续表

复发并提供有效医院证明的，仍按工伤假处理。

第 35 条　员工工伤经医院确认痊愈者，应及时复工，如拒不复工者，作旷工处理。

第 12 章　申请假期程序

第 36 条　公司员工请假，需提前向部门负责人或部门分管领导递交书面申请，填写《请假单》，交行政人力资源部备案，否则请假不予生效；员工休假期满后，须及时到部门负责人或部门分管领导处销假，否则按旷工处理。

第 37 条　员工请假应提前办理请假手续，填写《请假单》。因急事或身体不适临时请假，应在上班前电话告知部门主管，返岗后补办请假手续，否则按旷工处理。

第 38 条　请假者必须将经办事务交代其他员工代理，并于请假单内注明。

第 39 条　请假理由不充分或有妨碍工作时，可酌情不予休假，或缩短假期或延期请假。

第 13 章　批假权限

第 40 条　一般员工休假，由部门负责人和分管领导签署意见报人力资源部备案；部门负责人休假 3 天以上的须报总经理核准。

第 41 条　下属企业员工的休假核准权限由各企业参照本规定制定。下属企业正、副总经理休假须报公司主管领导核准，报人力资源部备案。

第 42 条　副总经理、总会计师、总经理助理的休假须报总经理批准并报人力资源部备案；总经理休假要报上级领导同意，报人力资源部备案。

第 14 章　假期待遇内容

第 43 条　员工的假期待遇包括员工休假期间的工资待遇和福利待遇。

第 44 条　正常休息日、法定休假日、婚假、丧假、年休假、工伤假：全部工资（含基本工资、岗位工资、福利补贴及津贴和年终奖金，下同）照发。

第 45 条　产假或看护假、计划生育假

基本工资、岗位工资、福利补贴及津贴照发，按日扣发奖金的 30%。

第 46 条　探亲假

基本工资、岗位工资、福利补贴及津贴照发，按日扣发奖金的 30%，员工探亲往返交通费用按公司财务有关规定处理。

第 47 条　病假

一个月以内的，按日扣发基本工资、岗位工资的 30%，福利补贴及津贴的 100%；一个月以上三个月以下的，按日扣发基本工资、岗位工资的 50%，福利补贴及津贴的 100% 和奖金 100%；三个月以上的，按日扣发基本工资、岗位工资的 70%，福利补贴及津贴的 100% 和奖金的 100%；员工病假工资不能低于本市职工最低工资标准的 80%，若低于的按照本市职工最低工资标准的 80% 标准发放。

第 48 条　事假

按日扣发全部工资。

续表

<table>
<tr><td colspan="6">

第 15 章　其他相关规定

第 49 条　凡在一年内请病假累计超过 45 天或请事假累计超过 30 天者，当年不再享受年休假或探亲假待遇。

第 50 条　员工当年已按规定享受探亲假待遇的，不再安排年休假，或当年已安排年休假的，不再另行安排探亲假；职工利用年休假探亲的，年休假天数不足于原规定的探亲假天数部分可给予补齐，其中补齐天数的待遇按探亲假处理。

第 51 条　职工按规定休产假、看护假或计划生育假的，仍可享受年休假或探亲假待遇。

第 52 条　探亲假、产假、看护假、计划生育假、婚假、丧假的假期原则上应一次性连续安排，不跨年度累计；假期内遇休息日或法定休假日的，不另加假期天数。

第 53 条　员工事假或病假假期内遇休息日或法定休假日的，不另行扣除休假日，工资结算时剔除固定休假日。

第 54 条　员工在公司范围内工作调动的，其当年积累的加班补休或调休假，原则上不能延至新的工作岗位，但可以继续享受年休假和探亲假。

第 16 章　附则

第 55 条　本制度最终解释权归公司人力资源部。

第 56 条　本制度自颁布之日起实施，凡与本制度不一致的，以本制度为准。

</td></tr>
<tr><td>执行部门</td><td></td><td>监督部门</td><td></td><td>编修部门</td><td></td></tr>
<tr><td>编制日期</td><td></td><td>审核日期</td><td></td><td>批准日期</td><td></td></tr>
</table>

2. 员工休假申请表

<table>
<tr><th colspan="7">员工休假申请表</th></tr>
<tr><td colspan="7">年　　度：</td></tr>
<tr><td>姓　　名</td><td></td><td>所在部门及职务</td><td colspan="4"></td></tr>
<tr><td rowspan="2">参加工作时间</td><td rowspan="2"></td><td>休假原因</td><td rowspan="2">可享受休假天数</td><td rowspan="2"></td><td rowspan="2">本年度已休假天数</td><td rowspan="2"></td></tr>
<tr><td>公假□　事假□</td></tr>
<tr><td>休假起止时间</td><td colspan="6">从　月　日到　月　日，共　天</td></tr>
<tr><td>人力资源部审核</td><td colspan="6">年　月　日</td></tr>
</table>

Chapter 5

续表

部门审批意见	年　月　日
分管领导审批意见	年　月　日
主要领导审批意见	年　月　日

- 变更工资申请表
- 操作员奖金分配表
- 出差旅费报销清单
- 出差申请表
- 工资登记表
- 工资调整表
- 工资分析表
- 工资扣缴表
- 工资统计表
- 公司奖惩种类一览表
- 计件工资计算表
- 计件员工薪酬计算方法
- 加班费申请单
- 兼职员工工作合约
- 兼职员工薪酬管理制度
- 奖惩登记表
- 津贴申请单
- 生产计件月工资表
- 生产奖金核定表
- 销售人员工资提成计算
- 新员工工资核定表
- 新员工录用工资确认表
- 新员工薪酬管理制度
- 薪酬管理制度
- 薪酬激励管理制度
- 薪资变动申请表
- 一周出差预定报告表
- 预支工资申请书
- 员工保险管理制度
- 员工保险记录表
- 员工出差管理制度
- 员工调薪单
- 员工福利管理制度
- 员工福利申请表
- 员工抚恤金申请表
- 员工工资单
- 员工工资汇总表
- 员工工资明细表
- 员工工资职级核定表
- 员工考勤记录表
- 员工签到卡
- 员工请假公出单
- 员工请假申请单
- 员工日常行为规范制度
- 员工提薪管理制度
- 员工休假管理制度
- 员工休假申请表

Labour

劳动关系管理

企业员工双赢的有效循环

Relation

劳动关系管理，旨在规范员工的行为，保证员工行为与公司政策、规章制度和程序相一致；改善员工的工作表现，创造和谐、融洽的劳动关系。简单来说即帮公司管理人、裁人，做到企业与员工双赢的人力资源配置的有效循环。

6.1 劳动关系管理制度与图表

1. 劳动关系管理制度

<table>
<tr><td rowspan="2">制度名称</td><td rowspan="2">劳动关系管理制度</td><td>受控状态</td><td></td></tr>
<tr><td>编　号</td><td></td></tr>
<tr><td colspan="4">
第 1 章　总则
第 1 条　目的
为了规范本公司的劳动合同管理工作，保护公司与员工的合法权益，根据《中华人民共和国劳动法》和有关法律、法规，结合本公司实际情况，制定本制度。
第 2 条　适用范围
在本公司工作的所有员工，无论是公司管理人员还是一般员工，必须熟悉了解劳动合同管理制度，依照劳动合同管理制度办理劳动关系。
第 3 条　管理职责
公司劳动人力资源部负责本公司的劳动合同管理工作，主要职责包括：
1. 认真学习并贯彻执行有关劳动合同的法律、法规和政策。
2. 依据本制度办理劳动合同的订立、续订、变更、解除、终止等手续。
3. 实行动态管理，促进劳动合同管理的规范化、标准化。
第 2 章　劳动合同的订立
第 4 条　合同文本
劳动合同以书面形式订立。公司遵循公平、公正的原则，提供劳动合同文本。劳动合同一式两份，公司和员工各执一份。
第 5 条　知情权
在缔约过程中，员工可以了解公司的规章制度、劳动条件、劳动报酬等与提供劳动有关的情况；公司在招用时，可以了解员工健康状况、学历、专业知识和工作技能等与应聘工作有关的情况，双方应当如实说明。
第 6 条　合同条款
根据《劳动法》规定，本公司劳动合同具备以下必备条款：
1. 劳动合同期限。
2. 工作内容。
3. 劳动保护和劳动条件。
4. 劳动报酬。
</td></tr>
</table>

续表

5. 劳动纪律。

6. 劳动合同终止的条件。

7. 违反劳动合同的责任。

同时，根据本公司的实际，合同双方协商约定服务期和保守商业秘密等其他条款。

第 7 条 合同期限

本公司劳动合同期限为 1—3 年，根据不同岗位和任职资格协商确定。劳动合同届满，经双方协商一致，可以续签劳动合同。

第 8 条 试用期

本公司在劳动合同中约定试用期，一年期合同开始履行时第一个月为试用期，两年期合同开始履行时前两个月为试用期，三年期以上合同开始履行时前 6 个月为试用期，但最长不得超过 6 个月。

第 9 条 服务期

公司对享受本公司提供特殊待遇的员工，如出资招聘、出资培训或提供出国考察、住房补贴等特殊待遇的，约定 3—5 年的服务期。员工应遵循诚实信用的原则，严格遵守服务期限，否则将承担违约责任。

第 10 条 保守秘密

公司对必须保密的技术信息和经营信息，约定保密责任。对负有保守公司秘密的员工，要求解除劳动合同的，应提前 6 个月书面通知公司；或者在解除劳动合同后的一定期限内不得自营或为他人经营与本公司有竞争的业务，对此公司在一定的期限内给予员工本人 20%—40% 的工资收入作为经济补偿。

第 11 条 违约金

违反服务期和保守商业秘密约定的员工，应当承担违约责任。公司将以违约金的方式追究违约责任。违反服务期约定的，违约金根据公司所提供特殊待遇的价值，按已工作期限的比例递减；违反保密约定的，违约金按事先约定金额承担，但约定违约金低于实际损失的，按实际损失赔偿。

第 3 章 劳动合同的履行

第 12 条 生效履行

劳动合同自合同期限起始日起生效。

第 13 条 合同变更

公司和员工如认为有必要，经协商一致可以书面形式对原订劳动合同的部分条款进行修改、补充、废止，任何一方不得任意变更。如协商不成的，劳动合同应当继续履行。

第 14 条 合同解除

1. 协商解除。在劳动合同履行过程中，公司和员工双方都认为继续履行合同已没有必要时，无论谁先提出解除，只要达成一致意见，劳动合同即可解除。若员工一方为主动提出者，则不予以经济补偿。

续表

2. 公司解除。公司因员工的非过失原因（如停工医疗期满、无法胜任工作）和客观情况发生重大变化的原因，可提前30天通知解除劳动合同，也可以因员工过失（不符合录用条件、严重违规违纪）随时解除劳动合同。

3. 员工解除。员工提出解除劳动合同，应当提前30天通知公司，在试用期内或公司确有违规和未履行约定条件的情况下，可随时解除劳动合同。

第15条　合同终止

劳动合同期满、劳动合同主体资格丧失或在客观上已无法履行合同的情况下，劳动合同可以终止。

第16条　合同顺延

根据法律法规的规定，在应当对员工采取特殊保护期间（停工医疗期内、女工“三期”内），公司将不终止劳动合同，直至这些情形结束。

第4章　经济补偿与违约责任

第17条　经济补偿

根据有关法律法规规定，公司对下列解除或终止劳动合同的员工给予经济补偿：

1. 公司提出并经双方协商一致解除劳动合同的。

2. 员工因公司有违规行为而提出解除劳动合同的。

3. 员工经过培训或调整工作后仍不能胜任工作的。

4. 员工在停工医疗期满后不能从事原工作或另行安排工作的。

5. 因公司客观情况发生重大变化（转产、搬迁、技术改造、兼并、分立等），致原合同无法履行又不能协商一致变更，或者公司确需依法裁员的。

第18条　补偿标准。

1. 给付标准。按照员工在本公司的工作年限，每满一年给予相当于本人1个月工资收入的补偿金，对于停工医疗期满后仍不能从事正常工作的员工，另外给予相当于本人6个月工资收入的医疗补助费。

2. 计算标准。计发补偿金和医疗补助费的月工资收入，按员工解除劳动合同前12个月的平均工资收入计算。

第19条　法律责任

因一方主观上有过错，导致劳动合同无效或部分无效，给对方造成损害的，应当承担赔偿责任；违反劳动合同的，应当承担相应的责任；给对方造成经济损失的，应当承担赔偿责任。

第20条　劳动争议

公司与员工因劳动权利和义务产生分歧引起争议的，依照《劳动法》的规定，通过协商解决或申请调解、仲裁直至提起诉讼方式解决。

第5章　劳动合同管理

第21条　制度管理

公司在内部公开明示本管理制度，并进行宣传教育，定期监督检查。公司坚持以本

续表

制度来规范公司的劳动合同管理行为，保证全面履行劳动合同。

第22条　操作实务

公司按以下操作程序和书面手续办理劳动合同的签订、续订、顺延、解除、终止。

1. 订立。公司自招用员工之日起与其订立书面劳动合同，并根据规定送政府劳动行政部门鉴证。劳动合同双方各执一份。

2. 续订。劳动合同期满，公司同意与员工续订劳动合同的，应在劳动合同期满前30天内将《续订劳动合同意向通知书》送达员工，经协商同意，办理续订手续。

3. 顺延。劳动合同期满时，符合顺延合同期限条件的，除非本人要求不延长，公司可以延长劳动合同期。公司对顺延劳动合同期限情况进行书面记载。

4. 解除。公司与员工解除劳动合同的，应下达《解除劳动合同通知书》，明确解除劳动合同的时间，并送达本人。

5. 终止。劳动合同期满，公司、员工终止劳动合同的，应在劳动合同期满前，将“终止劳动合同通知书”送达其本人，载明实施终止的时间。

第23条　管理台账

公司建立、健全管理台账，记录公司劳动用工状况及员工的基本情况，反映劳动关系变化，保证实行动态管理。管理台账包括如下内容：

1. 劳动合同基本情况台账（总账）。
2. 劳动合同签订、变更、解除、终止台账（个人明细账）。
3. 员工培训记录台账（入职培训、转岗培训、出资培训）。
4. 员工出勤统计台账（工时、休假、加班等情况）。
5. 员工医疗期管理台账（医疗项目、停工医疗时间）。
6. 其他专项协议台账（如约定服务期、保守商业秘密的专项或补充协议）。

第6章　附则

第24条　本制度自发布之日起开始执行。

第25条　本制度的编写、修改及解释权归人力资源部所有。

执行部门		监督部门		编修部门	
编制日期		审核日期		批准日期	

Chapter 6

2. 劳动关系管理流程图

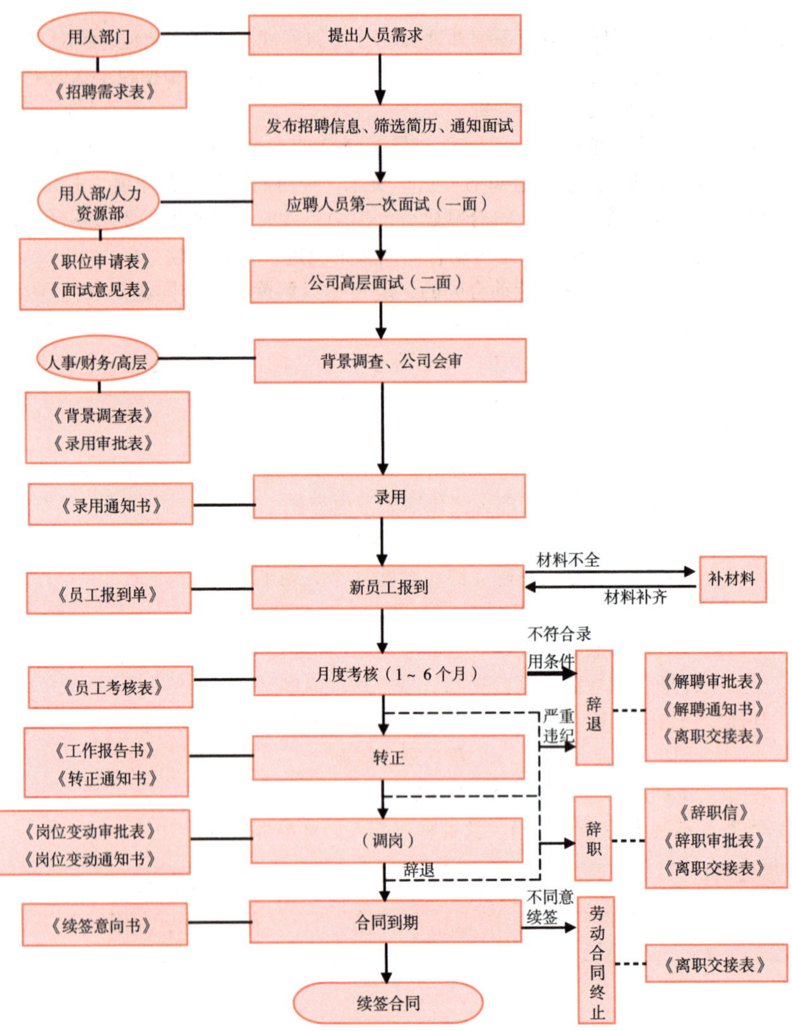

劳动关系管理流程图

6.2 劳动合同管理制度与图表

1. 劳动合同管理制度

<table>
<tr><td rowspan="2">制度名称</td><td rowspan="2">劳动合同管理制度</td><td>受控状态</td><td></td></tr>
<tr><td>编　号</td><td></td></tr>
<tr><td colspan="4">
第 1 章　总则
第 1 条　目的
为规范公司的劳动合同管理工作，依法履行劳动合同，保护公司与员工的合法权益，根据《中华人民共和国劳动合同法》和有关法律、法规，结合本公司实际情况，制定本制度。
第 2 条　适用范围
本制度适用于与公司签订劳动合同的全体正式员工。
第 2 章　职责分配
第 3 条　劳动合同管理主管部门及职责
1. 集团公司人力资源部
（1）拟订集团公司《劳动合同管理制度》和《劳动合同书》标准文本。
（2）制定与劳动合同相配套的各项规章制度。
（3）办理集团公司本部员工和子公司负责人的劳动合同订立（含续签）、变更、解除和终止手续。
（4）按规定到劳动行政部门办理劳动合同鉴证手续。
（5）检查指导子公司劳动合同管理，协助子公司处理劳动合同争议。
（6）遇重大劳动争议，向上级领导提出解决问题的建议。
（7）保管集团公司本部员工及子公司负责人的劳动合同文本及与签订（含续签）、履行、变更、解除和终止合同有关的文件。
2. 子公司办公室
（1）办理本公司员工劳动合同订立（含续签）、变更、解除和终止手续；
（2）按规定到劳动行政部门办理劳动合同鉴证手续；
（3）负责本公司劳动合同管理，处理劳动合同争议；
（4）遇重大劳动争议，及时上报集团公司人力资源部并提出解决问题的建议；
（5）保管本公司员工（公司负责人除外）劳动合同文本及与签订（含续签）、履行、变更、解除和终止合同有关的文件。
第 3 章　劳动合同的订立
第 4 条　劳动合同内容
劳动合同应以书面形式订立，主要内容包括：
</td></tr>
</table>

续表

1. 基本内容：劳动合同双方名称、身份证号、经营地址、法定代表人、劳动合同期限、工作内容、工作地点、休息休假、加班规定、劳动保护和劳动条件、社会保险、劳动报酬、劳动纪律、劳动合同终止的条件、违反劳动合同的责任等。

2. 附加内容：法律规定的应该纳入劳动合同的相关内容，如公司的各种规章制度，劳动合同双方当事人协商约定的诸如保密协议、竞业限制、培训服务协议等其他内容。

第 5 条　员工报到当天，与人力资源部签订劳动合同。劳动合同一式两份，公司和员工各执一份。

第 6 条　签订劳动合同时可以相互了解的内容

1. 员工可以了解公司的规章制度、劳动条件、劳动保护、劳动报酬等与提供劳动有关的情况。

2. 公司在招聘员工时，可以了解员工的健康状况、学历、专业知识、工作技能以及员工与上一家单位的劳动合同解除信息等与应聘工作相关的情况。

3. 员工入职后任何一方不同意签订劳动合同的，另一方均有权拒绝继续合作。

第 7 条　劳动合同期限及试用期的确定

1. 第一次、第二次（第一次续签）劳动合同的期限，原则上经营、管理岗位，中高级销售、服务顾问和技师，中高级专业技术人员为 3 年；其他岗位人员为 2 年，第三次（第二次续签）劳动合同的期限需报集团公司人力资源部审批。

2. 新入职员工试用期原则上根据合同期限长短确定：劳动合同期限不满一年的试用期为 1 个月；劳动合同期限一年以上不满三年的试用期为 2 个月；劳动合同期限三年及以上试用期为 3—6 个月。

第 4 章　劳动合同变更、解除与终止、续签

第 8 条　劳动合同变更

1. 公司与员工协商一致，可以变更劳动合同约定的内容。

2. 变更劳动合同，应当采用书面形式。

3. 公司发生合并、分立等情况，应及时变更合同，不得影响劳动合同履行。

4. 合同发生合并、分立等情况，不影响劳动合同的执行，由其权利和义务的继承者继续履行合同。

第 9 条　劳动合同的解除与终止

1. 公司与员工经过协商，就劳动合同的解除达成一致，便可解除劳动合同。

2. 劳动合同解除，正式在岗员工应提前 30 天以书面形式通知公司，试用期内员工应提前 3 天通知公司。

3. 员工被提前解除劳动合同，按照相关规定应支付经济补偿金的，按国家及地方有关规定进行经济补偿。

4. 当公司确实存在违规和未履行约定条件时，员工可以随时解除劳动合同。如以下几种情况出现时，员工即有权解除劳动合同。

续表

（1）未按照合同约定提供劳动保护和劳动条件。
（2）未及时足额支付劳动报酬。
（3）未依法为员工缴纳社会保险。
（4）规章制度订立违反法律法规，侵犯劳动者权利。
（5）其他法律法规规定的员工可以解除劳动合同的情形。

5. 员工如果存在以下情形，公司可以随时解除劳动合同。
（1）试用期间被证明不符合录用条件。
（2）员工严重违反公司规章制度。
（3）员工严重失职，营私舞弊，给公司造成重大损失。
（4）员工与其他公司存在劳动关系，对完成公司业务有影响，经提醒不改者。
（5）员工被依法追究刑事责任。
（6）法律法规规定的其他情况。

6. 劳动合同期满、劳动合同主体资格丧失或在客观上已无法履行合同的情况下，劳动合同可以终止。

7. 劳动合同执行过程中出现如下情况，劳动合同自行终止。
（1）劳动合同期满，双方明确表示不再续约。
（2）员工死亡或被法律宣告死亡或失踪的。
（3）公司被依法宣告破产。
（4）公司被吊销执照，责任关闭、撤销或提前解散的。
（5）法律法规规定的其他情形。

第 10 条　劳动合同续签

1. 公司因经营需要需续签劳动合同的，应提前 30 日以书面形式通知劳动者，经双方协商同意后办理续签手续。

2. 劳动合同届满，经双方协商一致，续签劳动合同的，双方应在合同到期前一个月，以书面形式向对方明确续签意向，另一方接到通知后应在一周内给予明确的书面回复。如果双方均未做出明确表示的，合同自动续签一年。

第 5 章　违约责任

第 11 条　违反培训服务期和保守商业秘密的员工，应当承担违约责任。公司将以违约金的方式追究违约责任。

第 12 条　违反培训服务期约定的，违约金计算根据培训协议相关约定进行核算。

第 13 条　违反保密约定的，违约金按时限约定的金额承担，但约定违约金低于实际损失的，按实际损失赔偿。

第 14 条　劳动合同执行过程中发生争议的，双方应本着友好协商的态度进行解决。双方协商不成的，应到公司所在地劳动争议仲裁机构申请仲裁，仲裁不成的到当地人民法院起诉。

续表

第6章　附则 第15条　本制度未尽事宜或与国家法律、法规相违背的，参照法律、法规执行。 第16条　本制度由人力资源部参照相关法律、法规组织编制，最终解释权归人力资源部。 第17条　本制度经总经理审批后，即刻生效。					
执行部门		监督部门		编修部门	
编制日期		审核日期		批准日期	

2. 解除劳动合同申请表

解除劳动合同申请表 填表日期：					
姓　　名		部　　门		职务	
到职日期	年　月　日	离职日期	年　月　日	级别	
解除（终止）原因 （由直接上司填写）	签　　字：				
部门经理意见	签　　字：				
人力资源部经理意见	签　　字：				
总经理意见	签　　字：				

注：此通知书一式两份，个人和人力资源部各一份。

3. 合同顺延登记表

<table>
<tr><th colspan="6">合同顺延登记表</th></tr>
<tr><td>姓　　名</td><td></td><td>性别</td><td></td><td>工号</td><td></td></tr>
<tr><td>出生年月</td><td colspan="2"></td><td>入职时间</td><td colspan="2"></td></tr>
<tr><td>劳动合同期限</td><td colspan="2"></td><td>顺延期限</td><td colspan="2"></td></tr>
<tr><td>顺延
原因</td><td colspan="5">签　　字：__________
________年____月____日</td></tr>
<tr><td>员工所在
部门意见</td><td colspan="5">签　　字：__________
________年____月____日</td></tr>
<tr><td>人力资源部
意见</td><td colspan="5">签　　字：__________
________年____月____日</td></tr>
<tr><td>备　　注</td><td colspan="5"></td></tr>
</table>

6.3 劳动安全卫生管理制度与图表

1. 劳动安全卫生管理制度

<table>
<tr><td rowspan="2">制度名称</td><td rowspan="2">劳动安全卫生管理制度</td><td>受控状态</td><td></td></tr>
<tr><td>编　　号</td><td></td></tr>
</table>

第 1 章　总则

第 1 条　目的

为了实现以下目的，根据有关法律、法规，特制定本制度。

1. 加强公司劳动安全和劳动卫生管理，使得劳动安全和劳动卫生管理有据可依。

2. 保障员工生产过程中的人身安全和健康，使安全和卫生明确化、合理化。

3. 为员工提供符合劳动安全卫生要求的劳动条件和作业现场，促进公司事业的不断发展。

第 2 条　适用范围

本制度适用于公司内部劳动安全卫生相关管理工作。

第 3 条　原则

遵循安全第一、预防为主的原则。

第 4 条　各部门的管理职责划分

1. 人力资源部为本制度的编制和主要管理实施部门，其他部门配合执行。

2. 人力资源部负责对全体员工进行安全卫生管理宣传教育。

3. 各部门主管负责对本部门人员日常劳动安全卫生执行情况监督、指导。

4. 劳动安全卫生领导小组对本公司的劳动安全卫生负主要领导责任。

5. 分公司的负责人对分公司的劳动安全卫生负直接领导责任。

第 2 章　劳动安全卫生管理的内容

第 5 条　公司成立劳动安全卫生领导小组，负责组织、监督、检查、推动本单位和本系统的劳动安全卫生工作。

第 6 条　公司每年从固定资产更新改造资金中提取一定金额的劳动保护技术措施改造经费，用于改善劳动条件，防止、消除伤亡事故和职业病的发生，相关部门必须妥善保管与使用该项资金，确保专款专用，杜绝挪作他用现象。

第 7 条　公司人力资源部负责对员工的劳动安全卫生进行教育与技术培训，并进行培训考核。考核合格的员工方可上岗操作。

第 8 条　公司实行每天 8 小时工作制。加班加点应在不损害员工健康的前提下进行，每人每月加班时间累计不得超过 48 小时，确因生产需要超过的，应经员工同意，报公司各部门主管批准。

续表

第9条　禁止招用未满16周岁的未成年人，禁止安排未满18周岁的员工从事有毒、有害的作业和繁重的体力劳动。

第10条　公司严格执行保护女员工的有关规定。禁止安排怀孕、哺乳期女员工从事有毒、有害的作业和繁重的体力劳动。

第11条　公司在员工招聘时必须进行入职前健康检查，并定期组织内部员工进行健康体检，确保员工身体健康无传染病、职业病，确保健康、安全生产。

第12条　公司严格按国家规定发给员工防护用品、用具，建立健全使用、发放等制度。各部门不得以现金代替物品。公司配备的劳动安全卫生抢救药品、器材应定期检查和更换，防止失效。

第13条　员工必须严格遵守劳动安全卫生法规、规章、制度和操作规程。员工有权拒绝违章指挥，对漠视员工安全、健康的部门及其负责人，有权批评、检举、控告。

第14条　公司工会对公司执行有关劳动安全和劳动卫生规定、标准实行监督，以维护员工的合法权益。

第15条　劳动场所的劳动安全卫生防护措施和有毒、有害物质的浓度（强度），必须符合国家有关劳动安全卫生技术标准。

第16条　公司所有的设备设施在正式投入使用前，必须由主管部门进行严格检查、验收，确保能安全使用，否则不准投入生产。

第17条　各分公司在各种设备设施正式投入生产之前也必须进行必要的检查验收。

第18条　作业现场的配套设备设施如操作台、住宿、餐厅和厕所等设施，也必须符合劳动安全和劳动卫生的要求。

第19条　公司相关部门应编制突发事件应急预案，分析公司内部存在重大事故隐患的情况，编写相关隐患报告，并提出重大隐患的预防和整改措施，督促相关部门及时跟进监督检查，确保隐患发生时处理有序。

第3章　伤亡事故处理与报告

第20条　伤亡事故的处理

1. 公司如果发生伤亡事故，必须立即组织抢救，不得故意破坏事故现场，不得隐瞒、虚报或故意延迟上报。

2. 发生重伤、死亡或其他重大事故，公司各主管部门应会同同级工会组成事故调查组，查明原因、分清责任、提出整改措施和对事故责任人员的处理意见。劳动、卫生、公安、检查部门和工会组织也可派人参加。

第21条　关于伤亡事故报告的规定

1. 事故调查组必须在事故发生之日起15日内向企业、事业单位的主管部门、劳动部门、劳工工会报送事故调查报告书。特殊情况不能按时报送的，应向本公司主管部门申请延期。

2. 公司主管部门应在接到报告书后30日内日出处理意见，申报劳动部门。特殊情况不能按时申报的，应向劳动部门申请延期。

续表

3. 报告内容应包括伤亡事故引发的原因，事故引发的责任人，引发的时间、地点，伤亡造成的损失，采取的处理措施，用到的设备、设施，参与事故处理的人员及单位等。

第4章　劳动安全卫生奖惩

第22条　有下列情况之一的人，由本公司人力资源部、行政部、劳动安全卫生管理小组给予奖励。

1. 改善劳动条件，预防员工伤亡事故或职业病有显著成绩的。

2. 在实际工作中及时发现或报告险情、隐患，事故发生后妥善处理或积极抢救，使生命财产免受或少受损失的。

3. 在劳动安全卫生防护技术方面有发明创造，或者对劳动安全卫生工作提出了切实有效的重大合理化建议的。

4. 检举、揭发违反国家劳动安全卫生法规及本条例的行为，其事迹突出的。

第23条　有下列情况之一的部门或个人，由公司人力资源部、行政部、劳动安全卫生管理小组视其情节、给予警告、限期整改、罚款、责令停产整顿的处罚。

1. 忽视改善劳动安全卫生条件，削减劳动安全卫生防护措施，或有防护措施不使用的。

2. 工程项目的劳动安全卫生设施，未经验收同意或经验收达不到标准要求而强行投产的。

3. 违反招用规定招用工人、允许无操作合格证工人进行特种作业的。

4. 玩忽职守、违章操作、强令员工违章冒险作业，造成生命财产损失的；故意破坏事故现场，隐瞒、虚报或故意延迟上报防碍事故调查的。

5. 拒绝劳动安全卫生管理小组执行监察任务的。

6. 发生重大、特大伤亡事故时，按本办法规定承担主要责任的人员，应根据不同情节严肃处理。

第5章　劳动安全卫生费用预算

第24条　公司在执行劳动卫生管理中涉及的费用预算。

1. 劳动安全卫生保护设施建设费用。

2. 劳动安全卫生保护设施更新改造费用。

3. 个人劳动安全卫生防护用品费用。

4. 劳动安全卫生教育培训费用。

5. 员工健康检查和职业病防治费用。

6. 有毒、有害作业场所定期检测费用。

7. 工伤保险费用。

8. 工伤认定、残疾评定费用等。

第25条　公司相关设备、设施的更新改造、技术创新、员工健康检查及劳动安全保护等相关工作，应严格按照预算项目数量及费用标准执行。

续表

第 26 条　相关部门在编制年度费用预算时，应将此费用预算内容一一列入年度预算范围。经公司领导审批同意后，严格按照预算审批项目、额度执行。 **第 6 章　附则** 第 27 条　本制度由人力资源部负责编制，其解释权亦同。 第 28 条　本制度经总经理审批后生效实施。					
执行部门		监督部门		编修部门	
编制日期		审核日期		批准日期	

2. 安全卫生检查表

安全卫生检查表 日期：________				
序号	检查项目	待改善事项	说明	复检
1	消　　防	□无法使用　□道路阻塞		
2	通　　道	□阻塞　□脏乱		
3	门　　窗	□损坏　□不洁		
4	地　　板	□不洁　□破损		
5	楼　　梯	□损坏　□阻塞　□脏乱		
6	厕　　所	□脏臭　□漏水　□损坏		
7	桌　　椅	□损坏　□污损		
8	厂区四周	□脏乱		
9	机　　械	□保养不良　□基础松动		
10	插座开关	□损坏　□不安全		
11	电　　线	□损坏　□不安全		
12	排 水 管	□漏水　□排水不良		
13	仓　　库	□零乱　□防火、防盗不良		
14	废　　料	□未处理　□放置零乱		
15	其　　他			
总经理		厂　长		主　管		检查人	

6.4 劳动争议处理管理制度与图表

1. 劳动争议处理管理制度

<table>
<tr><td rowspan="2">制度名称</td><td rowspan="2">劳动争议处理管理制度</td><td>受控状态</td><td></td></tr>
<tr><td>编　号</td><td></td></tr>
<tr><td colspan="4">

第 1 章　总则

第 1 条　目的

为实现以下目的，根据《中华人民共和国劳动争议处理条例》及其他相关法律、法规，结合公司劳动关系实际情况，特制定本制度。

1. 妥善处理公司劳动争议，有效控制劳动争议的发生。

2. 保障公司与员工双方的合法权益，维护正常的生产经营秩序。

3. 发展良好的劳动关系，促进劳资双方长期、友好合作。

第 2 条　内容

本规定适用于公司与员工之间发生的劳动争议，主要包括如下内容。

1. 因公司开出、辞退员工和员工辞职、自动离职发生的争议。

2. 因执行有关工资、保险、福利、培训、劳动保护的规定发生的争议。

3. 因履行劳动合同发生的争议。

4. 法律、法规规定应当受理的劳动争议。

第 3 条　各部门的管理职责划分

1. 人力资源部是劳动争议的主要管理部门，负责劳动争议的起因、证据等信息的采集并根据情况综合分析，提出合理的解决方法。

2. 劳动争议调解委员会按照法定原则和程序处理本单位的劳动争议，回访、检查当事人调解协议执行情况并督促其执行。

3. 调解委员会负责建立必要的制度进行调解登记、档案管理和统计分析工作。

4. 调解委员会由员工代表、人力资源部人员、管理者代表、工会代表组成。管理者代表不超过委员会人数的 1/3。

第 2 章　劳动争议的预防及处理原则

第 4 条　在进行劳动争议预防前须先明确劳动争议的类别及产生原因

1. 劳动争议的类别

（1）按劳动争议的主体可划分为个别争议、集体争议、团体争议。

（2）按劳动争议的性质可划分为权利争议、利益争议。

（3）按劳动争议的标的可划分为劳动合同争议，劳动安全卫生、工作时间、休息休假、保险福利争议，劳动报酬、培训奖惩等因理解和实施不同而产生的争议。

</td></tr>
</table>

续表

2. 劳动争议的产生原因

（1）劳动权利义务是否遵循法律规范和合同规范。

（2）市场经济情况下的利益原则，使公司和员工之间既有共同利益和合作基础，又有利益差别和冲突。

3. 劳动争议的预防措施

针对劳动争议产生的原因对劳动争议进行有效预防，常用的措施有以下四项。

（1）各部门管理人员应及时了解下属的情绪和劳动关系矛盾，并协同人力资源部采取措施，防患于未然。

（2）人力资源部应广开言路，积极深入到员工的生活、工作中，了解公司员工的整体思想动态。

（3）对现有劳动关系形式进行分析，预见可能发生的劳动争议问题，及时加以了解和解决。

（4）公司应健全裁员、辞退、劳动合同解除等相关管理制度，将员工离职后的后续工作安排妥当，减少劳动争议的发生。

第5条　劳动争议的处理原则

1. 着重调解，及时处理。

2. 查清事实，依法处理。

3. 法律面前一律平等。

第6条　劳动争议的处理途径

1. 协商：劳动争议发生后，双方当事人应当协商解决。

2. 调解：协商不成，可以向劳动争议调解委员会申请调解。调解遵循群众性、自治性、非强制性原则。

3. 仲裁：调解不成，可以向劳动争议仲裁委员会申请仲裁，也可以直接向劳动争议仲裁委员会申请仲裁。

4. 诉讼：对仲裁不服者，向当地人民法院起诉。

第3章　劳动争议协商与调解

第7条　劳动争议协商

1. 劳动争议发生后，双方当事人可在合法及兼顾双方利益的前提下进行协商。

2. 任何一方不能强迫对方进行协商，一方不愿协商或协商不成的，可以申请调解。

第8条　劳动争议的调节

经劳资争议双方协调无效的情况下，进入劳动争议调解程序。劳动争议调解的原则为自愿原则和尊重当事人申请仲裁和诉讼权力的原则，调解程序如下：

1. 公司设立劳动争议调解委员会，负责调解本公司发生的劳动争议。

2. 调解委员会接到调解申请后，对其进行审查，确定是否受理。

3. 经审查决定受理的人事争议，调委会以书面形式通知双方当事人，说明调解的时间、地点。如不受理，应向当事人说明原因。

续表

4. 调解委员会调解劳动争议，应当自当事人申请调解之日起30日内结束；到期末结束的，视为调解不成。

5. 调解取证。向劳动争议的双方当事人（方）调查，听取双方当事人（方）的意见和要求，搜集有关证据。

6. 召开调查调解委员会委员全体会议，对调查取证材料进行分析整理，讨论确定调解方案和调解意见。

7. 调解。公司调解委员会在查明事实、分清责任的基础上，根据争议的轻重程度等具体情况，对当事人进行当面调解，也可以在调查过程中试行调解并签订《调解协议书》。

第9条　有下列情况之一者，可视为调解申请结束。

1. 申请调解的当事人（方）撤回申请。

2. 经调解双方当事人（方）达成协议，并签署《调解协议书》。

3. 调解不成。

4. 自当事人（方）申请调解之日起30日内到期末结束的。

第10条　调解委员会调解劳动争议应当遵循当事人双方自愿原则，经调解达成协议的，制作《调解协议书》；调解不成的，当事人在规定时间内可以向劳动争议仲裁委员会申请仲裁。

第4章　仲裁与诉讼

第11条　调解不成的，向本市劳动纠纷仲裁委员会申请仲裁。劳动争议申请仲裁的时效期限为一年。

第12条　员工向劳动仲裁委员会提起劳动仲裁的，人力资源部应积极做好应诉准备。

第13条　员工违反劳动合同规定，给公司造成损失的，人力资源部应提起诉讼。

第14条　如果劳动仲裁案件，确实是公司存在侵犯员工合法权益的情况，人力资源部应配合劳动仲裁委员会争取调解解决。

第15条　对于劳动仲裁委员会的裁决结果，公司认为有必要提起诉讼的，应当按照司法程序提起诉讼，以维护公司的合法权益。

第16条　对仲裁裁决不服的，可以在收到仲裁裁决书之日起15日内向人民法院提起诉讼。

第17条　劳动争议诉讼书由人力资源部负责起草及应诉。

第5章　附则

第18条　本规定根据国家相关法律、法规编制，本规定未提及或与相关法律、法规有冲突的，按照相关法律、法规执行。

第19条　本规定由人力资源部负责编制，其解释权亦同。

第20条　本规定经总经理审批后生效实施。

执行部门		监督部门		编修部门	
编制日期		审核日期		批准日期	

2. 争议情况调查表

争议情况调查表					
争议人提出		部　门		职　务	
合同签订日期		争议提出日期			
提出争议的原因					
调查情况和结果记录					
调查项目/内容		调查结果		备　注	
调查负责人		调查日期			
审核意见		审核人/日期			

3. 劳动争议仲裁申请书

劳动争议仲裁申请书										
申请人	姓　名		性别		年　龄		民　族	
	工作单位				电　话		职　业	
	住　址				邮　编		电　话	
被申请人	单位名称							
	经营地址				邮　编		电　话	
	注册地址						邮　编	
	负责人		年　龄		职　务		法　人	
仲裁请求事项描述								

Chapter 6

6.5 人事档案管理制度与图表

1. 人事档案管理制度

制度名称	人事档案管理制度	受控状态	
		编　　号	

第1章　总则

第1条　目的

1. 将企业人事档案管理工作制度化，规范化。

2. 维护人事档案材料完整，防止档案丢失、损坏。

3. 便于相关人事档案材料的借阅和使用。

第2条　适用范围

本制度适用于公司总部及全国各办事处及分支机构。

第2章　人事档案分类

第3条　入职档案

1. 个人简历、员工登记表、入职试卷、面试评价表、身份证、学历学位证书、英语等级证书、计算机等级证书、各类资格证书复印件等个人入职基本信息。

2. 劳动合同、保密合同、补充协议、应届毕业生协议、实习协议等。

第4条　培训档案

1. 新员工入职培训试卷、培训心得。

2. 参加培训登记表、外派培训总结表、培训申请表、培训效果评估表。

3. 培训服务协议。

第5条　职位档案

1. 职位说明书、职务说明书、职务任命书。

2. 职务变动申请、职位职务变更记录。

第6条　薪酬考核档案

1. 试用期考核表、员工试用期总结表。

2. 季度/年度考核记录表、考核成绩、考核面谈记录。

3. 工作记录、调薪申请单、调薪/降薪记录。

第7条　其他档案

1. 个人党、团相关资料。

2. 各类奖励、处罚记录。

3. 离职申请、离职工作交接单、离职谈话记录、离职证明存根、补偿金协议等其他补充协议。

续表

第3章　人事档案归档
第8条　归档程序 1. 对各类人事档案进行鉴别，看其是否符合归档的要求。 2. 按照材料的属性、内容，确定其归档的具体位置。 3. 在目录上补登材料名称及有关内容。 4. 将新材料放入档案。 第9条　人事档案的核查核对 1. 检查和核对时保证人事档案完整、安全的重要手段。检查的内容是多方面的，既包括对人事档案材料本身进行检查，如查看有无霉烂、虫蛀等，也包括对人事档案保管的环境进行检查，如查看档案室环境是否良好，有无其他存放错误等。 2. 检查核对一般要定期进行。但在下列情况下，也要进行检查核对： （1）突发事件之后，如被盗、遗失或水灾火灾之后。 （2）对有些档案发生疑问之后，如不能确定某份材料是否丢失。 （3）发现某些损害之后，如发现材料变霉，发现虫蛀等。 第10条　人事档案的转递 1. 档案的转递一般是由工作调动等原因引起的，转递程序如下： 2. 取出应转走的档案。 3. 在档案底账上注销。 4. 填写《转递人事档案材料的通知单》。 5. 按发文要求包装、密封。 6. 在转递中应遵循保密原则，一般通过内部人员转递，不能交本人自带。 7. 收档单位在收到档案，核对无误后，应在回执上签字盖章，及时退回。
第4章　人事档案的利用
第11条　人事档案利用 1. 查阅。设立档案查阅资料室以供利用查阅。相关权限人员可以到人事档案管理部门进行查看，无关人员不得要求档案查阅。档案管理部门要做好查阅的资格审查及登记工作。 2. 借出使用。相关人员为完成某项人事工作任务，必须将人事档案借出使用时采用的方式。借阅人必须履行严格的借阅手续，借出时间不能超过一周，需要在《借阅登记表》上进行登记，逾期未归还者，续办延长借阅手续，并到期归还。 3. 出具证明材料。一般由于使用人因入党、入团、提升、招工、出国等要求需要档案管理部门出具证明材料的，由管理部门向证明人核实情况，可以出具证明材料。出具的证明材料经认真校对、审查，经主管部门审批，加盖公章后方能生效。 第12条　人事档案利用手续 利用人事档案时，必须符合一定的手续。这是维护人事档案完整安全的重要保证。

续表

1. 查阅手续。查阅手续包括以下内容：首先，由申请查阅者写出查档申请，在申请中写明查阅的对象、目的、理由、查阅人的概况等情况；其次，查阅部门负责人签字；最后，由人事档案部门审核批准。人事档案部门对申请报告进行审核，若理由充分，手续齐全，则给予批准。

2. 外借手续。首先，借档人员写出借档申请，内容与查档报告相似；其次，借档人员（部门）盖章，负责人签字；再次，人事档案部门对其进行审核、批准然后，进行借档登记。把借档的时间、材料名称、份数、理由等填清楚并由借档人员签字；最后，归还时，及时在外借登记上注销。

第 13 条　出具证明材料的手续

单位、部门或个人需要由人事档案部门出具证明材料时，需履行以下手续：首先，由有关人员（部门）提出申请，说明要求出具证明材料的理由；其次，人事档案部门按照有关规定，结合利用者的要求，提供证明材料；最后，证明材料由人事档案部门有关领导审阅，加盖公章，然后登记、发出。

第 5 章　人事档案保密规定及保存期限

第 14 条　人事档案保密

公司设专人负责各类人事档案的保管工作，保管人员不得对各类存档档案进行删除、涂改、变更或销毁，并且严格保密，不得扩散。

第 15 条　人事档案保存期限

公司的内部各类人事档案原则上永久保存，对于已辞职、辞退人员的个人档案，自员工离职之日起 3 年后方可销毁。

第 6 章　附则

第 16 条　本制度最终解释权归公司人力资源部。

第 17 条　本制度自颁布之日起实施，凡与本制度不一致的，以本制度为准。

执行部门		监督部门		编修部门	
编制日期		审核日期		批准日期	

2. 转递人事档案材料通知单存根

<table>
<tr><td colspan="6">转递人事档案材料通知单存根
字第______号</td></tr>
<tr><td colspan="6">__________：
兹将__________等同志的档案材料转去，请按档案目录清点查收，并将回执及时退回。
__________人事处
____年__月__日</td></tr>
<tr><td>姓名</td><td>转递原因</td><td>正本（册）</td><td>副本（册）</td><td>零散材料（份）</td><td>备注</td></tr>
<tr><td></td><td></td><td></td><td></td><td></td><td></td></tr>
<tr><td></td><td></td><td></td><td></td><td></td><td></td></tr>
<tr><td>回执</td><td colspan="5">__________：
你处于____年__月__日转来____字____号____等____同志的档案____册，材料共____份，已全部收到，现将回执退回。
收件人签名：______　　收件机关盖章
____年__月__日</td></tr>
</table>

3. 人事变更报告单

<table>
<tr><td colspan="6">人事变更报告单
日期：　年　月　日　　第　页</td></tr>
<tr><td>姓　名</td><td>人员编号</td><td>变动说明</td><td>资料变更</td><td>变更日期</td><td>备　注</td></tr>
<tr><td></td><td></td><td></td><td></td><td></td><td></td></tr>
<tr><td></td><td></td><td></td><td></td><td></td><td></td></tr>
<tr><td></td><td></td><td></td><td></td><td></td><td></td></tr>
<tr><td></td><td></td><td></td><td></td><td></td><td></td></tr>
<tr><td></td><td></td><td></td><td></td><td></td><td></td></tr>
<tr><td></td><td></td><td></td><td></td><td></td><td></td></tr>
<tr><td></td><td></td><td></td><td></td><td></td><td></td></tr>
<tr><td>人事主管</td><td colspan="2"></td><td>填表人</td><td colspan="2"></td></tr>
</table>

Chapter 6

6.6 员工满意度管理制度与图表

1. 员工满意度管理制度

制度名称	员工满意度管理制度	受控状态	
		编　　号	

第1章　总则

第1条　目的

1. 为不断提高员工满意度和员工忠诚度，及时调查员工满意度和分析改进，持续进行公司的管理改善，促进企业永续发展。

2. 为掌握员工思想动态和心理需求，采取针对性的应对措施，体现企业对员工的人性化关怀，预防人才的流失。

3. 建立正式的全员沟通机制，对反映出影响员工满意度的问题及时处理，不断增强员工对企业的向心力、凝聚力。

4. 了解员工对公司的管理体制和流程、工作环境和氛围、工作效率、沟通与反馈、管理者领导能力、工作回报、人力资源、后勤保障等公司经营管理各个方面员工的意见和看法。

第2条　适用范围

本制度适用于公司员工满意度调查、分析、诊断、改善与反馈。

第3条　定义

1. 员工满意：是指员工通过对企业可感知的效果与他的期望值相比较后所形成的感觉状态。

2. 员工满意度：员工接受企业的实际感受与其期望值比较的程度（员工满意度 = 实际感受 ÷ 期望值）。

第4条　职责

1. 员工关系专员：负责员工满意度的调查、分析、诊断、改善方案的提出和组织实施。

2. 各部门及员工：应配合人力资源部执行员工满意度改善方案，并及时反馈相关信息。

3. 每位员工应积极参与公司的满意度调查，反映真实存在需改善的问题。

第2章　员工满意度调查方式

第5条　员工满意度调查问卷

1. 由人力资源部员工关系专员负责员工满意度的调查工作，包括问卷的设计和分发，问卷的收取、分析和汇总。

2. 人力资源部要充分宣传员工满意度调查的目的、用途及填写和注意事项，争取员工的积极配合，保证满意度调查获得良好的效果。

续表

3. 问卷的调查和回收。 （1）公司每年进行一次全员满意度调查，原则上定于7月，由人力资源部负责组织。各部门也可以自行组织类似的调查，并将调查问卷和结果知会于人力资源部。 （2）组织结构发生变化；员工变动频繁、流动率大；员工不停地抱怨企业和管理人员，工作效率降低以及其他认为有调查需要的情况发生时，可以适当安排员工满意度调查。 4. 调查问卷的设计。员工满意度调查是全体员工的普查而不是少数的抽查，员工满意度调查结果的好与坏是衡量企业管理工作的一个重要指标。因此，问卷要精心设计，如此才能起到应有的作用。 （1）问卷设计要讲究一定的技巧，在获取有效信息的前提下，尽量缩小篇幅，使调查过程简便易行，一般以问卷法为主、访谈法为辅。调查问卷经行政副总批准后发放。 （2）问卷设计应易于回答，尽量采用选择题形式，以利于作业人员回答和对问卷进行统计分析及信息提取。 5. 问卷回收。问卷回收时可由各部门文员统一回收集中交人力资源部员工关系专员，相关人员收取问卷时，要注意严格保密；或由人力资源部指定问卷回收点并24小时开放，以确保员工可以较为隐蔽地投放问卷。 6. 调查结果分析。人力资源部负责编制《员工满意度分析报告》，编制人员负责对员工满意度调查的各种信息进行归类、统计、分析、判断和讨论，形成具有集体意见的《员工满意度分析报告》。 （1）《员工满意度分析报告》的内容至少包括调查工作的背景、调查的时间和对象、调查的方法、原始信息统计、归类分析、改善措施、整改要求等内容。 （2）《员工满意度分析报告》的编制工作应在信息收集后10天内完成。 （3）《员工满意度分析报告》经行政副总批准后方可予以发布。需要时按照总经理提出的意见和建议进行修正和补充。 7. 问卷调查结果的公布。 （1）员工满意度信息发布方式包括邮件方式、书面形式、公告栏张贴、会议方式。 （2）具体发布方式由人力资源部根据具体情况从以上四种方式中直接选取任何一种或多种方式。 第6条　工作面谈 1. 在每半年内主管需要与直接下属进行一次面谈。 2. 面谈地点一般不选择办公场所，以便营造一种轻松的环境。面谈方式轻松自由，面谈中可以做适当记录，以备查用。 3. 面谈对象可以是直接下属，也可以是间接下属。在面谈间接下属时一定要知会其直接主管或邀请其一起参与。 4. 工作面谈可以使主管了解下属心情、学习、生活、工作等情况，是进行员工心理建设和提升员工满意度的重要方式之一，通过了解下属对工作的一些看法、问题与建设，及以外的信息，给予其更多的引导、鼓励和关怀，帮助其开发潜能，使其更快地成长。

续表

第7条　员工意见箱

1. 公司设置意见箱收集员工不能通过正常渠道反馈的意见或建议，由总经理秘书每个星期三上午9:00定时打开意见箱，仔细阅读员工意见或建议，并进行编号，登记摘要于《员工意见记录表》，附上员工信件原件经行政副总审核后，认为确需改善的意见或建议，将信件复印件转人力资源部员工关系专员进行改善追踪，由员工关系专员提交《员工意见整改通知书》经行政副总审批后由相关责任单位执行；如无改善价值的意见或建议，由总经理秘书通过书面方式进行回复并进行公告。

2. 对于员工的意见或投诉，员工关系专员应在三个工作日内予以回复，对有署名的，要将处理结果反馈其本人；对于无署名的，相关事实确实存在的，要将处理结果公布在公告栏内。

3. 对于员工的意见或建议经改善并取得一定效果的，由人力资源部员工关系专员对建议人提报嘉奖。

第8条　员工座谈会

1. 由公司高管或部门主管或人力资源部等主持的，有针对性调查和了解部分员工的满意度座谈会，旨在及时解决部分员工的意见和建议，提升部分员工的满意度。

2. 主持人应对座谈会的内容进行记录，针对员工提出的问题进行改善，并及时回复。人力资源部满意度管理专员对座谈会中提出的改善措施要进行督导，确保座谈会的员工意见或建议落到实处。

第3章　员工满意度调查结果的运用

第9条　对于员工满意度调查涉及的揭露假丑恶、违纪违规操作等不良现象和习气者，应立即调查，并对相关责任人进行处理后公告于众，亦作回复。

第10条　对于满意度调查当中的合理化建议应组织相关人员进行论证并组织实施，取得效果者应对建议人予以通告褒奖，以示认同和鼓励。

第11条　对于涉及的需要综合治理和长期改进项目，应制定改善专案或向责任部门发出《整改通知书》，由人力资源部进行定期跟踪和验证改善结果，并将改善结果向相关领导汇报。

第12条　员工满意度弱项改进的目的是：保证员工满意目标值顺利达成；确保员工满意度工作是一项持续改善、不断进步、永无止境的管理活动。

第13条　人力资源部对员工满意度弱项改进结果进行总结，必要时某些结论必须形成文件进行制度化管理。

第4章　附则

第14条　本制度最终解释权归公司人力资源部。

第15条　本制度自颁布之日起实施，凡与本制度不一致的，以本制度为准。

执行部门		监督部门		编修部门	
编制日期		审核日期		批准日期	

·安全卫生检查表

·部门工作分类表

·辞职申请表

·从业人员登记表

·合同顺延登记表

·纪律处分通知书

·技术保密合同书

·解除劳动合同申请表

·借调合同范本

·劳动安全卫生管理制度

·劳动关系管理制度

·劳动合同变更表

·劳动合同管理制度

·劳动合同签订意向调查表

·劳动争议处理管理制度

·劳动争议调解申请书

·劳动争议仲裁申请书

·离职通知书

·临时促销员登记表

·聘请外籍工作人员合同

·人事变更报告单

·人事档案管理制度

·人事登记表

·人事流动月报表

·人员调职申请书

·文件借阅登记表

·新进员工担保书 x

·新员工入职手续清单

·员工处分记录表

·员工档案

·员工到职单

·员工调动申请单

·员工岗位变动通知书

·员工离职单

·员工离职结算单

·员工离职移交手续清单

·员工满意度调查表

·员工满意度管理制度

·员工人事资料卡

·员工任免通知单

·员工推荐公告信样本

·争议情况调查表

·职务分配表

·转递人事档案材料通知单存根

·转正评估审批表